高等职业教育市场营销专业系列教材

市场营销
——理论、方法与实训

第 4 版

主　编　束军意　汤宇军

副主编　张秋月　李静玉

参　编　肖　磊　李晓航　刘冬敏

机械工业出版社

本书针对高等职业教育及高等学历继续教育的特点，突出探究性、自主性学习，强调基本理论、方法、实训与新动态、深度探究相结合，形式新颖、信息丰富、视角独特。

本书主要内容包括营销概述、市场营销环境、顾客需求与购买行为分析、竞争者分析、营销调研、目标市场营销、产品策略、定价策略、渠道策略、促销策略和营销的组织、执行与控制。

本书适用于普通高等院校（高等职业教育、应用型本科）、成人高校及本科院校举办的二级职业技术学院工商企业管理、市场营销等专业以及其他市场营销培训课程的教学，同时也可以作为企业市场营销培训教材。

为方便教学，本书配备了电子课件、学习指导视频、企业市场营销企划书实例、复习与思考题答案、延伸阅读等教学资源。凡选用本书作为教材的教师均可登录机械工业出版社教育服务网 www.cmpedu.com 免费下载。如有问题请致电 010-88379375，QQ：945379158。

图书在版编目（CIP）数据

市场营销：理论、方法与实训 / 束军意，汤宇军主编． -- 4版． -- 北京：机械工业出版社，2024.9. （高等职业教育市场营销专业系列教材）． -- ISBN 978-7-111-76472-4

Ⅰ．F713.50

中国国家版本馆CIP数据核字第20249PG434号

机械工业出版社（北京市百万庄大街22号　邮政编码100037）
策划编辑：乔　晨　　　　责任编辑：乔　晨　章承林
责任校对：樊钟英　李　杉　封面设计：马精明
责任印制：郜　敏
北京富资园科技发展有限公司印刷
2024年11月第4版第1次印刷
184mm×260mm・16印张・400千字
标准书号：ISBN 978-7-111-76472-4
定价：49.00元

电话服务　　　　　　　　网络服务
客服电话：010-88361066　　机 工 官 网：www.cmpbook.com
　　　　　010-88379833　　机 工 官 博：weibo.com/cmp1952
　　　　　010-68326294　　金　书　网：www.golden-book.com
封底无防伪标均为盗版　机工教育服务网：www.cmpedu.com

前 言

党的二十大报告强调要优化营商环境。市场营销对于营商环境的优化具有重要意义，二者相互影响、相互促进。有效的市场营销是优化营商环境的动力来源，能够促进市场的健康发展；良好的营商环境能为市场营销提供有力支持，推动企业实现更好的业绩。因此，市场营销在现代市场经济中的重要性无可置疑。在市场竞争中，产品即使有着精心的设计、优越的性能、上乘的质量，也不一定能带来销售上的大获全胜。许多具备上述各项条件的"优秀"产品，在上市不久就变得默默无闻、黯然失色，甚至其中部分产品尚未面世就已注定失败。显然，在当今市场竞争日趋激烈的环境下，"酒香不怕巷子深"的时代已经一去不复返了，今天的营销理论和营销实践都已经远超出了原来的传播和职能性的营销范畴，变得与企业的根本使命相关。同时营销的工具发生了翻天覆地的变化，微博、微信、微电影、网站、短视频等，这些我们每天接触的新媒体创造出了新的营销手段，使我们每个人都可以轻而易举地营销和被营销。产品能否在市场上获得成功，实现"惊险的一跃"这一创新的最终目标，市场营销发挥着举足轻重的作用，这也对市场营销教学提出了崭新的要求。由于市场营销兼具科学性、技术性和艺术性，同时变化非常迅速，其策略讲究出奇制胜和差异化。面对当今经济全球化趋势和时代的知识化、信息化要求，面临国际化市场对市场营销人才的全球资源配置要求，为了达到市场营销教学目的，市场营销教学必须摆脱传统的教学思想、教学方法的束缚，创新教学理论，重组教学各要素。

编者认为，职业教育的市场营销专业教材应该注重培养学生的营销技能，在"理论够用、注重实用"的基础上，还应当重点培养深度探究能力，扩展课堂教学，做到学以致用。因此我们在本书中做了初步探索。与国内同类型教材相比，本书强调理论重点突出、体系完整，案例新颖独特、实用性强，并提供了有关市场营销研究的最新发展动态等相关信息，以利于读者探究学习。

本书的特色有以下几点。

【学习目标】针对每章的具体内容，分别列出应了解、理解、重点掌握的内容，使读者一目了然，便于主动学习。

【任务驱动】针对每章的具体内容，选择有代表性的营销案例，提出问题，引导并驱动学生自主思考。再通过内容学习，加深对理论知识点的理解，加强对应用能力的提升。

【营销5.0实战】针对每章的具体内容，特别补充在以人为本的技术时代具有典型意义的企业营销实战案例，便于学生发挥所学、解决实际的营销问题。

【**相关链接**】针对具体内容，补充近年来较新的相关专业知识和新闻资料，便于读者加深理解，拓展学习。

【**营销方法**】针对每章内容，提供对应相关营销理论的实际操作方法，包括常用表格、具体操作流程等，便于读者在实际工作中应用。

【**案例分析**】选取反映教材每章整体内容的综合案例作为读者讨论的蓝本，通过这种方式增强读者的理论联系实际的能力。

【**营销实训**】针对每章内容设置难易适中的实训题，提高读者的实际营销运作能力。

与第3版相比，第4版保留了第3版的总体框架，主要在以下方面进行了修订。为适应市场营销环境的变化，将"任务驱动""相关链接""案例分析"等板块，全面更新为2022年之后的数据、案例及资料。由于关注到营销1.0的传统营销向营销5.0的以人为本的技术时代营销的迭代，将原来的"营销实战"更改为"营销5.0实战"，补充了"五个不同世代及其不同的品牌偏好""下一代技术的六大支持要素""数字化带来的风险和机遇""Z世代——家电行业的加速器""当价格歧视遇上大数据"等内容。另外，为了更好地贴近现实，有意识地突出"中国榜样"的力量。引入"安踏推出可生物降解聚酯纤维卫衣产品""海尔的全球化效果显著""胖东来——超市的'海底捞'""宁咖啡logo焕新升级""国内快递业的竞争与合作""'猫天天'是如何炼成的""千亿蒙牛，闯入运动营养赛道""国货品牌'滋源'成功奥秘""思念开拓数字营销渠道探索之路"等发生在当下鲜活生动的营销案例，使学生能够将所学的营销理论、方法与实训，结合身边的巨大的变化，有效地应用于实践中。

此外，在配套资源中还补充了企业市场营销企划书实例，以便读者能在最新的实战氛围中，更加深入地体会市场营销的特点和真谛。针对每章的内容，还提供了相应的学习指导视频，可以通过扫描二维码进行观看。为方便教学，本书配备电子课件、复习与思考题答案、延伸阅读等教学资源，凡选用本书作为教材的教师均可登录机械工业出版社教育服务网（www.cmpedu.com）免费下载。如有问题请致电010-88379375，QQ：945379158。

本书由束军意构思、统稿，束军意、汤宇军任主编，张秋月、李静玉任副主编，肖磊、李晓航、刘冬敏参与了本书的文字编辑和案例的辅助搜集工作。李海蓉、刘婷参加了本书第2、3版部分内容的编写工作。另外，内蒙古工业大学的冯银虎、南京信息职业技术学院的卢勇、昆明冶金高等专科学校的李亚斌、云南农业职业技术学院的董琳也参加了本书第1版部分内容的编写工作。

本书已被列为北京科技大学校级规划教材，并得到北京科技大学教材建设资金的资助。

由于编者水平和经验有限，若书中存在疏漏和错误之处，恳请读者和同行批评指正。

编　者

二维码索引

序号	名称	二维码	页码
1	第一章　学习指导		1
2	第二章　学习指导		21
3	第三章　学习指导		43
4	第四章　学习指导		67
5	第五章　学习指导		90
6	第六章　学习指导		113
7	第七章　学习指导		136
8	第八章　学习指导		161
9	第九章　学习指导		178
10	第十章　学习指导		201
11	第十一章　学习指导		227

目 录

前言
二维码索引

第一章 营销概述 1
 任务驱动 总在排队的费大厨餐厅 2
 第一节 市场营销及相关概念 2
 第二节 市场营销理念 5
 第三节 当代企业营销理念的发展 10
 营销方法 17
 本章小结 18
 案例分析 胖东来——超市中的
     "海底捞" 18
 营销实训 市场营销体验 20
 复习与思考 20

第二章 市场营销环境 21
 任务驱动 使用机器人服务的海茵娜饭店 ... 22
 第一节 营销环境概述 22
 第二节 宏观环境因素 24
 第三节 微观环境因素 35
 第四节 营销环境的总体分析 37
 营销方法 39
 本章小结 40
 案例分析 家乐福超市怎么了？ 41
 营销实训 企业内外环境分析 42
 复习与思考 42

第三章 顾客需求与购买行为分析 43
 任务驱动 2023年消费品与零售行业中国
     消费趋势 44
 第一节 消费者购买行为 45
 第二节 组织市场购买行为 57
 营销方法 63

 本章小结 63
 案例分析 淘宝直播带货对消费者购买行为
     影响 64
 营销实训 消费者体验分析 65
 复习与思考 66

第四章 竞争者分析 67
 任务驱动 盒马鲜生与山姆会员店的新零售
     大战 68
 第一节 竞争者分析的基本框架 69
 第二节 识别竞争者 72
 第三节 竞争者的基本分析 75
 第四节 企业市场竞争策略 81
 营销方法 86
 本章小结 87
 案例分析 国内快递业的竞争与合作 88
 营销实训 竞争对手分析 89
 复习与思考 89

第五章 营销调研 90
 任务驱动 2023年中国奢侈品市场数字化
     趋势洞察 91
 第一节 营销调研及其意义 92
 第二节 营销调研的方法 96
 第三节 市场需求测量与未来市场需求
    预测 101
 营销方法 109
 本章小结 109
 案例分析 2023年汽车行业数字营销生态
     协同洞察报告 110

营销实训　营销调研体验 112
复习与思考 112

第六章　目标市场营销 113
任务驱动　"直男天堂"迪卡侬的
　　　　　"变身" 114
第一节　市场细分 115
第二节　目标市场选择 123
第三节　市场定位 128
营销方法 132
本章小结 133
案例分析　西西弗书店的成功之道 133
营销实训　知名品牌目标市场探究 135
复习与思考 135

第七章　产品策略 136
任务驱动　宁咖啡 logo 焕新升级 137
第一节　产品与产品组合 138
第二节　新产品开发 142
第三节　产品生命周期 148
第四节　品牌与包装策略 151
营销方法 157
本章小结 158
案例分析　"猫天天"是如何炼成的 ... 159
营销实训　消费者对品牌延伸认知调查 ... 160
复习与思考 160

第八章　定价策略 161
任务驱动　"双 11"，低价之争 162
第一节　影响营销定价的因素 162
第二节　定价的基本方法 165
第三节　定价策略与技巧 169
营销方法 174
本章小结 175
案例分析　特斯拉一个月内"五连涨" ... 176
营销实训　定价方法训练 177
复习与思考 177

第九章　渠道策略 178
任务驱动　小熊电器公司的全渠道销售
　　　　　模式 179
第一节　分销渠道的基本模式 179
第二节　渠道的选择与管理 187
第三节　中间商的主要类型 194
营销方法 197
本章小结 198
案例分析　格力电器新渠道变革 199
营销实训　分销渠道实践 200
复习与思考 200

第十章　促销策略 201
任务驱动　重庆整合营销 带热入境游 ... 202
第一节　促销与促销组合 203
第二节　人员推销 206
第三节　广告 209
第四节　营业推广 216
第五节　公共关系 220
营销方法 223
本章小结 223
案例分析　国货品牌"滋源"的成功奥秘 ... 224
营销实训　商品推销演练 226
复习与思考 226

第十一章　营销的组织、执行与控制 ... 227
任务驱动　欧派家居的营销组织变革 ... 228
第一节　市场营销组织 229
第二节　营销执行 235
第三节　营销控制 237
营销方法 240
本章小结 240
案例分析　快手组织架构大规模调整 ... 241
营销实训　企业营销组织分析 242
复习与思考 243

参考文献 244

第一章
营销概述

学习指导

学习目标

1. 正确理解市场及市场营销的含义
2. 掌握新旧营销观念的基本思想和区别
3. 了解当代营销观念的新发展

> **任务驱动**

总在排队的费大厨餐厅

2016 年年底，费大厨创始人费良慧在家乡衡阳和长沙开办的几家餐厅都很受欢迎，从小就喜欢"与众不同"的他，开始和团队考虑如果要走向全国，需要具备哪些元素，哪一道湘菜最能被消费者认可。

他们从数千份调查问卷中发现，97%的顾客心中的湘菜代表是辣椒炒肉；而团队里大部分是擅长做小炒的衡阳大厨；他和团队在经过对年轻一代的消费观念、大众消费者口味演变等多方面的深入调查后，决定更名品牌并对这道经典湘菜全面升级，在食材、配料、烹饪方式等方方面面的细节上不断打磨和迭代。在主要食材上，费良慧选择了谷物喂养的黑猪肉；辣椒是在近30个品种中选出了辣度、口感最适合的螺丝椒；并创新性地加入白木耳，以其吸油、脆韧性增加口感的丰富度；核心调料酱油则找厂家专门定制。在餐具配置方面，他们直接用章丘铁锅代替了传统的盘子。在烹饪方式上，"带火上桌"的创新赋予这道菜更佳风味，呈现方式是考究的陶灶台与章丘铁锅，让人直观感受到这道菜被赋予了新生命；陶灶台中放置的酒精也是找厂家定制的，以实现最佳温度与持续时间。经过重新定义后的辣椒炒肉，价格比同行高出一倍以上，点单率却高达90%。2018～2020年，费大厨"辣椒炒肉"连续三年蝉联大众点评"长沙必吃第一菜"。

要成为费大厨的"1号大厨"，需通过三道关。其中，从食材的切法、到搭配比例、到细微到秒的下锅时间等，都设定了精准要求。这种追求极致的做法，并非为了追求噱头，而是为了重塑大厨文化、不断提升顾客体验，以此形成自己的核心价值，成为长期发展的"压舱石"；同时带动行业的观念更新、品类创新与价值提升。

由于费大厨的整个菜单结构比较合理，原食材又比较新鲜，不做预制菜，坚持现炒，整体性价比较高，所以在一线城市往往会出现大排长队的现象。截至2023年8月，费大厨在全国共开业90多家门店，其中长沙有37家，深圳有25家，北京和上海分别有16家和10家，广州有3家，苏州和衡阳各有2家。

你认为费大厨餐厅属于市场营销的哪个阶段？为什么？

（资料来源：https://www.163.com/dy/article/IHAL9ANH0534N2A3.html，有删改）

第一节 市场营销及相关概念

一、市场概貌

在现代社会，任何组织、个人都不能离开市场而单独存在。作为营销活动主体的企业，在其经营活动中可能会涉及以下一些类型的市场，如消费者市场、中间商市场、资源市场、政府市场等。

在市场营销中，一般将个人购买者称为消费者。生活中我们每个人都是消费者，我们需要购买和使用各种各样的生活消费品，图1-1所示的简单的市场结构图反映了这种最基本的买卖关系。当然，现实经济社会中的市场结构是十分复杂的，如图1-2所示。

图1-1 简单的市场结构图

图1-2 复杂的市场结构图

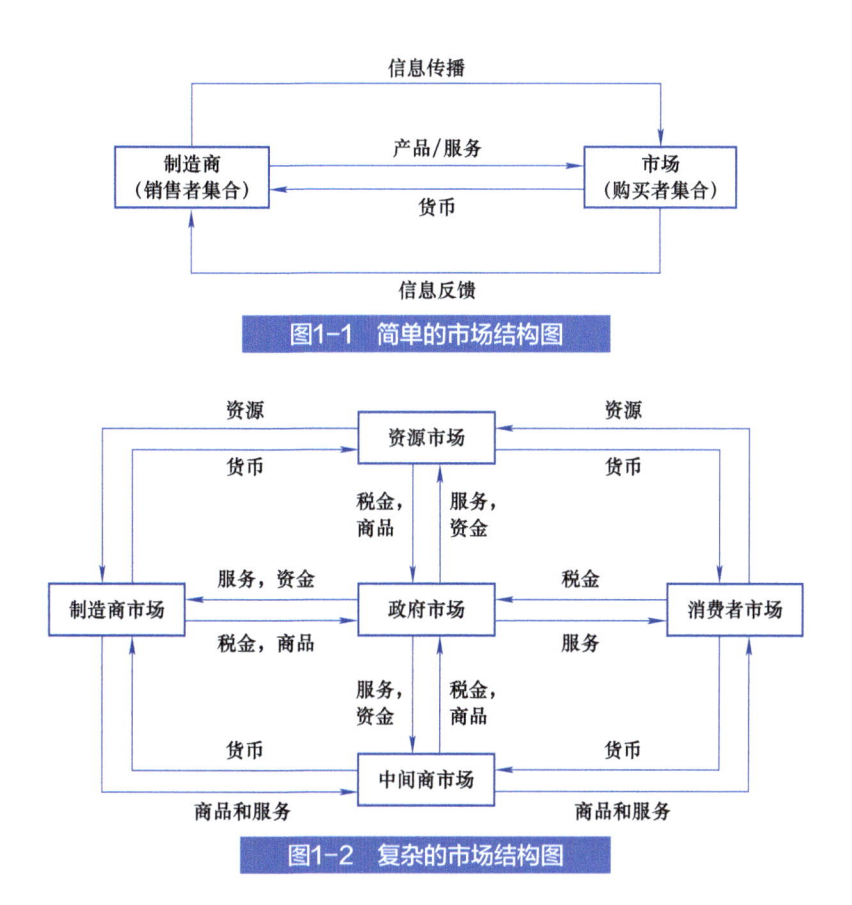

二、市场的含义

市场的概念由来已久，其最基本的含义是指商品交易的场所、商品行销的区域。例如，我们都熟悉的菜市场、小商品市场、国内市场、国外市场等。

从企业营销的角度来讲，我们还需要进一步掌握市场的以下两种含义。

（1）市场是对某种商品或服务的具有支付能力的需求。例如，随着我国经济的发展，消费者收入水平的提高，我国旅游市场"异军突起"，反映的是旅游消费需求的快速增长。

（2）市场是对某项商品或服务具有需求的所有现实和潜在的购买者。也就是说，市场是由人组成的，是对某种产品具有现实或潜在需求的消费者群。

从需求和购买者的角度来认识市场，将更有利于企业判断和把握市场机会，而对市场机会的把握是企业生存发展的命脉。通常我们可以用简单的公式对市场进行分析，即

$$市场 = 人口 + 购买力 + 购买欲望$$

式中，人口是构成市场的最基本要素，人口的多少是决定市场大小的基本前提；购买力是指消费者用货币购买商品或服务的能力，一般情况下是由消费者的收入决定的；购买欲望是指消费者购买商品的动机、愿望和需求。

当以上3个要素同时具备时，该市场就是现实的市场；而当后2个要素不能同时具备时，就只能称其为潜在市场。因而一旦条件具备，则潜在市场就可转化为现实市场。

运用此公式，营销人员就可以简便有效地分析本企业产品现实的和潜在的需求状况，对正确地制订营销决策具有重要意义。

三、市场营销的含义

1. 市场营销的定义

关于市场营销的定义，不同的人会有自己不同的诠释。

现代营销学之父、美国西北大学营销学教授菲利普·科特勒（Philip Kotler）指出，市场营销是个人和群体通过创造产品和价值，并同他人进行交换以获得所需所欲的一种社会及管理过程。

通过这一概念，我们应该了解：市场营销以交换为核心，以满足需求和欲望为最终目标。交换过程能否顺利进行，取决于企业创造的产品和价值可以满足顾客所需的程度及对交换过程管理的水平。

为了更好地理解市场营销，科特勒分析了市场营销的核心概念。

（1）需要、欲望和需求。所谓需要（Need），是指人类与生俱来的基本要求。这些要求包括吃、喝、穿、住、行等生理性的需要，也包括爱、尊重、自我实现等社会性的需要。显然，任何的营销都不可能创造人的基本需要，而任何成功的营销都必须有效地满足人的需要。

欲望（Want）则是人类需要的具体的物化表现，即人在不同文化、生活及个性背景下，由于不同需要而产生的对特定物品的要求。例如，一个口渴的中国人为了满足"解渴"的生理性需要，可能会选择茶来解渴，而一个口渴的法国人则有可能选择咖啡来满足同样的需要。

需求（Demands）就是有购买能力的欲望。实际上，需求是对特定产品的市场需求。一个优秀的营销型企业必须清楚其市场需求的状况及可能的变化，因为需求是企业营销的起点及终点，它指导企业营销的方向，并检验与衡量企业营销的成效。

（2）产品、服务和体验。从营销的角度，产品（Product）是企业提供给市场并用来满足人们需要与欲望的"一切"。显然，产品可以是我们熟悉的实物形态的有形产品，也可以是那些看不见摸不着的"无形"的活动或利益，即所谓的无形产品——服务（Service），如银行的金融服务、保险公司的保险服务、家电维修服务、美容服务等。

从更广义的角度，产品还可以包括体验、人员、地点、组织、信息和观念。企业可以通过精心安排不同的服务和商品，创造、推进和实施营销品牌体验。例如，迪士尼乐园就是一种体验。如今，体验已经可以成为企业在激烈的市场竞争中有特色并能够触动顾客心灵的营销产品形式。

（3）价值、满意与质量。营销理论认为，面对市场众多可供选择的产品，顾客凭借厂商对产品提供的价值来选择、购买产品，并力求使自己满意。

根据美国质量学会的定义，质量（Quality）是产品的特色和品质的总和，这些品质特色将影响产品满足各种明显的或隐含的需要的能力。企业产品质量的好坏，直接影响消费者的顾客让渡价值与顾客满意度。营销学赞同根据顾客满意度来定义产品质量的方法。全面质量管理（Total Quality Management，TQM）提倡企业全体人员致力于全面地、全过程地改进产品及工作过程的质量。全面质量是创造价值及顾客满意的关键。在一个强调全面质量的企业中，营销人员有两项责任：参与制订旨在帮助企业通过全面质量管理赢得竞争的战略和政策；在提高产品质量之外，提高市场营销质量——以较高的标准来实施营销工作的每个环节，包括营销调研、市场推广、销售培训、广告、顾客服务及其他。

（4）交换、交易和关系。市场营销以交换为基本前提，没有交换就不存在市场营销。

交换（Exchange）是营销学中的核心概念，是指通过提供某种东西为回报，从别人处获得自己所需东西的过程。交换的发生必须具备5个条件：①至少有两方；②每一方均具有对方想要的东西；③每一方均可以沟通信息和传送货物；④每一方均可以自由接受或拒绝对方的东西；⑤每一方均满意于与对方的交换。具备这5个条件，交换即有可能发生。但交换能否成为现实，还必须看交换各方能否找到合适的交换条件，即交换各方在交换之后都能够满意。

交易是一个通过谈判达成协议的过程。如果交换各方达成协议，也就是说他们之间发生了交易行为。所以，交易（Transaction）是交换活动的基本单位，是由交换各方之间的价值交换所构成的行为，具体例子见表1-1。

表1-1 一些交易的例子

实物	计算机、汽车零部件、发电站
服务	培训、贷款、干洗、金融建议、咨询、设计

传统的市场营销致力于研究交易的有效实现，即所谓的交易营销。但是在今天，交易营销已被认为是关系营销大概念的一个部分。关系营销趋向于强调长期性，目标是为顾客提供长期价值，而同时以顾客长期的满意及有效的顾客生涯价值作为收获。

（5）市场营销者与营销对象。营销渗透在社会的各个方面，无处不在。具体来说，营销通常涵盖10个不同的领域：产品、服务、时间、体验、人物、地点、财产、组织、信息、观念。理论上，我们将交换过程中更积极、主动寻求交换的一方称为市场营销者，反之，则为营销对象。也就是说，市场营销者是希望从别人处取得东西并愿意以某种有价值的东西作为交换的一方。所以，市场营销者既可以是卖方也可以是买方。但由于是站在企业的角度来研究市场营销，所以我们通常视企业（卖方）为市场营销者，而将顾客（买方）视作营销对象。

2. 市场营销的作用

科特勒教授曾经说过，营销是企业成功的关键因素。

被誉为现代管理学之父的彼得·德鲁克（Peter F.Drucker）曾指出，"市场营销是如此基本，以致不能把它看成一个单独的功能……从它的最终结果来看，也就是从顾客的观点来看，市场营销是整个企业活动"。

市场营销作为管理中的后起之秀，起初被众多的消费品公司、工业设备公司所运用，他们从中受益匪浅。自20世纪80年代开始，市场营销逐渐被服务行业尤其是航空业和银行业所采用，之后，市场营销又渗透到一些非营利部门，如学校、医院、警察部门、博物馆、交响乐团、社会组织等。

第二节 市场营销理念

现今的企业无论是作为卖方面对买方，还是作为买方面对其供应商或合作伙伴，无不处于各种交换关系之下。以交换为基本的前提和出发点，企业为更好地实现利润目标有过不同的历史变化过程。

一、传统的营销理念

传统的营销理念是以企业为中心的，企业擅长生产什么就生产什么、销售什么。

1. 生产观念（Production Concept）

生产观念是最为古老的营销观念之一，20 世纪 20 年代初期之前为很多企业所选择。当时，由于社会生产力不发达，许多商品严重供不应求，属于典型的卖方市场。于是，企业的一切生产经营活动均以自己的生产为中心，通过增加产量、降低成本来尽可能地获取更多的利润。

2. 产品观念（Product Concept）

这种观念认为在同类产品增多的情况下，那些品质好的产品深受顾客青睐，"只要产品好，顾客自然会找上门来"，因而企业应把主要的精力放在抓产品质量上。抓产品质量本无可厚非，但这种观念容易导致企业一味地关注和陶醉于自己的产品，而忽视了顾客的需求，即导致所谓的"营销近视症"。例如，一些技术很先进的产品却在市场上败下阵来。

3. 推销观念（Selling Concept）

20 世纪 20 年代到 50 年代，西方国家的生产技术已相当先进，产量迅速增加，市场供求关系开始发生重大变化，开始从卖方市场向买方市场过渡。随着竞争加剧，企业产品的销售变得越来越困难。越来越多的企业发现生产的规模化与产品质量的提升已不能够满足自己对利润的有效追求，产品销路问题由此凸显。于是，推销技术受到企业的特别重视。一些企业认为消费者通常表现出一种购买的惰性或者抗衡心理，只有通过加强推销和促销，才有利于扩大销售，增加企业收益，因而企业把主要精力放在抓产品推销和销售上。

二、现代市场营销理念

这是买方市场条件下，企业应遵循的经营理念，其核心思想是"顾客需要什么，就生产什么、销售什么"，甚至有人说，如果你不去满足顾客的需要，就没有人需要你。

1. 市场营销观念（Marketing Concept）

市场营销观念是第二次世界大战后在美国新的市场形势下形成的，当时的美国已经完成了卖方市场向买方市场的转变，市场营销观念的核心原则在 20 世纪 50 年代中期基本定型。

市场营销观念认为，实现企业的利润必须以顾客需要和欲望为导向。企业的生产经营活动是一个不断满足顾客需要的过程，而不仅仅是制造或销售某种产品或服务的过程。有许多说法能够体现这一理念，如"生产你能销售出去的产品而不是销售你所能生产的产品""爱你的顾客要胜过爱你的产品"等。总之，市场营销观念充分体现了以顾客为中心的思想。

市场营销观念对指导企业的经营活动具有重大意义，是众多企业取得经营成功的基本前提。

2. 社会市场营销观念（Social Marketing Concept）

20 世纪 70 年代以来，西方国家的环境破坏、资源短缺、通货膨胀、失业增加及社会服务被忽视等问题越来越严重，虽然市场营销观念强调满足顾客需要是企业经营的最高宗旨，但现实中却还存在许多企业片面理解消费者的需求，或一味地从自身利益出发，置消费者长远利益于不顾的种种现象。如一次性用品给人们带来了方便，却造成了资源的浪费和环境的污染；氟利昂作为制冷材料的大量使用，改善了人们的生活条件，却破坏了大气臭氧层等。上述种种现象说明市场营销观念回避了消费者需要、消费者的长远利益和社会福利之间隐含的冲突，暴露出市场营销观念的局限性。

营销5.0实战1-1

瑞幸联合茅台：头部品牌的跨界合作

2023年9月，瑞幸咖啡推出了"酱香拿铁"，该款饮品一经上市就在多个社交媒体迅速"刷屏"。瑞幸咖啡正式宣布与贵州茅台达成战略合作，成为首个与贵州茅台达成战略合作的中国连锁餐饮品牌。

茅台是白酒中的顶流，瑞幸则是咖啡中的话题王，而动辄上千元一瓶的茅台和时常9.9元一杯咖啡的瑞幸牵手，很快就吸引了人们热议，冲上了微博热搜。对比两者，体量差距不小，从两者2023年上半年的财报可以发现，茅台营业收入约是瑞幸的7倍，净利润约是瑞幸的23倍，而市值约是瑞幸的36倍。茅台和瑞幸虽属不同品类、档位的消费品，客户群体重合度不高，但二者均为广受关注的国产品牌。这是一次奢侈品和量贩品的经典结合。

有关专家表示，茅台和瑞幸分别是国内白酒和咖啡领域的头部企业，二者的合作可谓是各取所需、强强联手。一方面，茅台虽然贵为国酒，却缺少时尚灵动的年轻化表达；通过与瑞幸的合作，使其品牌年轻化提速，优化了产品矩阵；另一方面，瑞幸作为时尚新潮的咖啡品牌，缺乏厚重的历史；它与茅台的合作也有助于其提升自身在咖啡行业的综合实力与品牌调性。这对于双方整体的流量、销量、品牌和渠道都有较好加持，相互借势，相得益彰，既提高了瑞幸咖啡的人气，拉动了销量，又免费帮茅台做了推广，也体现了双方品牌的价值和创新精神。

在业内看来，瑞幸与茅台合作本身就能够创新双方品牌的形象，符合当下中国市场年轻消费者对高品质的追求。茅台集团负责人也指出："茅台和瑞幸一样，都是以'美好的生活'作为其出发点和落脚点，不断做精品质、创新产品、丰富供给，提升一种生活品格，创领一种生活方式。"

刘大贺直言，"年轻人对茅台的认知是'贵'，很多年轻人至今不知道茅台什么味道。如果一杯咖啡，就能品尝到茅台的味道，消费者愿意去尝试。此外，咖啡与酒精的双重刺激能够让年轻人感受到从心理到感官的双重体验。"

有关分析指出，大部分消费者看瑞幸推出联名茅台的产品，都会认为这是品牌的强强联合。一旦这种创新口味合意，那么很容易通过流量热潮引发销量暴涨。实际上，"以联名跨界实现创新产品成就爆款"是国内外市场流行文化品牌在新时代营销创新领域的显著特征与创新趋势。很多年来，咖啡等快消品行业由于自身薄利多销的特点，最接地气的消费品领域往往与全球奢饰品牌的营销路线存在鸿沟，联动性并不高。但是近期，在国内市场高度内卷式竞争格局之下，各大咖啡品牌通过与高端奢侈品联名来不断开辟新的蓝海，力图实现差异化经营战略。而巨大的咖啡市场空间需要这种跨界创新。

目前中国咖啡市场仍处于相对早期，总消费量与人均消费量远低于欧美、日韩等成熟市场，增长潜力极大。《中国咖啡新浪潮——2022中国咖啡产业发展报告》显示，2021年中国咖啡行业市场规模达3817亿元，预计于2025年超过10000亿元。此次合作在为消费者带来创新产品体验的同时，也开创了新的市场机遇，亦能够为双方企业的长期发展激发出更大的活力。各大品牌对旗下品牌产品线的研发竞争呈现白热化趋势，每一次市场出现某单品爆款之后，立刻就有大量口味类似的竞品快速出现。但消费者对茶饮的原料成分、制作工艺以及文化载体的要求越来越高，各类品牌在尝试创新的同时也将面临巨大挑战。

（资料来源：http://www.cb.com.cn/index/show/gs9/cv/cv12539127217，有删改）

社会市场营销观念是对市场营销观念的进一步修正和完善，如图1-3所示。该观念认为，企业营销活动在满足顾客需要的同时，还必须考虑社会公众长远的和整体的利益，担负起社会与道德的责任，如要考虑环境的保护、资源的节约、消费者的身心健康等。

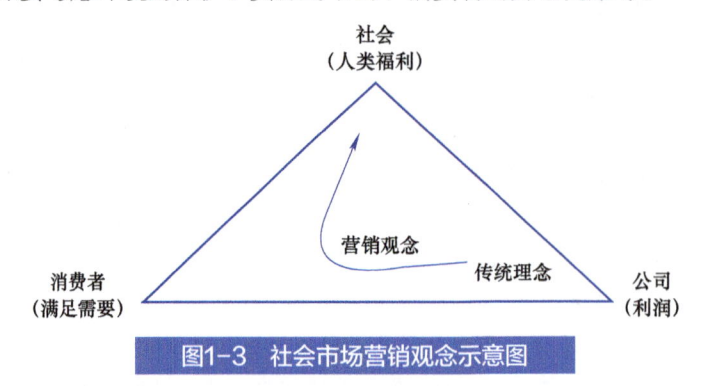

图1-3 社会市场营销观念示意图

社会市场营销观念要求企业正确确定目标市场的需要、欲望和利益，并以保护或提高消费者和社会福利的方式，比竞争者更有效、更有利地为目标市场提供所期待的满足。

社会市场营销观念是在市场营销观念的基础上，强调要兼顾消费者、企业、社会三个方面的利益，要求企业在追求经济效益的同时，应兼顾社会效益，这是符合社会可持续发展要求的营销观念，应当大力提倡。

相关链接1-1

新国标规定：自2023年9月1日起茶叶包装不能超过4层！

2023年3月，中国消费者协会曾发布《商品过度包装问题研究和消费者感知调查报告》。中消协对消费者关注度最高的茶叶包装问题进行调查发现，有40.7%的消费者认为疑似存在过度包装问题；两成多的消费者认为电子产品和食用农产品疑似存在过度包装问题。最终结论显示，有超八成消费者反对过度包装；超九成消费者不熟悉商品过度包装的判别标准。中消协调查表明，消费者对茶叶包装最主要功能需求依次为："保证茶叶的品质，防止受潮和变质"（76.9%）、"开封后保存性能好"（75.8%）、"取用方便"（62.5%）。早在2021年8月10日，国家市场监督管理总局、国家标准化管理委员会曾就商品过度包装情况联合发布了新修订的GB 23350—2021《限制商品过度包装要求 食品和化妆品》（以下简称《要求》），其中明确该要求将于2023年9月1日正式实施。同时，《要求》对食品和化妆品的过度包装进行了限制，严格规定了包装空隙率、包装层数和包装成本。其中茶叶包装将是执法检查的重点之一。根据要求，茶叶包装层数不得超过4层，且要求除第一层包装之外的所有包装成本不超过产品销售价格的20%。另外，《要求》还规定了包装孔隙率的换算，其中茶叶及相关制品的商品必要空间系数为13。对于违反规定的商家，《要求》的第一百零五条提到："违反本法规定，生产经营者未遵守限制商品过度包装的强制性标准的，由县级以上地方人民政府市场监督管理部门或者有关部门责令改正；拒不改正的，处二千元以上二万元以下的罚款；情节严重的，处二万元以上十万元以下的罚款。"中消协方面表示，茶叶企业要进一步优化包装结构，使用环保材料，有效降低包装的成本和废弃率，推行茶叶包装轻量化、可循环；挖掘文化内涵，以此吸引消费者，使包装简约而不简单。该强制性标准的实施，将有效规范茶叶包装、维护消费者权益，推动绿色低碳理念在茶行业践行。

（资料来源：http://t.10jqka.com.cn/pid_288481115.shtml，有删改）

相关链接1-2

可持续发展已成为社会市场营销的重点关注对象,具体指标如图1-4所示。

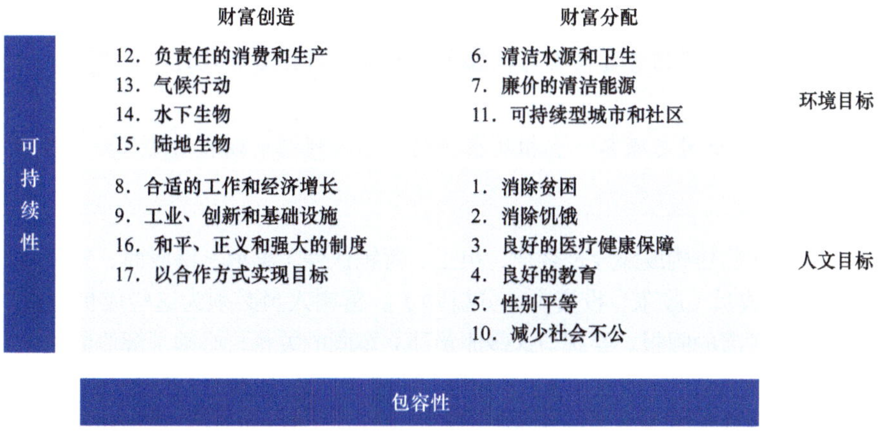

	财富创造	财富分配	
可持续性	12. 负责任的消费和生产 13. 气候行动 14. 水下生物 15. 陆地生物	6. 清洁水源和卫生 7. 廉价的清洁能源 11. 可持续型城市和社区	环境目标
	8. 合适的工作和经济增长 9. 工业、创新和基础设施 16. 和平、正义和强大的制度 17. 以合作方式实现目标	1. 消除贫困 2. 消除饥饿 3. 良好的医疗健康保障 4. 良好的教育 5. 性别平等 10. 减少社会不公	人文目标
	包容性		

图1-4　《2030年可持续发展议程》中提出的17项包容性和可持续性发展目标

3. 关系营销（Relationship Marketing）

关系营销是20世纪80年代末、90年代初在西方企业界兴起的一种新型营销理念。这一理念是在1983年由美国学者首先引入文献的，1985年，巴巴拉·杰克逊在产业市场营销领域提出了这个概念。关系营销的核心就在于发展与顾客长期、稳定的关系，使顾客保持忠诚。1994年以后，营销学者又将关系营销所涵盖的关系扩大到与企业营销活动相关的所有个人和组织。他们认为企业营销是一个与顾客、竞争者、供应商、分销商、政府机构和社会组织发生互动作用的过程，正确处理与这些个人和组织的关系是企业营销的核心和成败的关键。

关系营销是现代营销观念发展的一次历史性突破，它可使企业获得比传统市场营销中更多、更长远的利益，因而被营销学者誉为20世纪90年代及未来的营销理论。

相关链接1-3

不同层次的关系营销

企业可按以下思路区分顾客，建立5种不同层次的关系营销。不同层次的市场营销水平如表1-2所示。

表1-2　不同层次的市场营销水平

顾客类型	盈利水平		
	高利润	中利润	低利润
顾客/经销商很多	可靠型	反应型	基本型或反应型
顾客/经销商一般	主动型	可靠型	反应型
顾客/经销商较少	合伙型	主动型	可靠型

（1）基本型：销售员只是简单地出售产品。

（2）反应型：销售员出售产品，并鼓励顾客，如有什么问题、建议或不满意就打电话给公司。

（3）可靠型：销售员在售后不久就打电话给顾客，以了解产品是否与顾客所期望的相吻合；销售员还从顾客那里整理了几个有关改进产品的建议及任何不足之处。这些信息有助于企业不断改进产品。

（4）主动型：公司销售员经常与顾客电话联系，讨论有关改进产品用途或开发新产品的各种建议。

（5）合伙型：公司与顾客一直相处在一起，已找到影响顾客的购买方式或帮助顾客更好行动的途径。

关系营销的四个构建构成部分是客户、员工、营销伙伴（渠道、供应商、分销商、经销商、代理商）和金融圈成员（股东、投资师、分析师）。营销人员必须为这些成员创造财富，并平衡所有关键利益相关者的回报。要想与这些成员建立牢固的关系，必须了解他们的能力、资源、需要、目标和愿望。

关系营销的最终结构是形成一种独特的公司资产，成为营销网络。营销网络由公司支持公司的利益相关者——客户、员工、供应商、分销商、零售商和其他人员组成，由此，公司建立了互惠互利的商业关系，关系营销的运作规则很简单：与关键利益相关者建立有效关系网络。因此，越来越多的公司选择拥有品牌而非实体资产，在保留公司的核心业务的同时，将其他非核心业务分包给那些能够比自己做得更好且更廉价的企业。

第三节 当代企业营销理念的发展

回顾企业营销理念从产品观念、生产观念、推销观念、营销观念、社会营销观念直至关系营销的演进过程，不难发现每一次营销观念的重大变革，无不是向重视顾客方向更进一步发展的结果。21世纪更是顾客主导的时代，企业面临着前所未有的激烈竞争，新的时代、新的竞争格局必然促使企业营销观念进一步深化和发展。

一、顾客价值与顾客满意

今天，我们面对的是一个产品极大丰富、消费日益饱和的社会，人们刚刚还在享受着物质丰富所带来的满足感，接着却又不得不面对同质化的尴尬，小到洗发水、信用卡、皮鞋，大到冰箱、彩电、汽车、房地产……几乎所有的行业都面临着同质化现象。顾客面对如此众多的产品、品牌、价格、供应商，他们将如何进行选择呢？

1. 顾客让渡价值

一般而言，消费者在购物的时候，都会有意或无意地将物品或服务的品质与价格做比较，以衡量是否物超所值。消费者往往会从产品提供的利益（价值）与为获得该产品所需付出的成本两个方面进行比较分析，从中选择出价值与成本之差额最大的产品作为优先选购的对象，因此顾客是价值最大化的追求者。

从理论上讲，顾客价值理念基于营销学权威菲利普·科特勒所提出的"顾客让渡价值"或称"顾客认知价值（Customer Perceived Value，CPV）"理论。

顾客让渡价值的含义是指顾客从市场提供的商品中发现和感受到的总值与为获得这些利益所付出的总成本之间的差额，即顾客让渡价值 = 顾客总价值 − 顾客总成本。

具体来讲，顾客总价值是指顾客购买某一产品所期望获得的全部利益，包括产品价值、服务价值、人员价值、形象价值等，而顾客总成本则指顾客为购买此产品所需耗费的各种支出，包括货币成本、时间成本、精神成本、体力成本等，如图 1-5 所示。顾客让渡价值的决定因素见表 1-3。

图 1-5 顾客让渡价值的构成因素

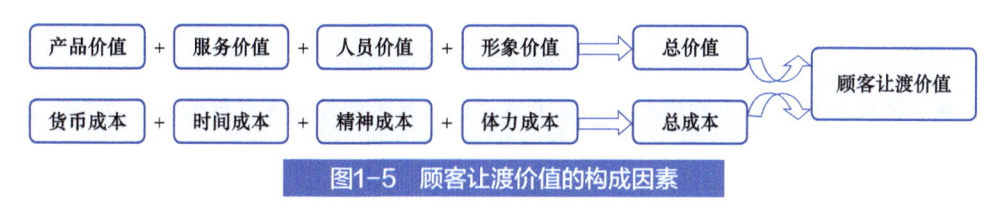

表 1-3 顾客让渡价值的决定因素

总价值	决定因素	总成本	决定因素
产品价值	品质、功能、款式、特色等	货币成本	商品价格、交通费、安装维修费等
服务价值	伴随产品销售的售前、售中、售后服务	时间成本	咨询、收集信息的时间、交通时间、交货等待时间等
人员价值	员工的经营思想、作风、业务能力、工作效率和质量等	精神和体力成本	收集信息、谈判交易条件、购买、安装、使用、维修等方面的精神和体力的支出
形象价值	企业的品牌、声誉等		

顾客价值营销理念就是强调关注顾客的利益，为顾客提供尽可能大的让渡价值。为此，企业需要深入了解、把握顾客的需要和利益，同时还需分析竞争者给顾客提供的利益和价值，并进行对比分析，以便使企业所实施的价值营销策略更有针对性和有效性。

麦当劳的成功是一个典型事例，自创业以来，麦当劳一贯坚持 QSCV（质量、服务、清洁、价值）的经营理念，不仅给顾客提供高质量的产品、方便快捷的服务、清洁的就餐环境，同时使顾客支付尽可能低的时间成本和货币成本，获得身心愉悦的享受，从而赢得了世界各地大批的顾客。其严格的品质管理及操作规范、服务规范等，一方面有利于全面提升顾客总价值，同时又使顾客感受到了实实在在的时间成本、精神成本的节约。

因此，企业以满足顾客的需要为出发点，或增加顾客总价值，或减少顾客总成本，或双管齐下，通过向顾客提供比竞争对手具有更多让渡价值的产品力图赢得更多的潜在顾客。

2. 预期满意理论

企业为谋求长远的发展，不仅应设法赢得顾客，还需使顾客满意，"满意的顾客是最好的广告"。据调查，一个满意的顾客，有可能带来 8 个新顾客；一个不满意的顾客，可能会减少 25 个顾客。越来越多的经营者认识到了顾客满意度和维系现有顾客的重要性，一个公司如果将其顾客流失率降低至 5%，其利润就能增加 25%～85%。

根据预期满意理论，消费者购后满意与否，取决于他的预期与实际感受的对比：若预期 >

实际感受,则消费者会不满意;若预期=实际感受,则消费者会基本满意;若预期<实际感受,则消费者会满意或很满意。

企业虽然无法控制消费者的实际感受,但由于消费者预期的形成是基于他从厂家、商家、朋友以及其他渠道获取的信息,因此,消费者预期是企业营销活动可以影响的,企业应避免夸大其词的宣传,以免使消费者产生过高的预期。

> **相关链接1-4**
>
> **帮助公司恢复商誉的方法**
>
> - 设立一个7×24小时的免费热线(可以通过电子邮件、在线聊天、电话或传真),方便顾客进行投诉登记,公司也更容易采取行动。
> - 尽快联系投诉顾客。公司反应越慢,就会产生越来越多的不满,从而导致负面口碑。
> - 在寻求解决方案之前,找出顾客不满意的真正原因。有的顾客发起投诉与其说是在寻求赔偿,不如说是在寻求公司的关心。
> - 对顾客的失望承担责任,不要把责任推到顾客身上。
> - 快速解决顾客投诉,使顾客满意,同时要考虑解决投诉的成本和顾客的终身价值。

科特勒认为,顾客满意的意义在于:一个高度满意的顾客会忠诚于公司,购买更多的该公司新产品和提高购买产品的等级,为该公司和其产品说好话,忽视竞争品牌及其广告并对价格不敏感,向公司提出产品或服务建议,由于交易惯例化而比用于新顾客的服务成本低等。

二、绿色营销

进入21世纪,全球的环保呼声越来越高涨。绿色营销观念就是随着时代的发展,绿色消费需求的兴起促使市场营销观念进行变革和发展的产物,其基本思想是企业应以环境保护为要旨,以满足消费者的绿色消费为中心和出发点,在化解环境危机的过程中获得商业机会,在实现企业利润和消费者满意的同时,实现人与自然的和谐相处,共存共荣。

面对全球生态环境的恶化、自然资源的短缺等生态危机,国际环境公约纷纷出台,各国环境与技术标准对产品及其生产过程的要求不断提高,环保法规越来越复杂和严格,绿色贸易壁垒甚至成为当今最为盛行的一种非关税壁垒,这种状况客观上也促使企业转向绿色营销。

绿色贸易壁垒(Green Trade Barrier,简称"绿色壁垒"),是指进口国以保护生态环境、自然资源、人类和动植物的健康为由,以保护本国市场和贸易为根本目的,通过制定、颁布、实施严格的环境保护法规和苛刻的环境保护技术标准,以限制国外产品或服务进口的贸易保护措施。当前世界范围内构成绿色贸易壁垒主要有以下限制措施。

(1)涉及环境保护问题的国际环境公约,如《保护臭氧层维也纳公约》(1985年)、《保护生物多样性公约》(1992年)等。

(2)WTO有关协议中的环境条款,如《建立世界贸易组织的马拉喀什协议》指出:在符合可承受的发展速度的前提下,允许缔约方合理地利用世界资源,以符合各国经济发展水平所决定的各自需求与利害关系的方式寻求环境得到保护,并提高这种保护的手段。

(3)国际标准化组织颁布的国际环境管理体系系列标准(ISO 14000系列标准)。

(4)绿色标志制度。绿色标志(Green Label)也称为环境标志、生态标志,是指由政府部门或其授权的部门按照一定的环境标准颁发的特定图形，用以表示某种商品符合环境要求。

（5）进口国国内环境与贸易法规，如欧盟的消费者保护法，禁止使用和进口能分解成致癌芳香胺的118种偶氮染料及其染色的纺织品。

（6）进口国环境与技术标准，特别是发达国家，对此的规定都相当严格。

绿色壁垒产生于20世纪80年代后期，90年代开始兴起于各国，如美国拒绝进口委内瑞拉的汽油，因为铅（Pb）含量超过了本国规定；20世纪90年代，欧洲国家严禁进口含氟利昂的冰箱，导致中国的冰箱出口由此下降了59%。尽管绿色贸易壁垒大多都是发达国家针对发展中国家设立的，但是为了全社会的可持续发展，以及冲破绿色壁垒，我国企业必须顺应这股绿色潮流。

> **营销5.0实战1-2**
>
> **安踏推出可生物降解聚酯纤维卫衣产品**
>
> 安踏集团是一家专门从事设计、生产、销售运动鞋服、配饰等运动装备的综合性、多品牌的体育用品集团。2022年收入536.51亿元。安踏在其2023年春季系列中推出了首款以CELYS™（赛丽丝®）可生物降解聚酯纤维为环保科技的卫衣产品，这也是全球运动领域的首发之作。该服装采用棉和CELYS™（赛丽丝®）纤维混纺纱线为主的空气层面料，手感棉柔、透气干爽、骨感蓬松，完美融合了天然纤维和新型聚酯纤维CELYS™（赛丽丝®）的性能优势。2022年6月，由安踏提出申请，这款面料还荣获了德国ISPO 2024春/夏趋势与创新外套类TOP 10大奖，并在欧洲户外运动领域的趋势宣传中，因为其独特的可降解环保属性，吸引了众多欧美品牌的关注。
>
> 安踏品牌与CELYS™（赛丽丝®）可生物降解纤维技术的合作并不偶然。作为中国体育行业领先的可持续发展践行者，安踏集团致力于将可持续发展理念贯彻在经营之中。安踏的创新与业务团队对新材料新技术具有敏锐的洞察力。2021年，当CELYS™（赛丽丝®）纤维刚一推向市场，就吸引了安踏研发创新团队的目光。为了证明CELYS™（赛丽丝®）纤维的可生物降解性，安踏特别安排了大货纤维的降解复检（6个月时间），直到拿到合格的检测报告。作为一个新材料，由于纺织行业内对可生物降解聚酯纤维尚无成熟的质量标准，安踏研发团队协同质控部门，通过参考国际和国内的生物降解材料检测标准，以及品牌对产品质量的要求，为安踏集团申请了可生物降解聚酯纤维的企业标准（即Q/ATZG 144—2022）。作为可持续战略的践行者，安踏走在了世界环保创新的前列。
>
> （资料来源：https://mp.weixin.qq.com/s?__biz=MjM5NzQzODY5MQ==&mid=2650570014&idx=1&sn=6b9624b9c0b027a81f198dc48c9f58c1&chksm=bed1289289a6a1848f98ef38f772b2de6da6333824b537299dbcb181657a68282a933f72839c&scene=27，有删改）

三、全球营销

进入21世纪以来，伴随着网络技术、高新技术的快速发展和广泛应用，经济全球化的进程明显加速，全球经济一体化、市场全球化的崭新格局已经形成，企业营销的时空无限扩大，从而使企业传统的"时空"观念和"国界"观念受到巨大冲击。任何企业都可以借助现代信息技术手段，全天候地直接面对全球的顾客和竞争者，企业竞争从区域竞争转向了全球竞争。

全球营销理念要求企业必须彻底打破以国界、区界划分国际市场与国内市场的传统认识，强化竞争全球化、资源全球化、顾客全球化的全新经营理念，开拓思维和视野，应以全球市场的观点来制订和实施经营战略，选择目标市场和战略定位，要善于借助网络等现代化的信息技术手段了解和掌握国际市场营销发展动态，发掘商机，主动营销，大力开拓企业的市场。

美国不少企业正是利用全球化发展的契机，形成了新世纪的跨国集团及运营结构的新模式，如其研究中心在硅谷，广告策划在纽约，制造基地设在东南亚，财务公司设在中国的经营模式。

营销5.0实战1-3

海尔的全球化效果显著

自2009年以来，海尔已连续13年成为全球市占率最高的家电品牌，2020年占比约16.5%。同时，根据2022年财报显示，海尔全年营收2435.14亿元，其中海外营收逆势增长10.3%，为1254.24亿元，占比51.5%。海外市场已经名副其实地成了海尔的半壁江山。截至2023年11月，海尔在全球设立了10大研发中心、71个研究院、35个工业园、138个制造中心和23万个销售网络，连续5年作为全球唯一物联网生态品牌，蝉联"BrandZ最具价值全球品牌100强"，连续14年稳居"欧睿国际全球大型家电品牌零售量"第一名。

1. 洞察本土需求，打造差异产品

尽管海尔在国内属于知名品牌，但在海外，相比经营多年的日韩和欧美品牌，不论是在品牌知名度还是消费者的认可度上都有较大差距。海尔通过敏锐的洞察力和快速迭代的高效研发产品研发模式成为解决问题的关键之处。

首先是东南亚市场。海尔通过调研发现，因为东南亚市场规模较小，大多数日韩品牌不仅迭代周期很长，而且还缺少针对当地需求开发的产品。于是这成为海尔突破的关键点。比如东南亚地区气候炎热，所以空调使用的次数非常频繁，而日韩品牌过高的养护成本让很多消费者感到不满。为此海尔推出了具备自清洁和自杀菌功能的空调。这种差异化的产品不仅满足了当地消费者的使用需求，还降低了后期的维护成本。像这种以用户真实需求为动力进行产品研发和迭代的做法，不仅让海尔逐渐走进了东南亚消费者的视线，更是完成了市场－产品－供应链的整体转型，让海尔具备了远超同行的本土化效率。在泰国市场，自2017年开始的五年时间里，海尔在当地的空调产能提高了一倍，达到200万台。凭借这样的成绩，海尔成为东南亚家电这个"夕阳产业"中的一匹增长黑马。

其实，纵观海尔的出海战略，可以发现海尔并不追求以某一款"爆品"行销全球，而是根据不同地区用户的不同需求研发差异化的产品，本质上就是满足全球用户的个性化体验。像在巴基斯坦推出一次可放入12头羊的冷柜、在印度推出大容量冷藏保鲜的冰箱、在西班牙推出可以储存大量海鲜的多门冰箱等，这些产品都是根据当地的文化特点和用户使用习惯创新推出的。

2. 瞄准受众群体，引爆海量参与

家电属于耐消品，相对于快消品，其经营周期更长，因此更需要积累品牌资产，提升用户对品牌的认知和信任，这样才能实现长效的商业转化。因此，海尔对于品牌建设十分重视，为了能进一步直达目标客群并降低认知门槛，海尔做了很多尝试。最终，海尔选择了在社媒平台上发力。

> 一方面，海尔发现在很多地区中老年消费者已经形成了固有的消费认知，而年轻消费者则对新产品和新品牌的接受度很高，获得这部分群体的认可，是海尔进一步获得业务增长的关键；另一方面，以 TikTok 为首的 App 是年轻消费者群体最喜爱的社媒平台，这些平台的内容更新节奏更快、平台资源更丰富、操作空间更广阔，非常适合品牌方做营销动作。
>
> 海尔在巴基斯坦推出的 TikTok 活动是这方面的一个例证。2022 年第四季度，海尔在巴基斯坦联合 Ariel（碧浪）推出了 #HaierWashingMachine 的标签挑战，其营销目标是与巴基斯坦当地年轻消费者群体做深度互动，以 GiveAway 的方式吸引大家参与，并放出年末优惠以此提升当地的洗衣机销量。该活动形式为 TikTok 经典的"拍同款"，不仅专门设计了 3D 动态贴纸（贴纸为 Ariel 的洗衣粉，但包装上还有海尔洗衣机的产品照），还挑选了充满活力的 BGM，并且还设计了一套舞蹈动作。整体来看，活动不仅结合了巴基斯坦的当地风俗文化，更是非常契合当地生活场景，通过这样沉浸式的互动体验，海尔将创意与品牌活动做了深度结合。同时，为了能够快速引爆用户关注和参与，海尔和 Ariel 还邀请了当地红人做推广，能借助他们的影响力先行感染粉丝群体，进而带动围观群众，从而实现活动破圈。最终，该挑战在巴基斯坦收获了 2530 万的总曝光、177 万的交互量，27 万的总 UGC 视频量，数据反馈相当不错。凭借多元的互动玩法，海尔在 TikTok 上以传统广告无法比拟的速度和深度触达到了目标用户。
>
> （资料来源：https://www.163.com/dy/article/IH7UN8U20537A6DD.html，有删改）

四、个性化营销

工业经济时代，企业根据大众化的需求进行生产和经营，消费者也只能根据大众化的需求来购买和消费，消费者处于被动地位。而在新的形势下，消费者凭借发达的信息网络及技术手段，可以全面、迅速、准确地收集与其购买决策有关的市场信息，在浩瀚的产品中进行选择，追求多样化、个性化消费成为新的需求时尚。

个性化营销的出现，首先是由于人们消费水平不断提高，价值观念日益个性化，进而要求产品的"文化色彩"或"情感色彩"浓厚，能体现自己独特的素养；其次是产品越来越丰富，供大于求，消费者可以在众多的同类产品中随意挑选；最后是互联网技术使信息社会中的供求关系变为动态的互动关系，消费者可以在全世界的任何一个地方、任何时间将自己的特殊需求利用互联网迅速地反馈给供给方，而生产方也可以随时随地通过互联网了解和跟踪消费者的市场反馈。因此，针对消费者的个性化需求来实现高度的顾客满意将成为新世纪营销的新特色。

20 世纪末，海尔提出了"您来设计，我来实现"的新口号，由消费者向海尔提出自己对家电产品的需求模式，包括性能、款式、色彩、大小等。

今天 DIY（Do It Yourself）计算机、DIY 服装、DIY 贺卡、DIY 家具、DIY 音乐等已成为年轻一族的时尚，风靡于全国各个城市的各个角落。

五、互联网时代营销

数字技术与互联网无处不在，正在彻底改变着我们的生活方式。智能手机、平板电脑等数字设备在我们的学习、工作、购物和娱乐活动中连接着互联网、连接着"朋友圈"、连接着世界。随着互联网加速普及，全球网民数量稳步增长。《中国移动互联网发展报告（2022）》

显示，截至 2021 年底，全球上网人口达 49 亿，约占全球总人口的 63%。作为网民数量最多的国家，中国业已成为名副其实的网络大国。2022 年发布的《携手构建网络空间命运共同体》白皮书显示，截至 2022 年 6 月，中国网民规模达 10.51 亿，互联网普及率提升到 74.4%；累计建成开通 5G 基站 185.4 万个，5G 移动电话用户数达 4.55 亿，建成全球规模最大 5G 网络，成为 5G 标准和技术的全球引领者之一。

数字化营销（Digital Marketing）是借助于互联网、通信技术和数字交互使媒体实现营销目的的一种方式，网络营销、移动营销等都是数字化营销的表现形式。首先，企业选择网站、视频、电子书等网络媒体来做广告，企业广告策略选择变得多样化和数字化；其次，电子商务改变了传统的分销策略，虚拟网上直销取代了中间商，变得更迅速、更经济；最后，互联网将企业营销变为无界的国际市场营销，国际市场营销更为便利。目前，基于智能手机而发展起来的移动营销（Mobile Marketing）成为增长最快的数字化营销平台，智能手机被称为继电视、电影、计算机之后改变人类生活的"第四屏"。智能手机可随身携带、始终在线、精准定位和高度个人的特性，使它成为理想的数字营销工具。

六、以人为本的技术时代营销

相关链接1-5

五个不同世代及其不同的品牌偏好如图 1-6 所示。

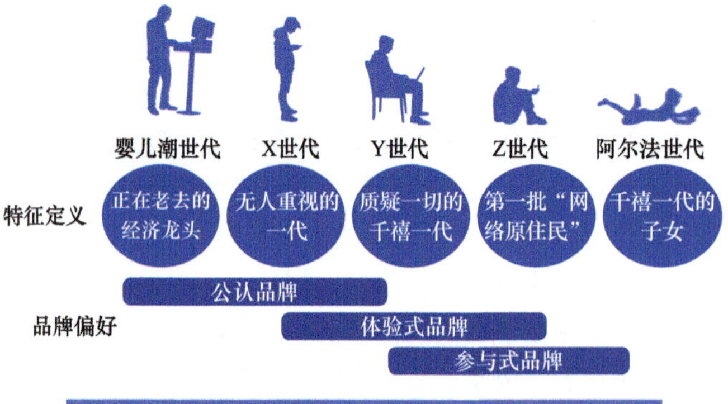

图1-6 五个不同世代及其不同的品牌偏好

婴儿潮世代：1946—1964 年出生；
X 世代：1965—1980 年出生；
Y 世代：1981—1996 年出生；
Z 世代：1997—2009 年出生；
阿尔法世代：2010 年后出生。

随着 Z 世代和阿尔法世代的崛起，全球再次迎来新的营销变化。这两个年轻世代的兴趣点和关注点主要有两个方向。一是为人类带来积极改变，改善人类的生活质量；二是推动技术进一步的发展，以更好地为人类服务。为满足 Z 世代和阿尔法世代的需要，营销人员必须使用下一代技术改善人类生活状况。

营销 5.0 时代可以视为营销以人为中心型（3.0 时代）和技术推动型（4.0 时代）的有机统一。企业只有赢得 Z 世代和阿尔法世代的信任才能在营销 5.0 时代的竞争中取得胜利。

营销方法

1. 顾客满意追踪调查和衡量度的方法

描述公司如何探索顾客满意的四种方法如表1-4所示。

表1-4 描述公司如何探索顾客满意的四种方法

投诉和建议制度	一个以顾客为中心的组织应为顾客投诉和提建议提供方便。有些以顾客为导向的公司,如宝洁公司、通用电气公司、惠而浦公司等,都开设了免费的顾客电话热线。公司还增加了网站和电子信箱,方便双向沟通
顾客满意度调查	一些研究表明,顾客每4次购买中会有1次不满意,而只有5%以下的不满意的顾客会抱怨。大多数顾客会少买或转向其他供应商。敏感的公司会通过定期调查,直接测定顾客满意状况。他们在收集有关顾客满意的信息时,会询问一些其他问题以了解顾客再购买的意图,衡量顾客是否愿意向其他人推荐本公司及品牌
伴装购物者	公司可以雇一些人,装扮成潜在顾客,报告他们在购买公司及其竞争者的产品过程中发现的优缺点。这些伴装购物者甚至可以故意提出一些问题,以测试公司的销售人员能否适当处理。公司经理们还应经常走出他们的办公室,进入他们不熟悉的公司以及竞争者的实际销售环境,以亲身体验作为"顾客"所受到的待遇。经理们也可以打电话给自己的公司,提出各种不同的问题和抱怨,看他们的员工如何处理这样的电话
分析流失的顾客	对于那些已停止购买或转向另一个供应商的顾客,公司应该与他们接触一下以了解发生这种情况的原因。公司不仅要和那些流失的顾客谈话,还必须监控顾客流失率

2. 建立顾客忠诚度的方法

(1)改进顾客服务。通过选拔和培训员工,让他们用知识武装自己,同时通过友善地回答顾客选购产品的问题来提高顾客满意度的可能性。比如全食超市通过承诺提供新鲜、高质量的食品,以及提供卓越的服务体验来吸引顾客。

(2)吸引顾客参与。顾客对公司的参与度越高,就越拥护公司。在购买本田新车的人群中,有很大一部分是用旧车置换新车。司机表示,本田制造的车辆安全性声誉带来的转售价值较高。向顾客寻求建议是让顾客参与品牌和公司的有效途径。

(3)提高每个顾客的增长潜力。公司可以用新产品或新机会来提高现有顾客的销售额。哈雷戴维森不仅销售摩托车,也售卖手套、皮夹克、头盔和太阳镜等周边配饰。它的经销商销售3000多种类型的服装,有些甚至提供试衣间。其他授权销售的商品范围从可以想象的物品(小酒杯、ZIPPO打火机)到更令人惊讶的物品(香水、洋娃娃和手机)。

(4)管理无利不图的顾客。营销者可以鼓励无利不图的顾客购买更多商品或大量采购商品,放弃某些功能或服务,或支付更高的金额、费用等。银行、电话公司和旅行社现在都对曾经免费的服务收费,以确保在这些顾客身上的最低收益。公司也可以放弃那些盈利可疑的潜在顾客。例如前进保险公司会筛选顾客,并将潜在无利可图的顾客留给竞争对手。然而,那些只支付很少费用或不支付任何费用、由付费顾客来补贴的"免费"顾客,如印刷和网络媒体、就业和婚恋服务以及购物中心,有一个重要功能,就是能够带来有用的直接和间接的网络效应。

(5)奖励最有利可图的顾客。最有利可图的顾客可以享受特殊待遇。用心准备的礼遇,比如生日问候、小礼物或者体育与艺术活动的邀请函，可以向顾客发送强烈的积极信号。酒店、航空公司、信用卡公司和租车代理公司通常为它们最好的顾客提供优质的服务，以确保他们的忠诚度，同时最大化自己的利润。

本章小结

1. 市场营销的定义及其核心概念

市场营销是个人和群体通过参照产品和价值，同他人进行交换以获得所需所欲的一种社会及管理过程。

市场营销的核心概念包括需要、欲望和需求；产品、服务和体验；价值、满意和质量；交换、交易和关系；营销者与营销对象。

2. 六种不同的营销观念

这六种不同的企业经营指导思想在营销范畴内被解释为不同的营销观念。它们分别是生产观念、产品观念、推销观念、市场营销观念、社会营销观念和关系营销。

3. 当代企业营销理念的发展

当代企业营销理念的发展包括顾客价值与顾客满意、绿色营销、全球营销及个性化营销及以人为本的技术时代营销。

重要概念

市场　市场营销　生产观念　产品观念　推销观念　市场营销观念　社会市场营销观念
关系营销　顾客价值　顾客满意　顾客让渡价值　绿色营销全球营销　个性化营销
以人为本的技术时代营销

案例分析

胖东来——超市中的"海底捞"

胖东来商贸集团，1997年在许昌市起家。20多年来，他们从烟酒店逐渐成长为一家覆盖连锁超市、百货商场等业态的零售企业，目前他们在河南许昌和新乡有十多家门店，它的相关话题频繁地出现在互联网上，它的名声也传到了全国。河南的商超品牌胖东来被很多人称为超市中的"海底捞"。

1. 给员工极好的服务待遇，提升员工服务积极性

胖东来将大部分利润分配给员工，胖东来员工的薪资水平远远高于当地平均收入。有各种节假日，如每周休息、每年的30天假期、员工不得加班、结婚和生育的贺金，以及其他各种节假日的福利待遇；公司为员工提供免费午餐、免费住宿……这些都是企业在春节期间推出的"人

性化服务"。在价值不菲的时代广场的六楼为员工提供了一个休闲娱乐的好地方,其中电影院、健身中心、KTV、茶房和休息室等设施一应俱全。自2023年4月起,胖东来把每周二作为全店休息日,为确保所有员工均可获得休息时间,于东来老板甚至因此制定强制令,对未休息的人员将处以罚款。

不久前,一顾客在胖东来内与员工发生争执,随后胖东来公开一份8页的"顾客与员工发生争执事件的调查报告"引起热议。这份报告中提到,"顾客权益受损可通过投诉渠道反馈,但不能现场对员工大声呵斥指责,这是伤害人格以及尊严的严重行为,因此给予员工5000元精神补偿",更是激起广大"社畜"的深切共鸣。胖东来员工工作幸福感高、忠诚度高,良好的服务态度也就能发自真心。

2. 细致入微的服务

早在1998年,胖东来就推出了退货服务。如今这一服务还在,还在不断"升级",比如如果在胖东来的影院看的电影不好看,都可以在结束后20分钟内半价退还。除此之外,胖东来有免费给手机充电、免费送货、免费维修、免费干洗等18项免费服务,环境非常干净,每层楼有温热的直饮水和休息座椅,有母婴室、无性别卫生间、儿童专用卫生间、免费充电宝、宠物寄存区,冷冻食品旁边还有免费的冰袋等。另外,胖东来担心顾客因为手比较干燥,不好搓开购物袋,所以也会配备湿手器。当消费者发现想要的商品没有时,还可以填写缺货登记表来要求进货。

胖东来还一直把客户购物体验记在心里。通常爱逛超市的人都知道,普通超市不是装备了大型难控方向的购物车,就是勒得手痛的购物篮,或顾客自己拿购物袋购物。尽管这些设备或做法同样可以满足普通顾客购物的需要,但总有一些特殊群体会遇到一些问题,胖东来在这一方面做得也非常出色。胖东来在开业前走访各大购物商场、社区、市场等进行调研,了解民众的购物需求。在开业时,胖东来首创7种购物车样式,根据不同的功能分别放置于不同的地区。其中一些能安置几个月大的小宝宝;另一些则能满足多小孩的家庭需求。值得一提的是,在婴儿款购物车方面,胖东来设计了3种风格,以满足婴儿前、后、侧位就座的需要。在关爱老人方面,胖东来更不断创新:以购物车为基础,装备放大镜和眼镜,便于老人清晰地看到商品信息;为解决部分老人体力不足问题,还安装了扶手,并将折叠式便携式座椅安装到了购物车上,老人只需轻轻掰开,便可随处歇息。针对年轻人购物时喜欢独自冷静地选择的特点,胖东来在商场门口挂了很多小牌子,想不被打扰,挂上就可以了。胖东来在商场内还设立了很多提示牌,比如"空腹不食柿子""香蕉和柿子不可以同食""柠檬要等待一个星期才会充分成熟"等,给客户普及知识。如部分食品不符合售卖条件,胖东来会专门把这一批产品摆放在分区内,并设置"尚未成熟的就不卖了"之类的提醒字样,让顾客心里暖暖的。

胖东来的商场电梯口总有几位工作人员专为客户服务,不管你是否有必要,只要感觉到你有困难,就会帮助化解。如看到有人抱着小孩准备坐电梯时,员工就会赶紧跑到楼下帮她抱小孩、主动搬婴儿车。在卖场中,不管地板是否干净,都要半个小时打扫一次。

3. 不扩张的定力

胖东来为什么只开在河南,不像家乐福、沃尔玛等商超一样,到全国各地扩张门店呢?事实上,不追求做大、不扩张,就是胖东来的"基因",甚至一度胖东来还把新乡的店给关了。河南胖东来商贸集团董事长于东来曾解释关店原因："我发现规模一大，我们就不如以前做得那么精细。这不仅不能保证员工幸福地成长，也让顾客失望，我也会很累。压缩规模，是胖东来的主动选择。"所以，胖东来虽然没有走出河南，但在河南，它是许多河南人的唯一选择。

思考与分析

1．胖东来体现了何种营销观念？它是通过何种方式实现的？
2．请联系案例并结合自己外出购物的经历，为胖东来提出市场营销方面的建议。

（资料来源：https://mbd.baidu.com/newspage/data/landingsuper?context=%7B%22nid%22%3A%22news_10415947574566807098%22%7D&n_type=1&p_from=4，有删改）

［营销实训］

市场营销体验

【训练目的】实际地体验与认知市场营销。

【训练方案】

- 人员：以3～5人的小组为单位演习。
- 时间：与第1章教学时间同步。
- 方式：仔细地浏览亚马逊网（www.amazon.com），并以PPT或其他形式发表自己对下列问题的看法。

（1）描述你所看到的亚马逊网，尝试在亚马逊网上购物并描述这一过程。
（2）你看到了市场营销的存在吗？以实例支持你的说法。
（3）亚马逊网是怎样与顾客建立关系的？你认为你在亚马逊网看到的什么说明亚马逊网重视顾客利益？
（4）你觉得亚马逊网怎样才能做得更好？

［复习与思考］

1．谈谈你对市场营销的理解和认识。
2．传统营销理念与现代营销理念的根本区别是什么？
3．营销观念的不同对企业经营有何影响？请结合实例予以说明。
4．讨论顾客让渡价值、顾客生涯价值、顾客满意及关系营销的相互联系。

第二章
市场营销环境

学习指导

学习目标

1. 理解市场营销环境的类型、特点和影响作用
2. 掌握企业营销环境的主要内容
3. 了解 SWOT 分析法

> **任务驱动**

使用机器人服务的海茵娜饭店

2015年开张的日本海茵娜（Henn-na）酒店是经过吉尼斯世界纪录认证的全球首家全部使用机器人服务的酒店。酒店的多语种前台机器人配有面部识别系统，可以帮助客人办理入住和退房手续。接待处的机械臂负责存放行李，礼宾员机器人帮忙叫车，行李车机器人将行李送入房间，还有管家机器人打扫房间。大部分房间设施也是高科技的，例如，每个房间都配备有面部识别门锁和室内蒸汽衣柜。

开始，酒店采用机器人服务是为了应对日本的劳动力短缺问题。酒店希望用最少的员工展开经营，从而实现劳动力成本的削减。没想到的是机器人服务带来了一些令顾客感到苦恼的问题，为解决这些问题酒店不得不投入更多的人力工作。例如，有顾客投诉房间内的桌面机器人无法辨别打鼾的声音，误以为是房客在发出指令，所以一遍又一遍地把睡着的客人叫醒。最后，酒店不得不对自动化应用进行削减，"解雇"了一半左右的机器人。

你认为全面自动化能在酒店服务行业替代人类吗？请说明原因。

（资料来源：https://baijiahao.baidu.com/s?id=1727278807122063831&wfr=spider&for=pc，有删改）

任何企业都必须在一定的环境条件下开展营销活动，而整个营销环境并非是一个静态的环境，任何一个因素的改变都会带动整个环境的变化，从而形成新的环境。这一系列的改变，一方面可能为企业带来新的商机，另一方面也可能给企业带来威胁。因此，市场环境分析有利于企业识别和分析由于环境变化造成的针对企业营销活动的机会和威胁，及时采取对策，扬长避短，趋利避害，使企业在多变复杂的市场营销环境中实现营销目标。

第一节 营销环境概述

一、市场营销环境的概念和特点

1. 市场营销环境的概念

环境是指事物外界的一切事物。它总是相对于某一特定对象而言的，不同的对象有着不同的环境。市场营销环境是相对企业的市场营销活动而言的。按菲利普·科特勒的定义，一个企业的市场营销环境由企业营销管理职能外部的因素和力量所组成，也就是说，市场营销环境是指与企业市场营销活动有关的各种外界力量和因素的总和，而这些力量和因素是影响企业的生存与发展的外部条件。

企业市场营销环境分为宏观环境和微观环境两大类。宏观环境是指对企业开展市场营销活动产生影响的各种社会力量，包括人口环境、经济环境、自然环境、科学技术环境、政治法律环境和社会文化环境等；微观环境是指与企业紧密相连的直接影响企业营销活动的各种参与者，包括供给者、营销中介、顾客、竞争者、社会公众以及影响营销管理决策的企业内部的各个部门。宏观环境通常以微观环境为媒介，对企业的市场营销活动产生间接影响，也称为间接营销环境，但在特定的场合下，宏观环境也可直接影响企业的营销活动。微观环境是对某一个企业起影响和制约作用的环境因素，它直接影响和决定该企业的营销活动，也称为直接营销环境。宏观环境与微观环境是市场环境系统中的不同层次，所有的微观环境因素都受宏观环境因素的制约，而微观环境因素对宏观环境也产生影响，从而构成多因素、多层次、多变的市场营销环境综合体，如图2-1所示。

图2-1 市场营销环境

2. 市场营销环境的特点

市场营销环境是一个多因素、多层次而且不断变化的综合体。企业研究环境，目的就是为了适应不同的环境，从而求得生存和发展。对于所有影响企业营销活动的环境因素，企业不但要主动地去适应，还要不断地创造和开拓对自己有利的环境。

一般地，企业市场营销环境的特征主要有：客观性、差异性、多变性、相关性、可影响性。

（1）客观性。企业总是在特定的社会、市场环境中生存和发展的。这种环境并不以营销者的意志为转移，对企业的营销活动具有强制性与不可控制性的特点。一般来说，企业无法摆脱和控制营销环境的制约，特别是宏观环境中的政治、法律、科学技术等因素，企业难以按自身的要求和意愿随意改变。

（2）差异性。不同的国家与地区之间，营销环境存在着广泛的差异性。不同企业的微观环境也千差万别。市场营销环境的差异性不仅表现在不同企业受不同环境的影响，还表现为同一环境因素的变化对不同企业的影响也是不同的。正是由于外界环境因素对企业作用的差异性，各个企业为应付环境变化而采取的营销策略也各不相同。例如，2009年的经济危机给许多外贸企业和房地产企业带来了巨大的损失，而在中国政府积极的财政政策和适度宽松的货币政策下，这一环境的改变却为很多中小型企业带来了商机。

（3）多变性。构成企业市场营销环境的因素是多方面的，而每一个因素都会受到其他因素的影响，且都会随着社会的发展而不断变化。因此说，市场营销环境是一个动态的系统。

（4）相关性。企业市场营销环境包括影响企业营销活动的一切宏观和微观因素，这些因素涉及多方面、多层次，因素之间相互作用、相互影响、相互制约、相互依存，又互为因果关系，任何一个因素的变化会带动其他因素的变化，从而形成新的营销环境。

（5）可影响性。"适者生存"是自然万物不断演化的法则，同样也是市场竞争的法则。企业能否快速地适应外部环境的变化，将决定企业能否生存。虽然营销环境具有强制性与不可控制性等客观因素，但是这并不意味着企业对于环境是无能为力的或者只能消极、被动地去适应环境，而是应该积极主动地去适应，甚至应该运用各种资源去影响和改变环境，营造一个有利于企业发展的市场空间，从而再去适应该环境。

二、分析市场营销环境的意义

企业是社会的经济细胞，它在营销活动中必然与其所处的环境发生联系。实践证明，凡是能适应不断变化着的营销环境的企业，就能生存和发展，否则就会被市场所淘汰。现代营销学也认为，企业营销活动成败的关键，在于企业能否适应不断变化着的市场营销环境。市场营销环境中可变的因素很多，而每一因素对企业的营销活动都有制约和影响。当今市场竞争的多样化和激烈化对企业的营销发出了挑战，迫使企业必须具备高瞻远瞩的战略思维，才能在复杂多变的环境中应对自如。

对市场营销环境的分析有以下几方面意义：①可以找到营销机会和避免环境威胁；②可以提高企业的应变能力；③可以使商品适销对路，真正做到以消费者需求为中心的营销理念；④可以作为企业制订战略的依据和基础。

第二节　宏观环境因素

市场营销的宏观环境是指那些作用于直接营销环境，对企业开展市场营销活动产生影响的各种社会力量，包括人口环境、经济环境、自然环境、科学技术环境、政治法律环境和社会文化环境等。宏观环境的变化既可以给企业营销活动提供机会，也可以给企业带来巨大的威胁，企业必须密切关注宏观环境的变化，通过调整内部环境因素，去适应宏观环境，从而确保企业营销目标的实现。

相关链接2-1

新零售行业的五大发展趋势

近年来，一种集线上和线下销售为一体的新零售方式逐渐崭露头角。其发展趋势主要表现在以下几个方面：

1. 数据化

互联网时代最大的特点就是数据化，新零售在整个销售、运营、服务等过程中，都需要借助大数据、人工智能等新兴技术，对用户行为、购物偏好等方面进行全方位、多维度的数据分析，从而提升销售效率，优化服务体验，促进营收增长。

2. 个性化

在消费需求日益多元化的背景下，新零售需要通过技术手段，更好地满足用户的个性化需求。

例如：通过购物历史、浏览记录等信息，精准推荐商品；通过社交互动、智能客服等方式，提供更优质的个性化服务。在这种趋势之下，消费者的购买潜力开始得到激发，零售企业也因此而得到快速的发展壮大。也就是未来以新零售为核心的个性化定制服务将成为行业主流。

3. 线上线下融合

新零售通过线上线下的有机结合，创造全新的消费场景和购物体验。例如，线下门店可以充分发挥其场景优势，提升用户的参与度。

在这种背景之下，商品的价格、购物的体验以及产品的质量都将统一，消费者得到的将是更加专业的服务、更加优质的产品。

4. 企业的生产朝着智能化、科技化的方向发展

互联网、云计算、大数据、人工智能等新技术的不断发展给行业注入了高速增长的动力。与此同时，在技术的支撑之下，零售行业从商品的生产到消费，都能够实现有效的监控，零售商得以实现对于商品生产的控制，实现零库存的经营，这种变化对零售行业起到了减负的作用，直接推动了行业的高速发展。互联网和移动互联网给传统的零售行业带来了巨大的冲击，很多的零售商开始寻求经营模式和方向的转型，这本身就是一种行业的进步，而随着电商流量红利的枯竭，零售行业又一次面临着转型。

正是在这样的大背景之下，新零售开始出现，新零售带来的是零售行业发展遭遇瓶颈之后的一个全新的解决方案。

5. 数字化赋能，新零售渠道得以升级

大环境在不断地变化，在此冲击之下，极大地激发了企业的效益。数字化进一步从消费者向零售商，向上游品牌制造商迁移，也就是我们常说的零售业互联网化进一步转向工业互联网化。工业互联网化不再是中国制造、美国制造，而是互联网制造。这个制造基于新商业基础设施和消费者需求，将重新定义制造业。

（资料来源：https://baijiahao.baidu.com/s?id=1765948848618123885&wfr=spider&for=pc，有删改）

一、人口环境

人口是构成社会的基本单元，更是构成市场的第一因素。人口越多，在一定程度上也就意味着市场越大，而人口的年龄结构、地理分布、婚姻状况、流动率、出生率、死亡率等特征又会对市场形势产生巨大影响。因此，密切关注人口环境的变化是企业适应环境、寻找市场机会并避免威胁的重要手段之一。

1. 世界人口数量迅速增加

随着科学技术的快速发展，医疗水平的不断提高，人类的生存条件得到了巨大的改善，世界人口平均寿命不断延长，世界人口正在以前所未有的速度增长。据联合国预测，到2050年，全球总人口将增加到92亿人。人口的快速增长给企业带来了新市场的同时也带来了新挑战。一方面，人类赖以生存的星球需要养活90多亿人，这就意味着对食品、水、燃料的需求也将增加，那么市场需求将是巨大的，而供需矛盾也将成为困扰人类的又一难题，因此，研发新型节能技术和产品将是未来的主流；另一方面，随着时间的推移，消费者的需求特点也将呈现出更多的差异化，如何有效地满足这些需求必将带来新的挑战，市场竞争必然加剧，而中小型企业也将获得新的机会。

2. 人口结构

人口结构包括了年龄结构、性别结构、家庭结构和人口分布结构等，其现状及变化趋势将直接影响产品结构和消费结构。

（1）年龄结构。年龄的差别意味着消费者对商品的不同需求，从而可能形成各具特色的市场。社会科学技术的快速发展、人们生活条件和医疗条件的改善、世界人口平均寿命的大大延长、死亡率的降低等原因使得人口老龄化的趋势日渐明显。目前，我国也呈现出了人口老龄化的趋势，"银色市场"的产品需求逐年增加。

（2）性别结构。性别结构反映在市场上就体现为男性消费者市场和女性消费者市场。企业可以针对不同性别的不同需求生产适销对路的产品，制订有效的营销策略，开发更大的市场。例如，男性购买特征类型通常表现为理智型，而女性则大多表现为冲动型。中国2023年国家统计局数据显示，男性人口总数为72032万人，女性人口总数为68935万人，男女人口比例为51.1%:48.9%。这一比例与往年相比基本保持稳定，男性人口比例略高于女性。

（3）家庭结构。家庭是消费的基本单位，家庭的规模和数量将直接影响消费品市场的需求量和某些产品的规格型号。近30年来，家庭规模的小型化是我国城乡家庭结构变化的重要特征之一，与此同时，家庭结构还呈现出以核心化家庭为主，小家庭样式多样化的趋势；除核心家庭外，其他非核心化的小家庭样式，如空巢家庭、丁克家庭、单身家庭、单亲家庭等，正在构成我国城乡家庭结构的重要内容。这就预示着消费者市场中的某些产品将逐渐出现更多的差异化需求和小型化需求。

（4）分布结构和流动性。分布结构主要指人口在不同地区的密集程度。人口的分布表现在市场中就会出现市场大小的不同和需求特征的不同。一般来说，经济发达地区人口多而密集，经济落后地区人口少而分散；工业集中分布地区比农业区人口多而密集，农业区又比林区人口密集；开发早的地区历史悠久，人口增长持续时间长，人口多而密；相反，开发晚的地区人口少且分散。中国是世界上人口较稠密的国家之一，其人口分布存在着明显的区域差别性，东西部差异很大。但是，随着交通的日益便利，人口流动性增大，农村人口大量进入城市，逐渐接受着新的生活方式和新的消费观念，使得城乡地区之间的差异化开始逐渐缩小。

二、经济环境

经济环境一般是指影响企业市场营销方式与规模的因素，主要包括消费者收入与支出状况、储蓄和信贷、经济发展状况等。

1. 消费者收入与支出状况

（1）收入。有消费欲望和购买力的市场才更具有现实意义。消费者满足需求的程度主要取决于其收入的多少，但消费者的收入并不全部用于购买商品，因此，在研究消费者收入的同时，企业应该注意以下几个概念。

1）人均国民收入，它是一国在一定时期内（通常为一年）按人口平均的国民收入占有量，反映国民收入总量与人口数量的对比关系。人均国民收入水平是衡量一国的经济实力和人民富裕程度的一个重要指标。这一指标对分析市场潜力和规模意义重大。根据世界银行资料，中国2023年的全国居民人均可支配收入39218元，实际增长6.1%。按照世界银行的划分标准，我国已经由长期以来的低收入国家跃升至世界中高等收入国家行列，这预示着我国消费者市场将迎来广阔的发展空间。

2）个人收入，它是指消费者个人从各种来源所获得的一切货币收入，包括工资、奖金、津贴、投资收益和其他收入等，它是消费者购买能力的源泉，它影响市场规模的大小和购买力水平的高低。

3）个人可支配收入，它是指消费者个人收入扣除缴纳税收之后的余额，消费者可用以个人消费和其他支出。

4）个人可任意支配收入，它是指个人可支配收入减去维持生活所必需的支出和其他固定支出之后的余额。这部分支出所引起的需求弹性大，是市场需求最活跃的动力因素，而且在商品消费中的投向不固定，是企业市场竞争的主要目标。

5）货币收入和实际收入，它们的区别在于物价因素的影响，货币收入只是一种名义收入，并不代表消费者可购买到的实际商品的价值。货币收入的上涨并不完全意味着实际购买力的提高，而货币收入不变也不一定就是购买力不波动。只有考虑了物价因素的实际收入才反映购买力水平和变化。当货币收入一定时，消费者的实际购买力受物价因素的影响，如消费者货币收入不变，但物价下跌，消费者的实际收入上升，购买力提高；反之，如物价上涨，消费者的实际收入下降，购买力降低。

（2）支出。消费者支出主要是指消费者个人或者家庭的总支出中各类消费开支的比例关系。收入在很大程度上影响消费者的支出模式与消费结构。随着消费者收入的变化，支出模式和消费结构会发生相应的变化，继而使一个国家或地区的消费结构发生变化。德国经济学家和统计学家恩斯特·恩格尔提出了著名的恩格尔系数，可以用下面的公式表示：

恩格尔系数 =（食物的开支÷消费的总支出）×100%

恩格尔系数的计算表明一个定律：随着家庭收入的增加，用于购买食品的支出占家庭收入的比例会下降。于是，恩格尔系数也就变成了衡量特定时间和地区家庭或个人富裕程度的重要指标，见表2-1。

表2-1　衡量富裕程度的恩格尔系数

恩格尔系数（%）	59以上	50～59	40～50	20～40	20以下
消费层次	绝对贫穷	勉强度日	小康水平	富裕型	最富裕

我国城乡居民家庭恩格尔系数见表2-2。

表2-2　我国城乡居民家庭恩格尔系数

年份	城镇居民家庭恩格尔系数（%）	农村居民家庭恩格尔系数（%）
2018年	27.7	30.1
2019年	27.6	30.0
2020年	29.2	32.7
2021年	28.6	32.7
2022年	29.5	33.0
2023年	28.8	32.4

资料来源：《中国统计年鉴》

据国家统计局公报数据显示，2023年全年全国居民人均可支配收入为39218元，比上年增长6.3%，扣除价格因素，实际增长6.1%。按常住地分，城镇居民人均可支配收入为51821元，比上年增长5.1%，扣除价格因素，实际增长4.8%。城镇居民人均可支配收入中位数为47122元，增长4.4%。农村居民人均可支配收入为21691元，比上年增长7.7%，扣除价格因素，实际增长

7.6%。农村居民人均可支配收入中位数为18748元,增长5.7%。城乡居民人均可支配收入比值为2.39,比上年缩小0.06。

全年全国居民人均消费支出为26796元,比上年增长9.2%,扣除价格因素,实际增长9.0%。其中,人均服务性消费支出为12114元,比上年增长14.4%,占居民人均消费支出比重为45.2%。按常住地分,城镇居民人均消费支出为32994元,增长8.6%,扣除价格因素,实际增长8.3%;农村居民人均消费支出为18175元,增长9.3%,扣除价格因素,实际增长9.2%。全国居民恩格尔系数为29.8%,其中城镇为28.8%,农村为32.4%。

（资料来源：https://www.stats.gov.cn/sj/zxfb/202402/t20240228_1947915.html，有删改）

2. 储蓄和信贷

消费者的购买力还会受到储蓄和信贷的影响。当收入一定时,储蓄越多,现实购买力虽然较小,但潜在购买力越大;反之,储蓄越小,现实购买力虽然较大,但潜在购买力越小。信贷是指消费者凭借信用首先取得商品的消费权,然后采用分期付款的方式偿还贷款的消费方式,如目前应用广泛的贷款买房、贷款购车、贷款购买家电、贷款装修等。信贷消费允许人们购买超过自己现实购买力的商品,从而创造出更多的收入以及更多的需求;同时消费者信贷还是一种经济杠杆,他可以调节积累与消费、供应与需求的矛盾。当市场供大于求时,可以发放消费信贷,刺激需求;当市场供不应求时,必须收缩信贷,适当抑制、减少需求。消费信贷把资金投向需要发展的产业,刺激这些产业的生产,带动相关产业和产品的发展。

3. 经济发展状况

经济发展状况将会间接地影响企业的营销活动,这主要包括以下两方面。

（1）一个国家或地区的经济发展水平。美国经济学家罗斯托把经济发展划分为5个阶段：传统经济社会、经济起飞准备阶段、经济起飞阶段、经济成熟阶段和大众高额消费阶段。处于前3个阶段的国家属于发展中国家,处于后2个阶段的国家属于发达国家。处于不同经济发展阶段的国家存在不同的需求,企业采取的营销策略也有所不同。就消费品市场而言,处于经济发展水平较高阶段的国家和地区,在产品需求方面强调产品款式、性能及特色,营销策略应侧重大量广告及促销活动,其品质竞争多于价格竞争;而处在经济发展水平较低的国家和地区,营销策略应侧重于产品的功能和实用性,其价格因素重于产品因素。

（2）地区发展状况。国家之间、国内各地区之间经济发展存在差异,这种差异造成的市场需求极不平衡,这对企业投资方向、目标市场及营销战略的制订影响巨大。

2018—2023年中国经济发展各项指标对比见表2-3。

表2-3 2018—2023年中国经济发展各项指标对比表

经济指标年份	2018年	2019年	2020年	2021年	2022年	2023年
国民总收入（亿元）	915243.5	983751.2	1005451.3	1141230.8	1197250.4	1249990.6
国内生产总值（亿元）	919281.1	986515.2	1013567.0	1149237.0	1210207.2	1260582.1
人均国内生产总值（元）	65534	70078	71828	81370	85698	89358
国民总收入指数（上年=100）	106.4	106.1	101.7	108.6	102.6	105.3

（续）

经济指标年份	2018年	2019年	2020年	2021年	2022年	2023年
国内生产总值指数（上年＝100）	106.7	106.0	102.2	108.4	103.0	105.2
人均国内生产总值指数（上年＝100）	106.3	105.6	102.0	108.4	103.0	105.4
城镇居民人均可支配收入（元）	39251	42359	43834	47412	49283	51821
农村居民人均可支配收入（元）	14617	16021	17131	18931	20133	21691
城镇居民家庭恩格尔系数（%）	27.7	27.6	29.2	28.6	29.5	28.8
农村居民家庭恩格尔系数（%）	30.1	30.0	32.7	32.7	33.0	32.4
城镇居民人均消费支出（元）	26112	28063	27007	30307	30391	32994
农村居民人均消费支出（元）	12124	13328	13713	15916	16632	18175

（资料来源：国家统计局 https://data.stats.gov.cn/easyquery.htm?cn=C01）

三、自然环境

党的二十大报告指出："我们坚持绿水青山就是金山银山的理念，坚持山水林田湖草沙一体化保护和系统治理，全方位、全地域、全过程加强生态环境保护，生态文明制度体系更加健全，污染防治攻坚向纵深推进，绿色、循环、低碳发展迈出坚实步伐，生态环境保护发生历史性、转折性、全局性变化，我们的祖国天更蓝、山更绿、水更清。"这一重要精神为自然环境的优化指明了方向。

自然环境是指自然界提供给企业生产和经营的物质财富，如企业生产需要的土地资源、矿物资源、水利资源等。自然环境对企业营销的影响主要表现在以下3个方面。

1. 自然资源日趋短缺

自然界中的自然资源可划分为3类：一是"无限"的资源，用之不尽、取之不竭，如空气、阳光等；二是有限但可以再生的资源，如森林、粮食等；三是有限且又不能再生的资源，如石油、煤和各种矿物等。由于人类无限度地开采和利用，各类资源都出现了短缺，甚至"无限"的水资源在某些大城市出现了短缺。自然资源的日益枯竭，也成了当前社会经济进一步发展的制约因素。

2. 环境污染日益加重

工业化和城市化造成的自然环境污染日益加重，生态平衡遭到破坏，自然灾害频发，人类生存面临威胁。环境污染成为全球关注的严重问题，对企业生产的污染控制提出了更高的要求，一方面限制容易造成环境污染的企业和行业的发展；另一方面，又给某些绿色企业带来了新的机会，使企业在环保工程、绿化工程、废物利用和自然灾害预报与减损等方面获得新的发展空间。

3. 政府干预力度日益加强

为了实现社会长远利益的可持续发展，许多国家加强了对自然资源的战略控制和对环境污染的治理力度，消费者的环保意识逐渐提高，通过开发绿色产品、引导绿色消费，绿色营销已逐渐成为市场营销的新主流。

四、科学技术环境

企业的最高管理层还要密切注意其科学技术环境的发展变化，了解科学技术环境和知识经济的发展变化对企业市场营销的影响，以便及时采取适当的对策。

科学技术是一种"创造性的毁灭力量"。每一种新技术都会给某些企业创造新的市场机会，进而产生新的行业，同时也会给某些行业的企业造成环境威胁，使这个旧行业受到冲击甚至被淘汰。例如，激光唱片技术的出现，无疑夺走了磁带的市场，给磁带制造商以"毁灭性的打击"。企业的最高管理层应关注新技术的发展，及时采用新技术，以求得更好的生存和发展。

新技术有利于企业改善经营管理。许多企业在经营管理中既可以使用计算机，也可以通过手机办公或者进行企业的运营监控和管理，对于改善企业经营管理、提高经营效益起了很大的作用。

新技术会影响零售商业结构和消费者的购物习惯。在许多国家，新技术的迅速发展实现了"全球化网购"，消费者可以足不出户、随时随地用手机等移动设备进行网上购物，订购的商品很快就会被送到消费者的家门口。移动支付、电子发票、智能停车以及即将打开市场的无人驾驶等，这些都已经或即将对消费者的生活和习惯产生重大影响。

营销5.0实战2-1

餐饮行业的数字化探索：呷哺集团开启付费会员模式

据统计，2023年1～4月，呷哺集团总体营收同比增长29%，截至5月20日，集团累计新开95家门店。可以看出，随着餐饮行业复苏，呷哺集团的业绩增速也在逐步恢复，而其最新开启的付费会员模式或许能够成为业绩进一步增长的助推器。

据了解，呷哺集团最新推出的年度付费会员卡"超级会员畅吃卡"，横跨了呷哺集团旗下呷哺呷哺、湊湊、趁烧、茶米茶、呷哺集团食品商城五大品牌，为消费者提供多方面的优惠。"该项目可有效提升呷哺集团的行业竞争优势和抗风险的能力，同时极大满足时下消费者的就餐需求，帮我们带来更高购买力和更高忠诚度的会员。"呷哺集团负责人表示。从整个餐饮行业的视角来讲，这种聚合跨品牌通用的付费权益卡还是首次推出，同时也为行业探索数字化整合营销带来了新的样本。据呷哺集团方面预测，付费会员到2023年年底将带来至少6亿元的会费收入。

据悉，呷哺集团推出的年度付费会员卡"超级会员畅吃卡"，售价208元，可享受购卡、折扣、积分、新店、生日、新品等6大特权。另外，与行业现有的单品牌付费会员卡不同，畅吃卡可在呷哺集团旗下的呷哺呷哺、湊湊、趁烧、茶米茶、呷哺集团食品商城等五大品牌通用，不仅可在线下1200余家实体餐厅使用，也可以在微信小程序等线上渠道使用，适用于到店或者到家的场景。同时，付费会员还可以享受"188元现金礼券""每周一8.9折""新店5折""超888元的免费尝鲜礼券"等系列付费会员专属优惠福利，享受全年总价值超1888元的优惠。据呷哺集团相关负责人介绍，消费者成为集团会员后，可以享受非常多的优惠，"例如每周一是我们的会员日，付费会员可在呷哺呷哺、湊湊、趁烧、茶米茶、呷哺集团食品商城小程序消费，每周一享受8.9折的优惠；我们每年至少开200家新店，可享受开业活动期间5折的优惠，而且首批购卡者当时就可享受188元的现金礼券。"

首次推出年度付费会员卡更深层次的意义在于，这标志着呷哺集团正式开启付费会员的经营模式，迎来了全新的业绩增长引擎。未来，呷哺集团的营收将从单一的正常经营转变为"正常经营＋付费会员"的双重营收模式。

（资料来源：http://www.cb.com.cn/index/show/gs9/cv/cv12538373213，有删改）

相关链接2-2

下一代技术的六大支持要素

1. 运算能力

技术发展的进步需要功能强大且成本低廉的硬件设备的支持。运算能力的指数级增长，特别是高效图形处理器的出现，使人工智能等需要大量运算能力支持的技术成为可能。半导体技术的进步和处理器尺寸的不断缩小意味着计算机的功能越来越强大，能耗越来越低。这就实现了人工智能设备的小型化本地部署，为需要实时反馈的应用程序提供支持，如自动驾驶车辆和机器人等技术。

2. 开源软件

驱动强大的硬件设备需要同样强大的软件系统。人工智能应用的软件开发通常要投入数年的时间，开源软件的出现为复杂软件的开发起到了重要的加速作用。通过协作，微软、谷歌、Facebook、亚马逊和IBM等大型企业一直以开源方式共同投入人工智能研究和算法开发。

3. 互联网

互联网或许是人类历史上最为颠覆游戏规则的技术发明。光纤到户和5G无线连接技术实现的网络聚合可满足互联网带宽不断增长的传输需求。互联网连接了数十亿的用户和设备，为物联网和区块链等网络相关技术奠定了发展基础。此外，增强现实、虚拟现实和语音助手等交互性技术需要极低的网络延迟，因此更离不开高速互联网的支持。

4. 云计算

云计算是支持下一代技术的另一项重要技术，它可以实现对计算机系统的共享访问，尤其是位于网络中的软件和存储资源，支持用户远程工作。使用云计算服务的企业无需投资购买运行复杂程序（如人工智能应用）所需的昂贵的软硬件设备。它们可以按月付费使用云计算提供的服务，使用云计算平台提供的共享设施。随着业务需求的增长，企业可以灵活地升级付费使用模式。此外，云计算服务提供商定期进行设施升级维护，企业无需顾虑技术升级问题。

5. 移动设备

移动设备的发展使分布式运算成为一种趋势。移动计算发展的势头十分迅猛，以至于高端手机的功能已变得和电脑一样强大。智能手机已取代电脑成为大多数人主要的运算和互联网访问设备。由于轻便，这些设备提供了很好的移动性，进而提高了个人的工作效率，移动设备还实现消费者体验的分布式交付。目前智能手机的功能已强大到可支持面部识别、语音助手、增强现实、虚拟现实和3D打印等应用。

> **6．大数据**
>
> 大数据是推动下一代技术实现的重要支撑。人工智能技术需要各种类型的海量数据支撑，以培养机器的学习能力，并不是一味地改进算法。这些数据来自我们日常的网页浏览、邮件、社交媒体、短信等应用程序，尤其是来自移动设备上的数据。通过提供心理描述和行为模式等外部数据，企业内部交易数据可以得到进一步补充。互联网数据的好处在于可以大量实时在线收集。此外，随着数据存储成本的不断下降和存储能力的快速增长，大数据技术可实现对海量信息的轻松管理。
>
> （资料来源：《营销革命5.0》P91-94，有删改）

五、政治法律环境

政治法律环境是指一个国家或地区的政治制度、体制、方针政策、法律、法规等方面。这些因素常常制约、影响企业的营销活动，尤其是影响企业较长期的投资行为。政治法律环境对企业营销活动的影响主要表现在以下几方面。

1. 政治环境

政治环境对企业营销活动的影响主要表现为国家政府所制定的方针政策，如人口政策、能源政策、物价政策、财政政策、货币政策等，都会给企业营销活动带来影响。例如，国家通过降低利率来刺激消费的增长；通过征收个人收入所得税调节消费者收入的差异，从而影响人们的购买；通过增加产品税来抑制人们对烟、酒商品的消费需求。政治环境影响市场营销，往往还会表现为政府机构通过采取某种措施约束跨国企业，如进口限制、外汇控制、劳工限制、绿色壁垒等。政治冲突是指国际上的重大事件与突发性事件，这类事件在和平与发展为主流的时代从未绝迹，对企业市场营销工作影响或大或小，有时带来机会，有时带来威胁。而政治局面的稳定程度，不仅影响该国或区域经济发展和人民货币收入的增加和减少，甚至会影响群众的心理状况，导致市场需求的变化。

2. 法律环境

法律环境是指国家或地方政府所颁布的各项法规、法令和条例等，它是企业营销活动的准则，企业只有依法进行各种营销活动，才能受到国家法律的有效保护。由于各个国家社会制度不同、经济发展阶段和国情不同，各国的法制也不同，从事国际市场营销的企业必须掌握有关国家法律制度和有关国际法规、国际惯例。目前，整个法律环境正朝着法律制度的不断健全且管制企业的立法增多、政府机构执法更严、公众利益团体力量开始增加的方向变化。

> **相关链接2-3**
>
> **无人驾驶车不能"无人监管"**
>
> 随着人工智能技术的发展，无人驾驶车在路上奔跑逐渐成为现实生活中的场景，在方便人们生产生活的同时，也给人类社会带来了新的风险与挑战。无人驾驶由算法控制，转向、减速、停车、避让等动作的判断，缺少透明性，容易导致车辆缺乏对生命的同情与尊重、进入我行我素的失控状态。无人驾驶不能"无人监管"，建立算法审查机制，接受社会和法治

的监督，无人驾驶才能趋利避害、增进人类福祉，赢得人们内心的认可与支持，获得健康发展的强大活力。

法治是监管的依据。近年来无人驾驶快速发展，市场上已经出现了自动驾驶出行服务平台，对法治建设提出了相应的要求，2022年8月1日在深圳正式施行的《深圳经济特区智能网联汽车管理条例》可以被视为未来立法的探索。面对无人驾驶应用发展带来的伦理、法律和安全难题，必须正视挑战、放眼未来，总结经验、勇于创新，建立健全适应无人驾驶时代的法治体系，通过严格规范的监管，倒逼无人驾驶技术开发应用的升级更新，用算法给机器嵌入人类的价值观和规范，以此确保无人驾驶车辆遵守交通法规，坚守尊重生命的底线。智慧汽车的美好前景令人向往，无人驾驶的潜在风险值得警惕。补足短板、完善监管，让算法遵循"善法"，让无人驾驶成为呵护人类幸福和安全的重要力量。

（资料来源：https://baijiahao.baidu.com/s?id=1773291565437599422&wfr=spider&for=pc，有删改）

六、社会文化环境

党的二十大报告指出："中华优秀传统文化源远流长、博大精深，是中华文明的智慧结晶，其中蕴含的天下为公、民为邦本、为政以德、革故鼎新、任人唯贤、天人合一、自强不息、厚德载物、讲信修睦、亲仁善邻等，是中国人民在长期生产生活中积累的宇宙观、天下观、社会观、道德观的重要体现，同科学社会主义价值观主张具有高度契合性。"从世界视角来看，社会文化是各国传统文化的重要组成部分，它是人类在创造物质财富的过程中所积累的精神财富的总和，它体现着一个国家或地区的社会文明程度的高低。社会文化是一个复合的整体，涵盖面广，包括知识、信仰、艺术、道德、法律、风俗以及作为社会成员而获得的所有能力和习惯。社会文化对营销活动的影响多半是通过间接的、潜移默化的方式来进行的，往往表现在以下几方面。

1. 教育水平

教育程度不仅影响劳动者收入水平，而且影响消费者对商品的鉴别力，影响消费者心理、购买的理性程度和消费结构，从而影响企业营销策略的制订和实施。

2. 宗教信仰

宗教因素对营销活动的影响主要表现在宗教对于人们道德和行为规范的影响，宗教的要求和禁忌对于需求和营销手段的限制，宗教组织和宗教派别的政治影响以及宗教习惯与宗教节日对需求季节波动的影响等。总之，宗教的禁忌、节日、习俗、规定造成对商品需求的差异及营销方式的不同。

3. 价值观念

价值观念是人们在社会生活中形成的对各种事物的普遍态度和看法。人们生活的社会环境不同，所持的价值观念不同，人们的购买动机和购买行为就会有很大差异。例如，美国人和多数西方人注重个性、崇尚个人成功与独立、鼓励标新立异；而中国人和多数亚洲国家人讲究传统，追求整体和谐，注重共性发展，中国人在消费方面普遍持节制、节俭的态度。

4. 消费习俗

消费习俗是指历代传递下来的一种消费方式，是风俗习惯的一项重要内容。消费习俗在饮食、服饰、居住、婚丧、节日、人情往来等方面都表现出独特的心理特征和行为方式。

5. 消费流行

由于社会文化多方面的影响，使消费者产生了共同的审美观念、生活方式和兴趣爱好，从而导致了社会需求的一致性，这就是消费流行。消费流行在服饰、家电以及某些保健品方面的表现最为突出。消费流行在时间上有一定的稳定性，但有长有短，有的可能几年，有的则可能是几个月；在空间上还有一定的地域性，同一时间内、不同地区流行的商品品种、款式、型号、颜色可能不尽相同。

营销5.0实战2-2

元气森林：新一代中国可乐

2023年4月26日，元气森林在其咸宁的新工厂发布了其持续研发第四年的可乐味苏打气泡水的2.0版本。从崂山可乐到天府可乐、非常可乐，以及元气森林推出的可乐味气泡水，一代又一代的中国饮料企业都执着于缔造一款国民的可乐产品。

到现在为止，碳酸饮料是整个饮料品类中除了水以外最大的一个板块。而可乐则是碳酸饮料中最大的品类，但这个品类在中国市场上的品牌却是最少的。"你可能在任何一个子品类里面，找出十几二十个品牌，甚至成百上千个。但是在可乐这个品类中，出名的就两三个，不出名的可能也不会超过10个。"元气森林的产品特点顺应了中国老百姓养生观念和追求健康的生活习惯。它率先提出了"0糖0脂0卡"的标识，如今，还做到了"0山梨酸钾0苯甲酸钠"，这依靠的是包括咸宁工厂在内的元气森林6座自有工厂，24条先进的无菌灌装产线。

早在几年前，元气森林在建造工厂之初就决定采用无菌灌装工艺。这一工艺是指不用添加防腐剂来实现它较好的口感，不含国内饮料产品通常含有的苯甲酸钠和山梨酸钾，相对于通常的12个月保质期，其保质期长达9个月。无菌灌装设备的造价是传统设备的2～3倍，之所以如此布局源于元气森林的市场调研与超前预判。在调研中他们发现美国市场的各个渠道都不让其产品进驻，原因是当地各渠道对配料表的标准比国内同期更严格、更天然，而国外更多的产品都使用了无菌灌装工艺。考虑到这一未来趋势，公司负责人决定上这类设备。这一预判得到了验证，因为国内相关各方已经开始关注配料表。有关专家指出，"健康中国"国家战略是食品产业发展的重要引领，"三减（减糖、减油、减盐）"是基于安全与健康的具体措施，既是食品安全的深化和提升，也是加强对影响健康因素的管控。

元气森林在气泡水口感研发上追求更持续，"不希望这个产品第一口虽然感觉很好，但过几天就不爱喝了。"公司负责人认为，这可能是东方文化的一个特点，讲究的是一种缓和，是一种持续性。元气森林负责人表示，从2016年开始，元气森林就立志要做可乐，到2022年终于交出第一版产品。虽然遭遇了一些批评，但没有动摇做可乐的决心，潜心迭代，在2023年交出了可乐2.0版本，但这也不会是终点，元气森林将持续走在尝试下一种更好可能性的路上。

（资料来源：http://www.cb.com.cn/index/show/gs9/cv/cv12538269219，有删改）

第三节　微观环境因素

市场营销的微观环境是指与企业紧密相连、直接影响企业营销能力的各种参与者，包括企业、供应商、营销中介、顾客、竞争者和公众 6 个部分。

一、企业

企业的经营理念、管理体制、目标宗旨、文化等因素都会影响企业的营销活动，但在分析市场环境时我们重点考虑的是营销部门与企业其他各个部门间的协调问题。企业为开展营销活动，必须设立一定形式的营销部门，必须由企业内部各部门分工合作、密切配合、共同承担，如与企业高层管理者及采购、制造、研究与开发、财务等部门之间的协调沟通，而绝不是营销部门孤立存在的。这些部门能否协调配合，将直接影响企业的营销决策和决策执行力，从而影响企业营销目标的实现程度。

二、供应商

供应商是指向企业及其竞争者提供生产经营所需原材料、设备、零部件等生产资源的企业或个人。供应商对企业营销活动有着实质性的影响，其所供应的原材料的稳定性和及时性将直接影响企业能否充分满足市场需求和把握市场机会；所提供的原材料数量和质量将直接影响产品的数量和质量；所提供的原材料价格会直接影响最终产品的成本和价格。正是由于供应商对企业营销活动起着重要作用，企业必须密切关注供应商的各种动向，了解供应商并加强与供应商的合作，开辟更多的供货渠道，与之建立良好的关系，甚至可采取"后向一体化"的战略，兼并或收购供应商。

三、营销中介

营销中介是指协助企业将产品促销、销售和经销给最终购买者的所有分销机构，包括中间商、物流公司、营销服务机构和金融中介等。

1. 中间商

中间商是指协助企业进行产品经销或销售，将产品最终销售给购买者，并在这一过程中取得或者不取得商品所有权的个人或者组织。中间商包括商人中间商和代理中间商，前者对其经营的商品有所有权；后者又称经纪商，对其经营的商品无所有权。

2. 物流公司

物流公司也称为实体分销商，是指帮助企业运输产品并进行储存的仓储企业。实体分销商的主要职能是调节生产与消费之间的矛盾，弥补生产者与消费者间的时间和空间上的差距，将商品适时、适地和适量地供给消费者，从而满足其需求。

3. 营销服务机构

营销服务机构是指为企业提供营销服务项目，协助企业进行产品宣传、开拓新市场、咨询等活动的机构，包括市场调研公司、广告公司和营销咨询公司等。

4. 金融中介

金融中介是指协助企业融资或担保货物购销、储运风险的各种机构，包括银行、信贷公司和保险公司等。金融中介机构虽不直接从事商业活动，但对企业的经营发展至关重要。随着市场经济的发展，企业与金融机构之间的关系越来越密切，企业的信贷资金来源、企业间的业务往来、企业财产和货物的风险保障等都会直接影响企业的生产经营活动。

四、顾客

顾客是企业服务的对象，是企业市场营销活动的出发点和归宿。因此，顾客是企业最重要的环境因素，企业的一切营销活动都应以满足顾客的需求为中心。不同市场中的顾客，其购买动机和需求又是不同的，这就要求企业必须认真研究其目标顾客，以不同的方式提供相应的产品和服务，从而有针对性地制订营销决策。

五、竞争者

在现代经济社会中，竞争是市场经济的普遍规律，企业都处在不同的竞争环境中。企业的营销活动肯定会受到不同竞争对手的影响。因此，企业必须清楚地把握竞争对手的竞争目标与竞争策略，力求知己知彼。市场竞争日趋激烈，企业的竞争对手除了本行业的现有竞争者外，还有代用品生产者、潜在加入者、原材料供应者和购买者等多种竞争力量。例如，原材料供应者可以通过抬高价格或降低产品和服务质量对企业进行威胁；潜在的加入者随时准备跻身于现有的竞争行列，从企业手中夺走一部分顾客；购买者作为一个团体与企业讨价还价，加剧生产者之间的竞争。在这种情况下，企业往往很难确定对本企业经营造成威胁的主要竞争对手究竟是谁。所以，企业要加强对竞争对手的研究，在形形色色的竞争对手中，寻求增大本企业产品吸引力的各种方法，使自己在竞争中立于不败之地。

六、公众

公众是指对企业实现其市场营销目标具有实际或潜在利害关系或影响力的所有群体。企业所面对的公众主要可分为以下几种。

1. 融资公众

融资公众包括影响企业融资能力的各种金融机构，如银行、投资公司、证券经纪公司和股东等。

2. 媒介公众

媒介公众包括联系企业和外界的大众传播媒体，如报纸、杂志、广播、电视、网络等。

3. 政府公众

政府公众包括对企业市场营销活动有影响作用的有关政府机构。

4. 社会公众

社会公众包括各种保护消费者权益的组织、环境保护组织及其他群众团体。

5. 地方公众

地方公众指企业周围的居民和社会组织。

6. 企业内部公众

企业内部公众指企业员工，包括各级管理人员和一般职工。

7. 一般公众

一般公众是指除上述公众之外的社会公众。此类公众虽然不会有组织地对企业采取行动，但企业形象会影响他们对企业产品的购买选用。

各种公众对企业的态度及企业在公众心目中的形象，都会影响企业营销活动的顺利进行。企业要采取积极措施，努力保持和发展与公众的良好关系，塑造良好的企业形象。

第四节 营销环境的总体分析

营销环境的不断发展和变化给企业经营带来了极大的不确定性，但企业只有对环境变化做出积极的反应才能够求得自身的生存和发展，因此，环境分析是企业制订经营战略和营销策略的先决条件。

企业在进行环境分析时，一种简便易行的方法就是SWOT分析法。SWOT所代表的含义是Strengths（优势）、Weaknesses（劣势）、Opportunities（机会）、Threats（威胁）。所谓SWOT分析法就是将企业面临的外部机会、威胁以及自身的优劣势等各方面因素相结合而进行的综合分析，其中，优劣势的分析主要是着眼于企业自身的实力及其与竞争对手的比较，而机会和威胁分析则将注意力放在外部环境变化对企业可能的影响上面。SWOT分析法是营销环境分析的常用方法，以下将阐述其基本的分析思路和内容。

一、辨析外部环境机会和威胁

环境机会，具体地讲就是企业从宏观环境和微观环境中可能获得的重大的有利形势，如市场的较快增长、出现较多的新增顾客、竞争对手出现重大决策失误、与供应商关系改善等；而环境威胁则指环境存在重大不利因素，构成对企业经营发展的约束和障碍。

各种宏观、微观环境因素的变化对不同企业所产生的影响是不同的。同一个环境因素的变化对某些企业可能是机会，而对另外一些企业则可能是威胁。在进行环境分析时，应具体问题具体分析，深入比较分析各种机会和威胁，分析其现实可能性的大小及对企业的影响程度，从而找出那些对本企业影响最重要的环境机会和威胁，并按轻重缓急或影响程度等排序，如通常要将那些对组织发展有直接、重要、迫切、长远影响的因素排在前面，优先考虑。

二、分析企业内部优劣势

企业的优势和劣势，通常是指消费者眼中一个企业或它的产品胜于或劣于其竞争对手的因素，它可以是产品的质量、可靠性、适用性、风格和形象，价格的竞争性，渠道的便利性，服务的及时性以及态度等。

决定企业竞争优劣势的内部因素主要涉及企业的生产、技术、资金、人员、营销、管理等方面，具体可从生产成本、设备状况、产品的竞争地位、员工素质、研发能力、财务状况、营销能力、组织管理能力等方面进行分析。需要特别注意的是，衡量一个企业是否具有竞争优势，只能站在现有潜在用户的角度，而不是站在企业的角度。企业SWOT分析的内外部因素见表2-4。

表2-4 企业SWOT分析的内外部因素

	潜在外部威胁（T）	潜在外部机会（O）
外部环境	市场增长较慢 竞争压力增大 不利的政府政策 新的竞争者进入行业 替代产品销售额正在逐步上升 用户讨价还价的能力增强 用户需要与爱好逐步转变 通货膨胀 其他	纵向一体化 市场增长迅速 可以增加互补产品 能争取到新的用户群 有进入新市场或拓展市场面的可能 有能力进入更好的企业集团 在同行业中竞争业绩优良 扩展产品线满足用户需要 其他
	潜在内部优势（S）	潜在内部劣势（W）
内部条件	产权技术 成本优势 竞争优势 特殊能力 产品创新 具有规模经济 良好的财务资源 高素质的管理人员 公认的行业领先者 买主的良好印象 适应力强的经营战略 其他	竞争劣势 设备老化 战略方向不同 产品线范围太窄 技术开发滞后 营销水平低于同行业其他企业 管理不善 战略实施的历史记录不佳 不明原因导致的利润率下降 资金拮据 相对于竞争对手的高成本 其他

相关链接2-4

数字化带来的风险和机遇如图2-2所示。

（-）
自动化和工作机会的减少
对未知事物的信任和恐惧
隐私和安全问题
信息过滤和后真相时代
数字化生活方式和行为方式的副作用

（+）
数字化经济和财富创造
大数据和终身学习
智能生活和增强现实
改善人类健康并延长人类寿命
可持续性和社会包容

图2-2 数字化带来的风险和机遇

三、制订应对策略

在对企业内外部环境因素进行全面分析和评价的基础上，就可以进一步运用系统分析和综合分析的方法，制订企业的经营策略，以便更好地促进企业的发展，具体见表2-5。

表2-5　SWOT分析对策表

内部优劣势分析	外部环境分析	
	机会（O）	威胁（T）
优势（S）	S.O.对策	S.T.对策
劣势（W）	W.O.对策	W.T.对策

制订企业应对策略的基本思路是发挥优势因素，克服劣势因素，利用机会因素，化解威胁因素；考虑过去，立足当前，着眼未来。具体有以下四类对策可供选择。

（1）防御型战略（W.T.对策）。防御型战略即考虑劣势因素和威胁因素，目的是努力使这些因素都趋于最小。W.T.对策就是改进内部弱点和避免外部威胁的战略。例如，一个质量差（内在劣势）、供应渠道不可靠（外在威胁）的企业应该采取W.T.对策，强化企业管理，提高产品质量，稳定供应渠道，或走联合、合并之路以谋求生存和发展。

（2）扭转型战略（W.O.对策）。扭转型战略即着重考虑劣势因素和机会因素，目的是努力使劣势趋于最小，使机会趋于最大。W.O.对策就是利用外部机会来改进内部弱点的战略。例如，一个面对计算机服务需求增长（外在机会）的企业，却十分缺乏技术专家（内在劣势），那么就应该采用W.O.对策，培养、聘用技术专家，或购入一个高技术的计算机公司。

（3）多种经营战略（S.T.对策）。多种经营战略即着重考虑优势因素和威胁因素，目的是努力使优势因素趋于最大，使威胁因素趋于最小。S.T.对策就是利用企业的优势，去避免或减轻外部威胁的打击。例如，一个企业的销售渠道很多（内在优势），但是由于各种限制又不允许它经营其他商品（外在威胁），那么就应该采取S.T.对策，走集中型、多样化的道路。

（4）增长型战略（S.O.对策）。增长型战略即着重考虑优势因素和机会因素，目的在于努力使这两种因素都趋于最大。此对策就是依靠内部优势去抓住外部机会的战略。例如，一个资源雄厚（内在优势）的企业发现农村市场未饱和（外在机会），那么它就应该采取S.O.对策，去开拓这一市场。

[营销方法]

1．营销环境分析与管理导向判断

进行营销环境分析时，管理者对数据来源的偏好会有很大不同。根据管理者对数据的重视程度，可以对管理者导向进行分类。见图2-3。

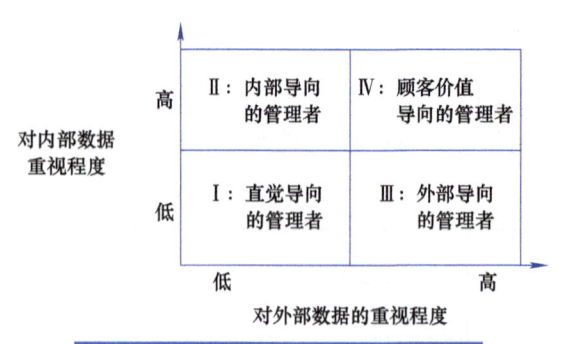

图2-3 管理导向判断矩阵图

（纵轴：对内部数据重视程度 高/低；横轴：对外部数据的重视程度 低/高）
- Ⅰ：直觉导向的管理者
- Ⅱ：内部导向的管理者
- Ⅲ：外部导向的管理者
- Ⅳ：顾客价值导向的管理者

2. 界定竞争对手的四大标准（见表2-6）

表2-6 界定竞争对手的四大标准

界定竞争对手的标准	细化内容
顾客导向	顾客是谁——类似预算的竞争 顾客什么时间使用产品和服务——时间和注意力的竞争 顾客为什么使用该产品和服务——需求满足方式的竞争
营销导向	广告和促销 沟通策略 媒体策略 分销策略 价格策略 资源导向
资源导向	人力资源 财务资源
地理区隔	东北、西北、华北等

本章小结

1. 市场营销环境

市场营销环境是指与企业市场营销活动有关的各种外界力量和因素的总和，而这些力量和因素是影响企业的生存与发展的外部条件。

2. 市场营销环境的构成

企业市场营销环境分为宏观环境和微观环境两大类。宏观环境是指对企业开展市场营销活动产生影响的各种社会力量，包括人口环境、经济环境、自然环境、科学技术环境、政治法律环境和社会文化环境等；微观环境是指与企业紧密相连直接影响企业营销活动的各种参与者，包括供给者、营销中介、顾客、竞争者、社会公众以及影响营销管理决策的企业内部各个部门。

3. SWOT分析法

SWOT分析法是进行企业外部环境和内部条件分析,从而寻找二者最佳可行营销战略策略组合的一种分析工具。S代表企业的"长处"或"优势",W代表企业的"弱点"或"劣势",O代表外部环境中存在的"机会",T代表外部环境所构成的"威胁"。

———————————————— 重要概念 ————————————————

市场营销环境 微观营销环境 宏观营销环境 自然环境 科学技术环境
社会文化环境 营销中介 环境威胁 市场机会 个人可支配收入 恩格尔系数

———————————————————————————————————————

[案例分析]

家乐福超市怎么了?

家乐福集团公司于1959年创立于法国,是欧洲第一大零售商,世界第二大国际化零售连锁集团。现拥有11000多家营运零售单位,业务范围遍及世界30个国家和地区。1995年,家乐福进军中国大陆;次年,作为上海首店的家乐福(曲阳店)开业,据嘉肯行业研究数据,家乐福(曲阳店)开业当月销售额便达1500余万元。此后,家乐福不断扩张其在中国的门店,先后进入了中国的数十个城市。然而2019年以来,家乐福就不断关闭在我国各城市的门店,甚至在多个城市完全退出,主要原因有以下3点:

一、市场的改变。家乐福之所以会造成如今的困境,很大一部分原因在于没能及时顺应市场的变化。现在消费者的生活所需以及吃穿住行基本上依靠一部手机就可以全部搞定,再加上最近几年互联网行业的飞速发展,人们也越来越依赖于线上购物,但是家乐福却并没有及时将自己的经营模式发展到线上。最终导致整个市场的供应链和物流系统都被竞争对手抢占。

二、购物体验不佳。作为最早进入中国市场的大卖场超市,家乐福一直都是城市超市的象征。但是随着购物卡的层层限制,而所谓的积分兑换也有时间上的制约,加上并不完善的购物流程,消费者们在面对需要提前付款的购物卡开始犹豫,最终导致不少消费者的购物体验并不是很好,这也让家乐福失去了最基本的民心。

三、与供应商的合作出现问题。对于家乐福而言,供应商是否能够及时供应货品对于整个超市的运营至关重要。但是随着家乐福的前方销售不力,不少供应商的货款能拖就拖,长此以往,最终供应商都暂停了对家乐福的供货。

家乐福之所以会有这样困难的局面,很大程度上是因为它在占据中国市场20多年的时间里,经营和管理形式都一成不变,最后被时代的洪流冲垮。其实不只是零售行业,各行各业都应该追求在稳中求变,不能仅仅依靠"老方法""老模式",更要思考的是如何在多变的市场环境中脱颖而出,打造独有的优势,让自己立于不败之地。

思考与分析

1. 你认为除了以上三点原因外,还有什么因素导致了家乐福在中国的部分超市关闭?
2. 你对"走出国门"的零售企业有何营销建议?

(资料来源:https://baijiahao.baidu.com/s?id=1756898337859388796&wfr=spider&for=pc,有删改)

[营销实训]

企业内外环境分析

【训练目的】加深对企业内外环境分析的理解。

【训练方案】以5~8人的小组为单位,选择一个产品或者一个行业,通过实际调查、访问或者查阅相关资料,收集企业面临的宏观环境与微观环境信息。

活动1:列出企业潜在的环境机会和环境威胁以及企业的优劣势。

在获取相关信息的基础上,通过小组成员讨论该产品或者行业面临的:
- 环境机会_____
- 环境威胁_____
- 优势_____
- 劣势_____

活动2:运用SWOT法分析评价企业环境。

利用SWOT分析法进行分析评价,制订企业对策,完成分析报告,并在全班进行讨论。

[复习与思考]

1. 什么是市场营销环境?市场营销环境由哪些因素构成?
2. 简述企业分析市场营销环境的意义及市场营销环境的特征。
3. 你对数字技术应用有哪些观点?数字技术会对你的企业带来哪些帮助或阻碍?
4. 以你身边熟悉的企业为例,分析企业的微观环境。
5. 如何进行SWOT分析?

第三章

顾客需求与购买行为分析

学习指导

学习目标

1. 理解消费者市场的特点
2. 掌握消费者购买决策过程和购买行为类型
3. 掌握影响消费者购买决策的因素
4. 对比了解组织购买市场特点和决策过程

任务驱动

2023年消费品与零售行业中国消费趋势

《2023中国消费者洞察与市场展望白皮书》（以下简称白皮书）指出，2023年消费品与零售行业中国消费呈现五大趋势。

1. 回归消费理性

白皮书指出，消费者的消费观念和消费行为越来越趋于务实和理性。在海量信息面前，消费者对各类推荐持审慎态度，在充分考察、比较之后，做出自身的选择，拒绝盲目跟风。白皮书调研显示，谈及消费观念时，超过四成的受访者将"我买的都是我真实需要的东西"列为最符合的三项消费观念之一，"我乐于寻找性价比最高的品牌和产品"紧随其后，超过三成的受访者选择了此项，凸显出理性、务实成为消费者的主流消费观念。

随着国产品牌在品牌力、产品力和渠道力上的不断增强，国产品牌的市场竞争力大幅提升，其中不少国产品牌都被众多消费者所青睐。调研显示，在消费品各个主要品类中，均有很大一部分消费者更偏向国产品牌，其中消费者在购买烟酒、食品饮料、家庭日用品、个人护理品类时对国产品牌有明显偏向的消费者均超过半数，并有相当大比重的消费者只考虑国产品牌。

2. 社交在消费中的占比日益增多

随着大众富裕程度的提升以及商品和渠道选择的增多，消费者除了追求物质需求的满足，也希望获得身体和心灵上的满足与愉悦感，追求悦己体验。消费者已经习惯从信息获取、决策制定到体验分享的消费全链条中享受社交乐趣。在信息获取阶段，根据调研结果，除搜索引擎之外，直播间、微信公众号/视频号、短视频平台等强社交属性平台也成为消费者获取信息的重要渠道之一。

3. 多元购物方式解锁更多休闲消费场景

白皮书指出，消费者对于直播和即时零售的体验频次不断攀升，正逐步走向主流常态化。消费者逐步解锁宅家休闲消费场景，并越发发现其中的乐趣转为主动享受，这一消费场景催生的"宅经济"或成为长期消费热点。

调研发现67%的消费者体验过直播购物，吸引消费者到直播间购物的主要原因是"价格便宜/促销力度大"，其次是"能直观地了解商品"，"能获得更多福利"位居第三。与此同时，即时购物以其方便及时的特性逐渐吸引了更多消费者，调研显示接近七成的消费者至少每月体验一次即时零售。品类丰富、可以满足紧急需求以及价格便宜/促销多是吸引消费者选择即时购物的前三大原因。白皮书指出，未来，随着消费者开启和习惯更多根植于家庭中的生产生活活动，宅家休闲将成为更加常态化的大众休闲娱乐场景，持续推动"宅经济"发展。

4. 绿色消费意愿增强

"负责任地消费，减少对地球和对人类社会的负面影响"的消费观念日益得到消费者的广泛认同。白皮书指出，调研显示超过三成受访者在谈及前三位消费观念时选择此选项，仅次于强调"真实需要"与"性价比"，成为第三普遍的消费观念，其中，有10%的消费者更是将"负责任地消费"选择为第一符合自己消费观念的选项，反映出消费者突出的社会责任意识。调研结果显示，超过60%的消费者愿意为绿色消费支付溢价，但大部分消费者（总人群的56%）愿意支付的溢价在10%以内。同时，有近四成消费者把"绿色环保"作为购买食品饮料的前三考虑因素，超过15%的消费者将其当作首要因素；而在娱乐玩具和营养保健品类，"绿色环保"成为超过25%的消费者的购买关键考虑因素，并成为近10%消费者的首要考虑因素。

5．新技术催生的创新与便利

随着5G技术的普及，老年网民的比例大幅提高，手机上网的速度和稳定性大幅提升，移动互联网的体验不断优化，人们的手机上网行为更为深入。中国消费者对于新技术展示出极高的好奇心和接受度，乐于体验和享受新技术催生的创新与便利。超过六成的消费者预期元宇宙的应用能够提升购物体验，并进而提升消费频率，促进体验分享与传播。认为元宇宙能帮助他们了解并"种草"更多产品，同意元宇宙中更直观的感受，更逼近真实世界的场景可以优化她们的消费体验，同意元宇宙可以通过提供更沉浸式的体验和更合适的商品推荐提高自己的消费频率；认为元宇宙中虚拟主播和虚拟社区等形成的强互动氛围可以促使自己更乐于分享消费经历等的受访者都超过了六成。

随着时代的发展和消费者需求的改变，消费者的消费行为也发生了巨大变化，请问这给企业营销策略带来了什么启示？

（资料来源：https://baijiahao.baidu.com/s?id=1768749666009145176&wfr=spider&for=pc，有删改）

企业营销的核心是通过满足顾客的需要获取利润，从而求得自身的生存和发展，因此企业要想有效地开展市场营销活动，既要准确地把握市场营销环境，又要着重研究与剖析市场需求和购买者的行为，达到企业营销与购买行为的和谐统一。

按照顾客购买的目的或用途的不同，市场可分为消费者市场和组织市场两大类。消费者市场又称消费品市场或最终产品市场，它是指个人或家庭为满足自身的生活需要而购买商品和服务的市场，购买的目的是为了满足生活需要，而不是为了转卖、盈利或其他目的；组织市场是指各种组织机构为从事生产、销售业务活动，或履行职责而购买产品和服务所构成的市场，包括生产者市场、非营利性组织市场和政府市场。

第一节　消费者购买行为

一、消费者市场的特点

（1）广泛性。任何个人或者家庭都是消费者市场中的一员，因为任何人都无法避免发生购买行为，而我国人口众多，所以消费者市场具有广泛性。

（2）分散性。消费市场中的购买涉及每一个人和每个家庭，我国是一个人口众多、幅员辽阔的国家，购买者虽多，但由于消费者所处的地理位置各不相同而分散，造成购买地点和购买时间的分散性。

（3）复杂性。消费者处在一定的社会经济和社会文化环境中，因其年龄、性别、收入、地位、习惯、教育、兴趣、爱好等不同，每个消费者的消费需求、消费心理和消费方式，对消费品的选择也就各不相同，于是具有极大的复杂性。

（4）重复性。消费品的购买一般以个人和家庭为单位，由于受消费品本身特点和家庭收入的制约，消费者每次购买的消费品以能满足一定时间内个人及家庭的需要为限，一般来说交易的数量和金额相对较少，多属零星购买，重复购买频率较高。

（5）发展性。随着科技进步、生产力发展和消费者收入水平的提高、各类新产品的出现，消费者对产品和服务的需求不断变化，逐渐呈现出由少到多、由低级到高级的发展趋势。

（6）伸缩性。消费者受收入水平、生活方式、商品价格和储蓄利率等因素的影响，在购物数量、品种、档次等方面有很大的弹性。通常情况下，收入增高时会增加购买，收入减少时则会减少购买；商品价格高和储蓄利率高的时候会减少购买，反之增加购买。

（7）可诱导性。消费者市场中的购买者绝大多数都不是专家，除非有过在该领域工作的经历或经验，否则大都缺乏相应的专业知识、价格知识和市场知识，尤其是对某些技术性较强、操作比较复杂的商品，更显得知识缺乏。在多数情况下，消费者购买时往往受感情和过去的购买经验的影响较大。因此，消费者很容易受广告宣传、商品包装以及其他促销方式的影响，产生购买冲动。

（8）替代性。提供给消费者选择的商品种类繁多，不同品牌甚至不同品种之间的商品往往可以互相替代，导致消费者选购时可以在不同产品、品牌和企业之间流动。

此外，消费者市场还具有层次性、地区性、季节性、周期性、时代性等多种特点。

二、消费者市场参与购买的角色

企业管理者和营销人员除须了解影响消费者的各种因素、消费者的购买模式之外，还必须弄清楚消费者的购买决策，以便采取相应的措施，实现企业的营销目标。消费者消费虽然是以一个家庭为单位，但参与购买决策的通常并非是家庭的全体成员，许多时候是家庭的某个成员或某几个成员，而且由几个家庭成员组成的购买决策层，其各自扮演的角色亦是有区别的。家庭成员在一项购买决策过程中可能充当以下角色。

（1）发起者。发起者是指首先提出或有意向购买某一产品或服务的人。

（2）影响者。影响者是指其看法或建议对最后决策具有一定影响的人。

（3）决策者。决策者是指在是否买、买什么、买多少、何时买、哪里买等方面的购买决策做出完全或部分最后决定的人。

（4）购买者。购买者是指实际进行采购人。

（5）使用者。使用者是指实际消费或使用产品或服务的人。

了解商品或服务的购买参与者和影响者在购买过程中发挥的不同作用，能够帮助营销人员制订切实可行的营销策略。

三、消费者购买行为类型

消费者在购买商品时，会因商品的价格、购买的风险程度不同而投入不同程度的购买。目前，主要根据购买者在购买过程中介入程度的高低（即购买的风险程度）和产品品牌间差异的大小（即可供挑选的余地），将消费者的购买行为分为 4 种类型（见表 3-1）。

表3-1　消费者购买行为的基本类型

品牌差异	介入程度	
	低	高
小	习惯性的购买行为	减少失落的购买行为
大	寻求变化的购买行为	复杂的购买行为

（1）习惯性的购买行为。对于价格低、需经常购买、品牌差异小的商品，消费者不会花过多的精力去收集信息、评价产品、做出决策，购买行为相对简单。消费者购买时，更多的是靠

多次购买和多次使用而形成的习惯去选定某一品牌。例如，购买食盐、味精的行为。

（2）寻求变化的购买行为。有些产品品牌差异大，但商品价格低，购买风险小，消费者并不愿意花过多的精力去评价、选择产品，而是不断变换所购产品的品牌，寻求购买的多样性，以满足自己求新求异的心理并从中寻找最适合自己消费特点的产品。例如，购买饮料的行为。

（3）减少失落的购买行为。减少失落的购买行为也称为寻求平衡的购买行为，主要是指对于有些产品品牌差异不大但价格高，消费者不经常购买或购买时有一定的风险，此时，消费者在购买过程中介入程度高，花较多精力收集信息并货比三家，在品牌差异不大的产品中权衡、比较后，做出自己认为最合适的决策，求得心理平衡和最大满意度。

（4）复杂的购买行为。当消费者购买一件贵重、不常买、品牌差异大、有风险的产品时，其购买决策最为复杂。由于产品品牌差异大，产品对消费者存在较大购买风险，消费者购买时会高度介入。由于对这些产品的性能缺乏了解，为慎重起见，他们往往需要广泛地收集有关信息，并经过认真的学习，了解这一产品的性能，形成对品牌的态度，并慎重地做出购买决策。

> **营销5.0实战3-1**
>
> **京东用户需求及购买者行为分析**
>
> 京东通过对用户行为数据的分析，发现了用户在购买商品时主要关注的因素，以及京东对其商品价格、质量、服务和品牌等方面进行调整后的结果。
>
> 1. **价格**
>
> 京东通过对用户行为数据的分析发现，用户在购买商品时，最关心的是价格。京东通过降低商品价格，吸引了更多的用户。例如，京东在2023年将iPhone 14的价格降低了1000元，这使得iPhone 14的销量大幅增加。
>
> 京东降低商品价格的方法主要有：与供应商合作，降低商品的采购成本；通过大数据分析，对商品进行精准定价；利用促销活动，吸引用户购买。
>
> 京东降低商品价格的效果非常显著。在2023年，京东的商品销量同比增长了20%，其中iPhone 14的销量增长了30%。
>
> 2. **质量**
>
> 京东通过对用户行为数据的分析发现，用户在购买商品时，也非常注重商品的质量。京东通过提高商品的质量，赢得了用户的信赖。例如，京东在2023年推出了京造系列商品，这些商品的质量得到了用户的认可。
>
> 京东提高商品质量的方法主要有：与知名品牌合作，引进高品质的产品；建立严格的品质控制体系，确保商品的质量；为用户提供完善的售后服务，解决用户的后顾之忧。
>
> 京东对商品质量提高的效果非常显著。在2023年，京东的商品退换货率同比下降了10%，用户满意度提高了20%。
>
> 3. **服务**
>
> 京东通过对用户行为数据的分析发现，用户在购买商品时，也非常注重服务。京东通过改善服务，提高了用户的满意度。例如，京东在2023年推出了7天无理由退货政策，这使得用户在购买商品时更加放心。
>
> 京东改善服务的方法主要有：提供快捷的配送服务，提供专业的售后服务，提供丰富的营销活动。

京东改善服务的效果非常显著。在2023年，京东的用户满意度同比提高了20%，用户复购率提高了15%。

4. 品牌

京东通过对用户行为数据的分析发现，用户在购买商品时，也会考虑商品的品牌。京东通过与知名品牌合作，推出了一系列高品质的商品。例如，京东在2023年与苹果、华为、小米等知名品牌合作，推出了一系列高品质的手机。

京东与知名品牌合作的方法主要有：推出联合品牌商品；联合举办营销活动；联合推广商品。

京东与知名品牌合作的效果非常显著。在2023年，京东的商品销量同比增长了20%，其中苹果手机的销量增长了30%。

通过对用户行为数据的分析，京东更好地了解了用户的需求，并为用户提供了更优质的服务。这也使得京东在市场上取得了更大的成功。

（资料来源：2023年京东电商行业发展概况分析及未来五年行业数据趋势预测。https://wenku.baidu.com/view/05025098971ea76e58fafab069dc5022abea460d.html?_wkts_=1691039815037&bdQuery=2023%E4%BA%AC%E4%B8%9C%E7%94%A8%E6%88%B7%E9%9C%80%E6%B1%82%E5%88%86%E6%9E%90%E6%8A%A5%E5%91%8A，有删改）

四、影响消费者行为的主要因素

消费者的购买行为在内、外因素的影响下，也会发生很大的变化。这些因素不仅在某种程度上决定着消费者的决策行为，而且它们对外部环境与营销刺激的影响还起着放大或抑制作用。这些内、外因素可概括为4大类：文化因素、社会因素、个人因素、心理因素。如图3-1所示。

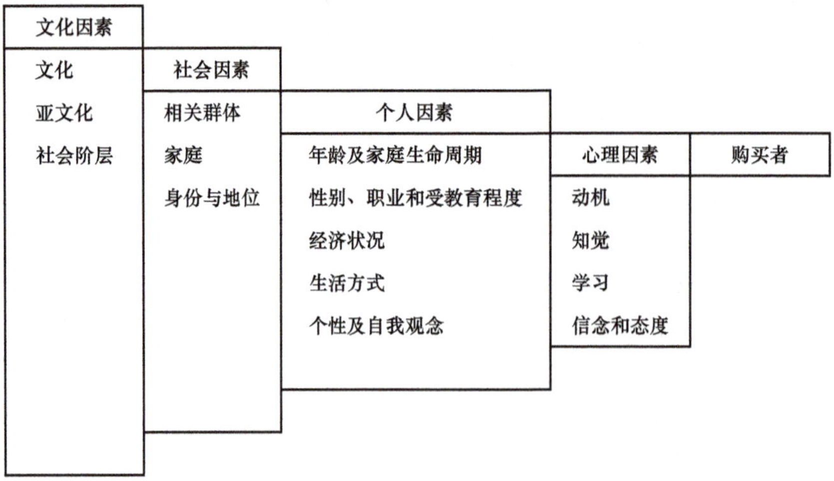

文化因素			
文化	社会因素		
亚文化	相关群体	个人因素	
社会阶层	家庭	年龄及家庭生命周期	心理因素	购买者
	身份与地位	性别、职业和受教育程度	动机	
		经济状况	知觉	
		生活方式	学习	
		个性及自我观念	信念和态度	

图3-1 影响消费者购买行为的主要因素

1. 文化因素

文化因素对消费者的购买行为有着最广泛和最深远的影响。

（1）文化。文化是人类欲望和行为最基本的决定因素，包括一个群体（可以是国家，也可以是民族、企业、家庭）在一定时期内形成的价值观念、道德规范、风俗习惯、宗教信仰、审美观和语言文字等。不同的文化造就了不同消费者的购买观念，能满足文化需求的产品较易获得顾客的认可，反之会导致企业营销活动的失败。

（2）亚文化。亚文化又称小文化、集体文化或副文化，是指某一文化群体所属次级群体的成员共有的独特信念、价值观和生活习惯，一种亚文化不仅包含着与主文化相通的价值与观念，也有属于自己的独特的价值与观念，而这些价值观是散布在种种主导文化之间的。亚文化主要包括民族亚文化、宗教亚文化、种族亚文化、地理亚文化等。亚文化以独特的认同感和社会影响力将群体成员联系在一起，形成不同的消费亚文化。

相关链接3-1

中国传统文化对消费者行为的影响

在中国传统文化中，许多思想涉及中国文化的核心价值观，这些观念很大程度上影响我们现在的消费行为和习惯。

1．勤俭与知足

中国传统文化中，在家庭和个人消费上主张精打细算，量入为出，反对奢侈浪费和及时行乐，这种生活态度对购买决策具有直接的影响。由于过去商品的匮乏，以及百姓经济购买力的不足，促成了勤俭习惯的形成，倡导知足常乐。现代经济突飞猛进，人们消费观也有很大变化，已经出现大批超前消费的人群，虽然勤俭观还在极大范围内制约着人们的消费模式，但是现在中国的消费观，已不单单是勤俭和知足，而是消费倾向各有不同。因此企业应该提供高性价比的产品，促销策略包括优惠、折扣和团购等。

2．家族文化

中国人注重血缘关系，以家庭为本位。个人消费的行为往往与整个家庭密切联系在一起，往往要考虑到整个家庭的需要。因此在目前的广告中，不少是以温馨家庭为背景题材拍摄的。我们在产品营销中，可以多强调家庭中的夫妻、父母、亲子之间的感情，这对于品牌形象的塑造和终端销售都是有所裨益的。

3．以和为贵

中国文化注重和谐与统一，这是中西文化的一个重要差异。社会和谐是最好的理想状态和秩序。用这种"和"与"贵"的思想去对待不同民族和文化的价值观方面，就是提倡平等待人，承认其他民族和文化的价值不同，主张不同民族或群体之间思想文化的交互渗透和包容。在人与人之间体现得更为明显，在商品交易中尽可能地和气生财，"以和为贵"自然就成了一条潜规则。企业在产品的设计、包装等方面应体现和谐统一，这更符合东方人的审美需要。企业应将此精神融入产品的设计中去，其既能满足人们的生活需求，又能体现中国文化的人文精神。

4．先义后利的价值取向

对义利关系的处理集中体现了中国伦理道德的价值取向，先义后利、以义制利是中国传统义利观的核心，是始终居于正统地位、对中国传统文化影响最为明显的一种义利观。在现实的厂商和消费者博弈之中，往往聪明的厂商将"义"与"利"并重，为了长远利益厂商愿意放弃眼前局部利益，维护消费者的"利"，"义字当先"也就成了企业诚信的体现。对于消费者，得到了厂商的"义"，自然得到了应有的"利"。因而，消费者往往去购买那些有诚信的厂商的产品，注重厂商售中和售后的承诺和服务。

5．诚信理念

中国文化中"诚"即真实，最基本的含义是诚于自己的本性。以"诚"为基础，又衍生出了许多相关的价值观念，如为人"诚信"，待人"诚恳"，对事业"忠诚"，还有"言必行，行必果"等。消费者在购买中会对不同的品牌进行评价和选择，中国消费者一般具有较高的品牌忠诚度和企业忠诚度，他们往往只选择值得信任的品牌，消费者也乐于购买"熟人"推荐的产品。所以我们在营销中应尽力提高顾客对产品的忠诚度，提高用户黏性。

6．面子文化

东方人很注重面子，对中国人来说，社会地位不仅意味着成就，而且是一个人及其家庭、亲属乃至宗族地位的确定标志。针对面子消费，企业应将品牌定位与消费者需求的品牌利益点相吻合，突出自身品牌价值，积极宣传品牌形象。针对面子观消费者，可以制定与品牌形象和目标消费者形象相匹配的价格策略，这样一方面可以维护和提升目标消费者感知面子，另一方面可以给企业带来巨大的盈利空间。

7．关系主义

中国是一个"关系导向"的社会，在此条件下，消费者的交易活动往往不是单纯的经济利益算计，还有人情往来、互惠交换、面子问题等微妙复杂的方面。中国人特别注重维护关系以便于其自身更好地在社会立足。"礼尚往来""来而不往非礼也"这些古语都是对关系主义最好的解释。企业应当充分利用这种文化特点，对其制定出行之有效的营销方法并开展出与之相关的营销活动。

综上所述，对消费者行为的研究是进行有效营销的一个重要环节。消费者的市场行为受到文化、社会、个人和心理等方面的影响，其中文化特别是中国文化对中国的消费者起着根本的决定性因素。因此，深入研究中国文化对消费者行为的影响，对在中国发展市场的企业来讲至关重要。

（资料来源：https://www.docin.com/p-2351430924.html，有删改）

（3）社会阶层。人们根据职业、收入、教育、财产等因素，把社会划分为不同的社会阶层。社会阶层是指一个社会中具有相对同质性和持久性的群体。处于同一社会阶层中的消费者，其价值观、消费观、审美标准、消费内容和方式有着很大的相似性；处于不同社会阶层的消费者，由于其收入水平、职业特点的不同，造就了他们在消费观念、审美标准、消费内容和方式上的明显差异性。因此，营销人员应该对不同社会阶层的消费者进行市场细分，采取更有针对性的营销策略。

2．社会因素

（1）相关群体。相关群体也称为参考群体或参照群体，是指对一个人的看法、态度和行为实施过程中起着参考、影响作用的个人或某些人的集合。相关群体可分为直接参照群体和间接参照群体。直接参照群体又称为成员群体，即某人所归属的群体或与其有直接关系的群体，它又可分为首要群体和次要群体。首要群体是指与消费者直接接触、经常接触的一群人，一般都是非正式群体，如家庭成员、亲戚朋友、同事、邻居等；次要群体是对其成员并不经常发生影响，但一般都较为正式的群体，如宗教组织、行业协会等。间接参照群体又称为非成员群体，是指消费者并不属于该群体，但又受其影响的群体，消费者会产生喜好或者厌恶，从而选择去模仿或者远离。例如，消费者对影视明星、体育明星的模仿等。

相关群体对消费者购买行为的影响表现在以下 3 个方面：①相关群体为消费者展示出新的生活方式和行为方式；②相关群体引起消费者的仿效欲望，或使其对某些产品态度发生改变；③仿效促使消费者的消费行为与相关群体趋于一致。

（2）家庭。家庭是社会组织的基本单元，对消费者的购买行为具有重要的影响。消费者购买活动中会受到家庭的规模、性质、购买决策方式等方面的影响。随着社会的进步，妇女逐渐走出家庭开始工作，并成为推动社会经济发展的重要力量。于是，当消费者以家庭为单位购买产品时，传统的丈夫做主型逐渐演变成为各自做主型、共同做主型、丈夫做主型、妻子做主型等多种形式共存的局面。抓住决策中的关键人物，有利于提高营销效率。

（3）身份与地位。在社会生活中，一个人会属于不同的群体，并在不同的群体中具有不同的身份和地位，因此，其消费需求和行为也不同。

相关链接3-2

城市营销新密码：网红美食+互联网

淄博烧烤热潮最初起源于 2023 年 3 月初，大批大学生组团来到淄博品尝烧烤，引起了广泛关注并登上了热搜。

3 月 13 日，淄博市开通了 21 条专门的烧烤公交线路，为游客提供便捷的交通服务。随后的 4 月份，淄博的烧烤热度呈现出爆发式增长，环比上涨了惊人的 599%。4 月 16 日，淄博市政府发布了一份规范经营者价格行为的提醒告诫书，以确保烧烤店的价格公正合理。接着，在 4 月 28 日到 5 月 2 日期间，淄博市新建了一座占地 100 亩的烧烤城，持续了 20 天，这座烧烤城吸引了约 12 万人涌入淄博。

淄博成为 2023 年五一假期的最大赢家，在淄博政府的推动下也一举建立起了城市文旅品牌，"淄博烧烤"（烧烤配小葱卷饼）亦成为烧烤新吃法，大量淄博烧烤店出现在全国各地。

点评：淄博的走红一方面得益于假期放松的旅游红利，在消费尚未整体复苏的背景下，"平价"的淄博成为某种旅游"消费降级"目的地，淄博烧烤最初也是从学生群体毕业旅行中引爆的。

但更值得关注的，是淄博政府在"淄博烧烤"风潮中的积极作为，多措并举，成功让淄博出圈。例如在 20 天内建立起容纳一万人就餐的新烧烤城；在当地政务大厅开设"烧烤办证专属窗口"；登记成立烧烤协会，规范行业准则；设置"金炉奖"并向商户定向发放烧烤消费券；上线"智慧淄博烧烤服务"小程序、开设烧烤专列、增设烧烤公交等。淄博开放了大量党政机关、事业单位停车场给游客免费使用，并且解禁路边摊，城市管理亦在为文旅经济和民生服务。这在一定程度上需要淄博政府领导班子有相当大的魄力，种种举措在社交网络上获得了相当好评，塑造了淄博"有为政府"的形象。

新式烧烤的出圈，带动了淄博文旅的品牌效应，甚至还带动了山东文旅经济。从传播上来看，淄博通过政府服务激活了社交网络平台的话题和传播热度，一方面是官方媒体、政府人员积极在社交媒体中发声传播，抓住流量热度；另一方面是大量博主、UP 主来到淄博进行内容创作传播，官媒与用户的不断互动共同催生了"淄博现象"。

（资料来源：https://www.163.com/dy/article/I8T65U870519H0JE.html，有删改）

3. 个人因素

消费者的购买决策会受个人因素的影响，这些因素主要包括年龄和家庭生命周期、性别、职业、受教育的程度、经济状况、生活方式、个性及自我观念等。

（1）年龄及家庭生命周期。不同年龄的消费者，其消费欲望和购买行为会有很大差别。家庭生命周期是指一个人从离开父母开始独立生活到老年的家庭生活解散所经历的全过程。消费者处于不同家庭生命周期的不同阶段，其爱好、需求和购买行为有明显差异（见表3-2）。

表3-2 家庭生命周期及消费方式

家庭生命周期		消费方式
单身阶段	刚参加工作，自己独立生活	状态：几乎没有经济负担，新观念的带头人，娱乐导向 消费：小型生活日用品、汽车、娱乐、旅游
新婚阶段	刚刚结婚、无子女	状态：经济状况较好，购买能力强，耐用品购买力高 消费：汽车、小型生活日用品、耐用品、度假
满巢阶段Ⅰ	子女不到6岁	状态：家庭用品采购的高峰期，流动资产少，不满足现有经济状态，有部分储蓄，喜欢新产品，如广告宣传的产品 消费：婴儿用品等
满巢阶段Ⅱ	年幼的子女超过6岁	状态：经济状况好，购买能力强 消费：食品、生活日用品、教育等
满巢阶段Ⅲ	子女成年但尚未独立	状态：经济状况较好 消费：食品、生活日用品、教育、子女房屋的购买等
空巢阶段Ⅰ	年长的夫妇，子女已经独立生活	状态：经济富裕有储蓄，对旅游、娱乐、自我教育尤感兴趣，愿意施舍和捐献 消费：旅游、耐用品、家用装修用品、汽车等
空巢阶段Ⅱ	年老的夫妇，子女已经独立生活	状态：收入锐减、赋闲在家 消费：有助于健康的医用护理、保健产品

（2）性别、职业和受教育程度。男性和女性在购买方式上有明显不同。男性购买商品一般目标明确、决策果断，理智型购买居多；女性在购买中一般为不确定型，易受销售人员及他人的影响，决策犹豫，但挑选仔细。职业不同的消费者因其所处的工作环境、职业特点不同，消费习惯和购买行为也有所区别。受教育程度也影响着消费者的购买行为，一般情况下，一个人的受教育程度越高，其购买行为中的理性成分就越大，利用其具有的知识和信息对商品做出比较客观的判断，受外界信息干扰程度小，决策能力较强。

（3）经济状况。经济状况是指消费者的经济收入和信贷能力。经济状况反映消费者的实际支付能力，商品选购在很大程度上取决于个人的经济状况。一般而言，低收入者在选购商品时，对商品价格更加敏感，其开支主要用于生活必需品；高收入者用于生活必需品以外的开支更多，且信贷能力更强。

第三章　顾客需求与购买行为分析

> **相关链接3-3**
>
> "她经济"消费现象
>
> 随着女性的经济、社会地位以及受教育程度的提高，女性在消费上拥有更多的话语权，"她经济"更是各大商家努力想要抓住的热点题材。女性消费者作为家庭中的非常重要的角色，"她们"是女儿，是妻子，是妈妈，"她们"掌握着家庭的主要日常消费，同时，"她们"更重要的角色也是自己。一系列围绕女性理财、消费而形成的特有经济圈和经济现象也由此诞生。
>
> **1. 更大的人口基数**
>
> 2022年，我国人口总量略有下降，城镇人口保持增长。根据国家统计局数据显示，从性别构成看，2022年年末男性人口72206万人，女性人口68969万人。近几年来，人口性别比总体呈现上升趋势，女性占比缓慢升高，男女比例趋于均衡。2021年中国男性人口从1978年以来首次出现下降，2022年男性人口加速减少，而女性人口则继续增加。
>
> **2. 更强的经济实力**
>
> PayScale最新发布的《2023性别薪酬差距报告》显示，男性的中位数工资比女性的中位数大约高17%。这个差距比2022年缩短了1%，比2015年缩短了9%。某招聘平台2021年调研数据呈现出与PayScale相似的结果：当前中国女性与男性的薪酬差距逐年缩小，且分化程度亦连续下降。男女工资差距不断缩小的趋势，使得女性群体手中积累了不少财富。
>
> **3. 更高的消费欲望**
>
> 截至目前，我国共有492.9万家与"她经济"相关的企业，成立于5年内的"她经济"企业占比达3/4，2021年新增注册企业数量为130万家，年度注册增速为21.8%。庞大的中国女性消费市场体量，其涵盖医美、母婴、理财等多产业，整体市场规模已达10万亿。可见，女性群体的消费欲望持增不减，"她经济"浪潮已席卷而来。女性在社会各个领域的影响力不断增加，展现了不可忽视的"她"力量，也改变着女性市场，展现出该市场的重要性和可塑性。
>
> **4. 自身健康的焦虑**
>
> 中老年女性随着年龄的增大，各类疾病的发病率也在增加。通过调查，都市新中产女性认为健康保障是养老计划的重点。72%的女性认为医疗费用是养老计划中的重要问题，54%的女性认为能够获取国内医疗资源是养老计划的重点，还有45%的女性认为应当重视健康检测和健康教育。此外，相对男性，更高比例的女性认为医疗费用和心理健康是重要的养老计划挑战，且从年龄分布来分析，随着年龄增大，女性对医疗费用问题的担忧也会增加。
>
> （资料来源：https://baijiahao.baidu.com/s?id=1763682844209685103&wfr=spider&for=pc，有删改）

（4）生活方式。生活方式是个体在成长过程中，在与社会因素相互作用下表现出来的活动、兴趣和态度模式。一个生活俭朴的人和一个生活奢侈的人，其购买行为会有很大的不同。

（5）个性及自我观念。个性就是一个人在思想、性格、品质、意志、情感、态度等方面不同于其他人的特质。这个特质表现出来就是他的言语方式、行为方式和情感方式等。任何人都是有个性的，个性化是人的存在方式。个性是一个人身上表现出来的经常的、稳定的、实质性的心理特征，它表现了一个人对其他事物的反应，通常可用外向、内向、保守、开放、固执、随和等性格特征来描述。消费者的个性对购买行为的影响是明显的。例如，性格外向的人易对时髦产品感兴趣，往往成为新产品的试用者；性格保守的人则是品牌的忠实维护者。

自我观念又称自我形象，是指自己对自己的看法，它与个性有关。自我观念分为实际自我观念和理想自我观念，即自己实际对自己的看法和自己希望的理想看法。不同自我形象的消费者有着不同的购买行为，并把购买行为作为树立自我形象的重要方式。

4．心理因素

消费者的购买行为也要受四个主要心理因素的影响，即动机、知觉、学习、信念和态度。

（1）动机。动机是指激发和维持个体活动，使活动朝向一定目标的内部动力。动机的产生可以是内部条件或者外部条件，甚至是两者同时作用。产生动机的内部条件是达到一定强度的需要，需要越强烈则动机表现得越强烈；产生动机的外部条件是各种诱因。消费者的购买动机是纷繁复杂的，同一购买行为可由不同动机引起，同一购买动机也可能引起不同的购买行为。关于需要与动机的理论有很多，在市场营销学中运用最广泛的是马斯洛的需求层次理论，如图3-2所示。

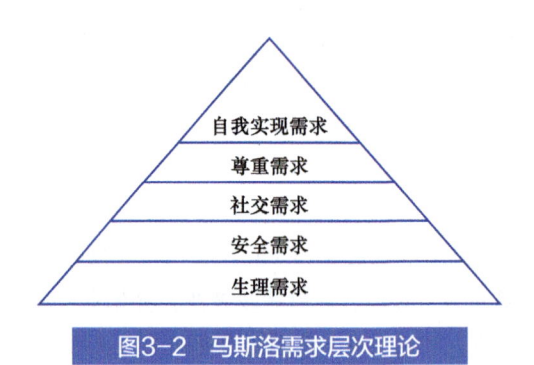

图3-2 马斯洛需求层次理论

马斯洛认为人的需求是以层次的形式出现的，按其重要程度的大小，由低级需求逐渐向上发展到高级需求，依次排列为：①生理需求，这是人类最基本的需求，包括衣、食、住、行等基本的生存需求；②安全需求，当生理需求得到满足后，就会产生更高一层的需求，即对安全、稳定以及免受痛苦、恐惧、战争、失业等方面的需求；③社交需求，这是情感和归属方面的需求，即期望同他人平等相处、友好往来，获得友情、爱情和社会归属感的需求；④尊重需求，即获得自尊、赞赏和受到别人尊敬的需求；⑤自我实现需求，即实现个人的理想和抱负，实现自我价值、取得成就的需求。

（2）知觉。知觉是指人对事物传递或表现出的信息的一种综合性反应，而感觉是人通过个别的感觉器官感知到事物的个别属性，不是对事物整体性的认识判断。只有将这些感觉综合起来才能形成人们对事物整体的判断、认识并成为其行动依据。知觉对消费者的购买决策、购买行为影响较大。在刺激物或情境相同的情况下，消费者有不同的知觉，他们的购买决策、购买行为就截然不同。常见的3种知觉过程是：

1）选择性注意。选择性注意是指在众多信息中，人们易于注意与自己有关的、期待中的信息，而多数信息会被有选择地忽略。

2）选择性扭曲。人们对注意到的事物，往往喜欢按自己的经历、偏好、当时的情绪、情境等因素做出解释，会将信息加以扭曲，使之合乎自己见解的倾向。

3）选择性记忆。消费者在接触到的大量信息中，会把与自己看法一致和自己相信的一些信息保留下来。

（3）学习。学习也称"习得"，是指由于人后天经验而引起个人知识结构和行为的改变，即消费者在购买和使用商品的实践中，逐步获得和积累经验，并根据经验调整自己购买行为的过程。学习是通过驱策力、刺激物、提示物、反应和强化的相互影响、相互作用而进行的。企业要扩大销售，不仅要了解自己的产品（刺激物）与潜在消费者的驱策力的关系，而且还要善于向消费者提供诱发需求的提示物和适当的广告宣传手段，积极进行反复宣传的"强化"工作，以加强消费者的印象。

（4）信念和态度。消费者通过购买实践和学习获得经验，建立自己的信念和态度，而信念和态度又反过来影响消费者的购买行为。信念是指一个人对某些事物所持有的看法或评价，它是一种描述性的看法，没有好恶之分。企业的产品和品牌的形象就是顾客对企业和品牌的总体看法，它来源于消费者的认识、学习和消费经历，带有强烈的感情色彩。如果企业能使消费者对自己的产品建立起正确、良好的信念，将有助于本企业产品的销售。

态度是指一个人对某些事物或观念长期持有的是与非、好与坏等认识上的评价、情感上的感受和行为上的倾向。态度能使人对相似的事物产生一致性的行为，表现出稳定一致的特点，并且不容易改变。如果消费者形成了对某个品牌良好的态度，就可能进行重复购买，反之就会拒绝购买。由于态度具有稳定性的特点，所以营销人员不要试图改变消费者的态度，而是要改变自己的产品以迎合消费者已有的态度，使之与消费者既有的态度相一致；否则，企业需要耗费大量时间改变目标市场消费者的态度，并要为此付出高昂的费用和艰辛的努力。

五、消费者购买决策过程

在复杂的购买行为中，消费者要完成某一商品的购买决策过程要经历以下5个阶段，如图3-3所示。

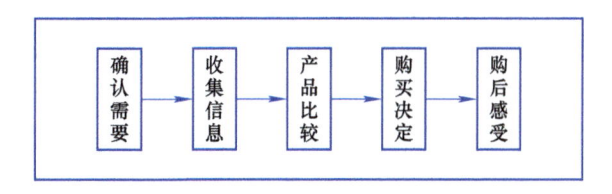

确认需要 → 收集信息 → 产品比较 → 购买决定 → 购后感受

图3-3 消费者购买的决策过程

1. 确认需要

确认需要是消费者购买决策过程的起点。当消费者在现实生活中感觉到或意识到实际与其理想状态之间有一定差距，并产生了要解决这一问题的要求时，购买决策便开始了。消费者的这种需求的产生，既可由内在原因或外在刺激引起，也可以是两者相互作用的结果。内在原因可能是由人体内在机能的感受所引起的，如一个饥饿的人看到美味的食物，饥饿感就会增加，从而产生了对食品的需求。外在刺激可能是由收入增加、企业促销力度较大或消费者的所见等引起的，如看到各种汽车广告引发购买汽车的想法；朋友买了一部时尚手机，或者商家促销有多项优惠等促使消费者有购买手机的想法等。

营销工作者应该深入理解消费者产生某种需要的环境，找到引发这种需要的内在动因和外在刺激因素，从而运用多种营销手段，促使消费者与刺激因素频繁接触，善于安排刺激物、提示物等诱因，引发消费者对本企业产品产生强烈的需求，熟悉、喜爱本企业的产品，并采取购买行为。

2. 收集信息

当消费者产生了购买动机之后，便会开始进行与购买动机相关联的活动。如果他所欲购买的商品就在附近或者购买风险不大时，他便会实施购买活动，以满足需求。但是当所需购买的商品价格高、购买风险大，甚至需求一时难以得到满足时，他便会把这种需求存入记忆中，并注意收集与需求密切联系的信息，以便进行决策，而这个收集信息的数量和时间会根据购买的风险程度来决定。通常，消费者一般会通过以下几种途径收集所需商品的信息：①个人来源，是指家庭成员、朋友、邻居或同事等提供的信息；②商业来源，是指从推销员、广告、零售商、商品包装、展示会、商品说明书等方面获得的信息；③公共来源，即大众传播媒介、消费者评估组织等提供的有关信息；④经验来源，是指消费者本人通过以前购买使用或当前试验中获得的知觉。

3. 产品比较

消费者在通过各种渠道获得有关产品的信息后，便对可供选择的品牌进行分析和比较，并对各种品牌的产品做出评价，最后决定购买。消费者对产品的评价主要从以下几个方面进行：

（1）产品属性，即产品能够满足消费者需要的特性。消费者一般将产品看成能提供实际利益的各种产品属性的组合，对不同的产品，消费者感兴趣的属性是不同的。

（2）建立属性等级。每一个产品的所有属性并非都是最优的，消费者也不会将产品的众多属性看作同等重要的因素，而是从满足需要的角度出发，对产品属性进行分析后，建立自己心目中的属性等级。例如，对于游戏爱好者来说，他购买计算机首先考虑的是硬件设施，其次才考虑外形；而对于时尚女性购买者来说，她首先考虑的是外形，其次才考虑性能等因素。可见，每种商品的属性在购买者心目中的重要程度是不同的，企业应当根据购买者对不同属性的态度进行市场细分，采取多种对策影响购买者决策，提高本产品被选中的概率。

（3）确定品牌信念。消费者会根据收集到的所有品牌的属性及各属性的参数，建立对各个品牌的不同信念。

（4）形成"理想产品"。消费者会通过各种品牌的属性及各属性的参数对于分别满足其需求的重要程度来进行评分，从而评选出得分最高者，即为购买的初步对象。

4. 购买决定

购买决定是消费者购买行为过程中的关键性阶段，因为只有做出购买决定以后才会产生实际的购买行动。消费者经过分析比较和评价以后便产生了购买意图。但消费者购买决策的最后确定，除了受消费者自身喜好的影响外，还受其他因素的影响，如他人的态度、环境因素等。

5. 购后感受

产品在被购买之后就进入了购后阶段，此时，市场营销人员的工作并没有结束。消费者购买商品后，通过自己的使用或者其他信息来对自己的购买活动进行检验，从而产生某种程度的满意或不满意。购买者对其购买活动的满意感（S）是其产品期望（E）和该产品实际性能（P）的函数，即 $S=f(E,P)$。若 $E=P$，则消费者会满意；若 $E>P$，则消费者不满意；若 $E<P$，则消费者会非常满意。消费者根据自己从卖主、朋友以及其他来源所获得的信息来形成产品期望。消费者对其购买的产品是否满意，将影响以后的购买行为。如果对产品满意，则在下一次购买中可能继续采购该产品，从而形成品牌忠诚并向其他人推荐该产品；如果对产品不满意，则会选择要求退货或者赔偿，甚至会采取更加过激的行为来诋毁或者报复企业。

市场营销人员通过了解购买者如何经历确认需要、收集信息、产品比较、决定购买和购后感受的全过程，就可以获得许多有助于满足消费者需要的有用线索；了解其购后感受和对商品的使用与处置方法更是开发新商品构思的重要来源；通过了解购买过程的各种参与者及其对购买行为的影响，就可以为其目标市场设计有效的市场营销计划。

第二节 组织市场购买行为

企业的市场营销对象不仅包括广大的消费者，也包括各类组织机构。这些组织机构成了原材料、零部件、机器设备、供给品和企业服务的庞大市场。为此，企业必须了解组织市场及其购买行为。

一、组织市场的分类和特点

组织市场是指为了用于从事再生产、销售、转卖活动或履行职责而购买企业产品或服务的各类组织机构所构成的市场。

1. 组织市场的分类

组织市场包括 4 种类型，即生产者市场、中间商市场、非营利性组织市场和政府市场。

（1）生产者市场。生产者市场又称为产业市场、工业品市场或企业市场，是指一切将购买的产品和服务用于再加工、再生产从而生成其他产品或服务，以供销售、租赁并获取利润的组织或者个人。生产者市场是一个庞大的市场，组成生产者市场的主要行业是农业、林业、渔业、牧业、采矿业、制造业、建筑业、运输业、通信业、银行业、保险业以及其他一些行业。

（2）中间商市场。中间商市场又称为转卖者市场，是指那些通过购买商品或服务后将之转售或出租给他人，以获取利润差的个人或者组织，包括批发商和零售商。

（3）非营利性组织市场。非营利性组织是指所有不以营利为目的而从事社会公益事业的机构、组织和团体，它们可以是现有的政府事业单位、教育机构和注册的民办科技机构等。非营利性组织购买产品和服务是为了维持正常运作和履行自身职能，这样的购买行为所形成的市场称为非营利性组织市场。

（4）政府市场。政府市场是指为了执行政府职能或提供公众服务而购买产品和服务的各级政府及下属部门所组成的市场。随着我国改革开放的不断深入，政府采购规模越来越大，范围越来越广，要求越来越严格，企业在营销活动中要充分重视这一潜力巨大的市场。

> **相关链接3-4**
>
> ### LED照明行业参与政府采购的市场营销策略
>
> 根据智研咨询发布的《2018—2024年中国LED照明行业分析与投资决策咨询报告》，从LED照明产业发展情况数据来看，我国LED照明产业规模和照明灯具市场规模营业收入均呈高速增长的趋势。从我国照明行业市场业务占比来看，照明灯具的市场份额占比近70%。
>
> 国家重点规划并鼓励光伏发电技术的开发和应用，为新技术的研发和应用创造了良好的外部环境。对于在政府采购活动中，为了能够获得这种高新技术节能产品，其议价能力还是有限的。按照《中华人民共和国政府采购法》的有关规定，招标控制价一旦确定后是不能更改的，而且要求投标单位有且只有一个投标报价。政府采购产品时，考虑到高新技术节能产品的研发成本、节能成本、产品价值、性价比等因素，如果制定的价格过低，可能会导致没有供应商进行投标，或者投标单位不足三家而导致流标。基于这种考虑，采购方会制定有利于供应商的招标控制价，项目照明生产商和经销商均会有一定的利润空间。
>
> 目前，政府采购LED照明产品竞争主要体现在产品质量、产品功能及售后服务等方面。其中，LED高端工程更看重产品质量、产品技术和售后服务。由此可见，过硬的产品质量和优质的售后服务是政府采购市场竞争的核心，只有产品质量过硬的企业才可以长期立足于政府采购市场。
>
> 因此，企业参与政府采购可采用的营销策略有：一是产品营销策略，包括基于技术的照明产品创新策略、基于服务的产品组合营销策略、基于项目的产品定位营销策略；二是价格营销策略，需要制定跟随定价策略、弹性定价策略；三是渠道营销策略，包括传统渠道营销的改进、招标市场专项营销、新媒体营销；四是推广营销策略，包括采购考察营销、捆绑营销等。
>
> 随着我国法制建设的不断完善，政府采购市场将越来越规范，法律法规将越来越健全，政府招标采购将更加公开公平公正。随着科学技术的不断发展以及节能环保理念深入人心，政府采购的LED照明产品逐步向高端化、智能化发展。未来将会陆续出台一系列关于照明产品的相关政策，这也使LED照明行业将面临新的发展机遇。
>
> （资料来源：http://cnki.nbtvu.net.cn/KCMS/detail/detail.aspx?filename=1021045182.nh&dbcode=CMFD，有删改）

2. 组织市场的特点

（1）购买者数量少，购买量大。若消费者市场的购买者是个人和家庭，则购买者数量多，重复购买的频率高，但购买量少；而组织市场却恰恰相反。由于组织市场的购买者是企业或组织，所以其购买者数量较少，但他们一次性的购买量较大。

（2）购买者的地理位置相对集中。在我国，大多数组织市场的购买者都集中在北京、天津、上海、武汉、广州、成都、深圳等国内城市，所以，组织市场购买者的地理位置相对较为集中。

（3）供需双方关系密切。由于组织市场购买者数量少，一次性购买量大，这就要求企业有源源不断的原材料供应，而原材料供应企业同样需要稳定的产品销路，所以，双方容易建立密切的关系。一方面通过沟通，供应方了解企业的需求特点及特殊要求，提供最大限度地满足；另一方面建立互惠互利的合作关系，有利于降低交易成本和保证产品的销售。

（4）市场的派生需求。消费者市场是所有市场的中心，任何市场的生产行为都必须围绕着消费者市场的需求而运转。因此，组织市场的需求还随着消费者市场相应需求的变化而变化。

（5）需求弹性小。生产者市场上，生产者主要根据最终消费者的需求来确定自己的采购品种和数量；相对于消费市场，生产者市场产品价格的上升或下降对产品需求不会有太大影响。例如，在蛋糕需求总量不变的情况下，面粉价格下降，蛋糕生产者未必就会大量购买，除非目标市场中消费者对蛋糕的需求量突然增加。面粉价格上涨，蛋糕生产者为了保持市场需求，防止未能满足需求而使新竞争者乘虚而入，也未必会减少面粉的购买，除非蛋糕生产者找到了其他替代品或发现了节约原料的方法。

（6）需求波动大。消费者市场中的需求只要有一点增加或减少，就会引起生产产品的工厂和设备需求发生大幅的变动，经济学上将这种现象称为乘数效应，又称加速原理。有时，消费者需求只增长10%，可能会导致生产者市场需求增长100%；而消费者需求只减少10%，可能导致生产者市场需求大幅减少甚至可能为零需求。

（7）专业人员购买。由于组织市场具有购买者数量较少，而其购买量较大的特性，与消费者市场相比，通常影响组织购买决策的人较多。大多数组织有专门的采购部，采购人员大都经过了专门训练，掌握了必要的专业知识，熟悉产品的性能、质量、规格和有关技术要求，特别在重大购买时，往往会成立临时性专家组，由技术专家、高层管理人员、财务人员甚至法律顾问组成，决策往往是由采购专家组中的成员共同做出的。

（8）租赁。组织市场购买者往往会以租赁的方式来取得生产用品，这样既可以减少资金投入，又可以使用最新的设备，也在一定程度上降低了购置风险，尤其是大型机械设备或使用时间短的设备。

二、组织市场购买的类型

按照购买决策的难易程度，组织市场购买行为的主要类型可分为3种：新购、修正重购和直接重购。

1. 新购

新购即企业第一次采购某种产品或服务。由于是第一次购买，买方对新购产品和原材料供应者"心中无数"，在购买决策前，要收集大量的信息，因而，制定决策所花费的时间也就越长，这是最复杂的购买行为。新购给所有的供应商提供了平等竞争的机会，对供应商的营销要求较高，一次成功的新购可能会促成今后的重购。

2. 修正重购

它是指企业采购部门基于原来的购买基础，对产品的部分购买内容、购买条件和购买方式进行修正的购买行为。修正内容可以是重新选择供应商，也可以是对产品规格、品种、价格、交货时间、结算方式等因素的修正。造成修正重购的原因可能是供应商服务差，也可能是由于质量和成本方面的差异，或者营销环境的变化（如经济法律、最终用户、技术变革），甚至是客户需求的变化等原因。

3. 直接重购

直接重购也就是重复的购买决定，即采购部门基于上次购买的基础再次购买此前表现令人满意的熟悉产品。这是最简单的购买方式，不需要经过复杂的购买程序。

三、组织市场购买决策的参与者

任何一个企业除专职的采购人员之外还有一些其他人员也参与购买过程。根据成员对购买过程执行职能的不同，可分为以下 6 种角色。

1. 发起者

发起者即提出购买要求的人。

2. 使用者

使用者是指组织中实际使用产品或服务的个人或者部门。使用者大多数情况下是购买产品的发起者，但也可能不是。他们在计划购买产品的品种、规格、品牌中起着重要作用。

3. 影响者

影响者是指企业内部和外部直接或间接影响购买决策的人员。他们参加拟订采购计划，协助明确购买商品的规格、型号、品牌等。企业的技术员、工程师、企业外聘专家等往往是购买决策的主要影响人。

4. 决策者

决策者是指企业里决定购买产品和供应者的人。在普通的购买中，采购者就是决策者，而在复杂的采购中，决策者通常是公司的主管或者上级主管部门。

5. 购买者

购买者是指那些被赋予权力按照采购方案选择供应商与之洽谈采购条款的人员或者谈判团队。

6. 信息控制者

信息控制者是指购买组织中有权阻止推销员或信息与采购部门成员接触的人，如企业的秘书、门卫，甚至电话接线员等，他们可以拒绝、终止有关供应信息甚至会扭曲某些事实。

四、影响组织购买决策的主要因素

影响组织购买决策的因素很多，可概括为以下 4 类。

1. 环境因素

环境因素是指企业外部环境的各种因素，如国家的经济前景、需求水平、技术发展变化、市场竞争、政治法律、经济政策等。目标市场中的环境因素决定了市场的走向，也决定了各企业的购买计划和购买决策。当经济不景气或市场前景不好时，组织企业就会缩减投资，压缩原材料库存和采购；同时，企业购买者也会受到当时科技、政治和竞争因素的影响。

2. 组织因素

组织因素是指生产企业自身的因素，主要包括企业经营目标、方针政策、组织政策、组织结构、组织制度和运行程序等。这些因素对企业的购买行为影响很大。例如，组织的经营目标和战略的变化，会使其对采购产品的款式、功效、质量和价格等因素的重视程度、衡量标准有所不同，从而导致他们的采购方案的差异化。

3. 人际因素

人际因素是指购买企业内部参与购买过程的各个角色之间的职务、地位、影响力及相关人事关系对购买行为的影响。营销者应当了解每种角色对购买决策的影响及所起的作用，同他们建立良好的关系，促使产品销售，确保交易成功。

4. 个人因素

个人因素是指企业内部参与购买决策的有关人员的年龄、个性、受教育程度、风险意识等因素。这些因素会影响每个参与者对所购产品和供应商的感觉和看法，从而影响购买决策和购买行为。

五、组织购买决策过程

与消费者市场的购买者一样，组织购买者也有决策过程，市场营销人员应该了解其购买过程的各个阶段的情况，并采取适当措施，以适应顾客在各个阶段的需要，才能实现交换活动。组织市场购买过程阶段的多少，取决于购买行为的复杂程度，在新购这种最复杂的情况下，购买决策过程可分为以下 8 个阶段。

1. 认识需要

与消费者市场一样，需要是由两种刺激引起的：①内部刺激，来源于对企业内部资源的分析和利用。例如，企业生产新产品需要原料和设备、企业设备老化需要更新；原购设备和原料出现问题，需要更新供应商等。②外部刺激，来源于外部的营销竞争和市场需求变化。例如，新产品展览、广告促销使采购人员发现了新的、更理想的产品；消费者市场需求的变化，促使生产者重新规划其生产。

2. 确认需要

确认需要是指确定组织所需产品的基本特征和数量等。简单的购买任务通常由企业采购部门直接决定，复杂的购买任务则由采购部门会同企业高层人员共同确定。

3. 说明需要

组织确定自己的需要后，还要对新购产品的品种、性能、数量、价格和服务要求等做进一步的详细说明，形成产品采购说明书，作为采购人员的采购依据。必要时，企业还会成立专门的专家小组或技术小组来商讨各项参数指标。

4. 挑选供应商

组织购买者会通过各种途径收集供应商的信息，经过调查、分析、比较、遴选，确定被选对象。

5. 征求建议

对已选择的候选供应商，购买者通常会邀请他们提交供应建议书，尤其是对价值高、价格贵的产品，还会要求他们写出详细的说明，对经过筛选后留下的供应商，要他们提出正式的说明。目前，这一过程较为常见的方式是招标投标。

6. 选定供应商

在收到多个供应商的有关资料后，组织购买者将根据资料选择比较满意的供应商。在这一过程中，组织购买者会将供应商的各种属性作为评价指标，并赋予相应的权重，而后针对这些属性对供应商加以评分，找出最具吸引力的供应商。例如，价格、产品可靠性、供应的及时性、信誉程度等。

7. 正式订货

企业选定供应商以后，就会向供应商发出正式订单，并与供应商签订采购合同。采购合同的主要内容应包括所需产品的规格、价格、数量、交货期、支付方式、退货条件、运输、维修、保证条款等。

8. 绩效评价

在完成上述工作后，组织购买者会对各供应商履行合同的情况进行评估，并作为今后决定维持、修正或终止供货关系的依据。

营销5.0实战3-2

拼多多在抖音的营销推广

1．目标市场

拼多多的目标市场是年轻人，尤其是90后和00后。这些年轻人喜欢使用短视频平台，尤其是抖音。他们喜欢看短视频，也喜欢在短视频上分享自己的生活。拼多多认为，通过在抖音上进行营销推广，可以更好地触达年轻人，并吸引他们成为拼多多的用户。

2．营销策略

2023年拼多多在抖音上的营销策略主要包括以下几个方面：

（1）发布高质量的短视频内容：拼多多会在抖音上发布各种高质量的短视频内容，包括产品介绍、生活分享、娱乐搞笑等。这些短视频内容不仅要吸引人，还要与拼多多的产品和品牌相关。例如，拼多多会在抖音上发布产品介绍视频，展示产品的使用场景和功能，并邀请用户在评论区分享自己的使用体验。拼多多还会在抖音上发布生活分享视频，展示用户使用拼多多产品的日常生活，让用户更直观地感受拼多多产品的魅力。此外，拼多多还会在抖音上发布娱乐搞笑视频，增强用户的趣味性，让用户在观看短视频的同时，也能了解拼多多的产品和品牌。

（2）利用抖音的热门话题：拼多多会在抖音上利用热门话题进行营销推广。例如，在"双11"购物节期间，拼多多会在抖音上发布大量与"双11"相关的短视频内容，并邀请用户参与"双11"购物活动。此外，拼多多还会在抖音上利用其他热门话题，进行产品推广。

（3）与抖音红人合作：拼多多会与抖音红人合作，进行产品推广。例如，拼多多会邀请抖音红人拍摄产品介绍视频，或者在直播中推广拼多多的产品。通过与抖音红人合作，拼多多可以接触到更广泛的用户，并提升品牌影响力。

（4）利用抖音的广告功能：拼多多会在抖音上投放广告，以吸引更多的用户关注拼多多。拼多多会根据用户的兴趣爱好，在抖音上投放相关的广告。此外，拼多多还会在抖音上投放创意广告，以吸引用户的注意力。

3．效果评估

拼多多会通过以下几个指标来评估在抖音上的营销推广效果。

（1）粉丝数量：拼多多会通过粉丝数量来衡量在抖音上的品牌影响力。

（2）视频播放量：拼多多会通过视频播放量来衡量在抖音上的品牌曝光度。

（3）转化率：拼多多会通过转化率来衡量在抖音上的营销效果。

通过这些指标，拼多多可以不断优化在抖音上的营销推广策略，以达到更好的效果。

4．总结

拼多多在抖音上的营销推广取得了非常好的效果。在短短一年的时间内，拼多多在抖音上的粉丝数就超过了1亿，视频播放量超过了100亿次。拼多多的抖音营销推广也带动了拼多多电商平台的销售额增长，2023年拼多多在抖音上的销售额就超过了10亿元。

拼多多的抖音营销推广案例表明，抖音是一个非常适合年轻人使用的平台，可以通过短视频形式向年轻人展示产品和品牌。通过在抖音上进行营销推广，企业可以提高品牌知名度、增加销售额，并与用户建立更紧密的联系。

（资料来源：https://www.duoduodashi.com/collageDetail/60255，有删改）

[营销方法]

消费者购买行为的7-O模式

消费者购买行为的7-O模式见表3-3。

表3-3 消费者购买行为的7-O模式

消费者市场由谁构成（Who）	购买者（Occupants）
消费者市场购买什么（What）	购买对象（Objects）
消费者市场为何购买（Why）	购买目的（Objectives）
消费者市场的购买活动有谁参与（Whom）	购买组织（Organizations）
消费者市场怎样购买（How）	购买方式（Operations）
消费者市场何时购买（When）	购买时间（Occasions）
消费者市场何地购买（Where）	购买地点（Outlets）

[本章小结]

1. 市场的分类

按购买者的不同和购买的目的不同，可将市场分为消费者市场和组织市场两大类，其中组织市场包括营利性组织市场、非营利性组织市场。

2. 消费者市场

消费者市场又称消费品市场或最终产品市场，它是指个人或家庭为满足自身的生活需要而购买商品和服务所形成的市场。

3. 影响消费者行为的主要因素

影响消费者行为的主要因素有文化因素、社会因素、个人因素、心理因素。

4. 消费者购买行为类型

消费者在购买商品时，会因商品的价格、购买的风险程度不同而使得投入购买的程度不同。目前，主要根据购买者在购买过程中介入程度的高低（即购买的风险程度）和产品品牌间差异的大小（即可供挑选的余地），将消费者的购买行为分为习惯性的购买行为、寻求变化的购买行为、减少失落的购买行为、复杂的购买行为。

5. 消费者购买决策过程

消费者购买决策过程为确认需要、收集信息、产品比较、购买决定、购后感受。

6. 组织市场

组织市场是指为了用于从事再生产、销售、转卖活动或履行职责而购买企业产品或服务的各类组织机构所构成的市场。

按照购买决策的难易程度，可将组织市场购买行为的主要类型分为三种：新购、修正重购和直接重购。

组织市场购买过程阶段的多少取决于购买行为的复杂程度，如在新购这种最复杂的情况下，购买决策过程可分为以下 8 个阶段：认识需要、确认需要、说明需要、挑选供应商、征求建议、选定供应商、正式订货、绩效评价。

重要概念

消费者市场　组织市场　复杂的购买行为　减少失落的购买行为　习惯性的购买行为　寻求变化的购买行为　动机　马斯洛需求层次　亚文化　家庭生命周期　相关群体　知觉与感觉　选择性扭曲　选择性记忆　派生需求

［案例分析］

淘宝直播带货对消费者购买行为影响

随着互联网技术的升级，直播带货成为新潮流。直播带货作为一种新的电商营销模式，具有互动性强、亲和力强和价格低的优势。直播带货的市场规模从 2016 年的 180 亿元增长到 2020 年 1644 亿元，可以看到直播带货的快速发展。直播带货迅速发展的同时，也吸引了国家的重点关注，"双 11"头部主接连翻车，体现了国家对引导淘宝直播带货健康发展的决心。国家多方面、多阶段、多部门对直播带货平台发展做了积极引导，2021 年，国家发展和改革委员会、互联网信息办公室、国家市场监督管理总局等都已加入互联网管制大军中。不光执行了严格的网络监督管制措施，还出台了关于电商直播行业的相关扶持政策来加快发展直播经济，并鼓励企业合作建设直播基地，加强直播人才的培养和培训。越来越多的国家部门加入网络直播的发展监管中，足以看到国家对网络直播发展的重视，也足以看到电商经济的发展势头迅猛。

无论是对直播带货该行业本身的研究，还是对直播带货各种因素的作用机理与影响的研究，或是对直播带货行业的担忧与反思，直播带货行业在近几年都受到了各个行业的多方面关注。其中许多研究是将购买意愿与购买行为分离，直播带货通过对消费者购买意愿产生心理影响，间接影响消费者的购买行为的实际行动。但我们可以发现，消费者的购买意愿本身并不总是与购买行为相一致的，因此本文将消费者的价值感知与购买行为分离，研究直播带货中各种因素对二者的分别影响，从而研究直播带货对消费行为的影响。

我们对收集到的问卷数据进行描述性统计分析，其中男性占比43.0%。女性占比57.0%；年龄在16岁以下、16～25岁、26～35岁、36～45岁、46～60岁、60岁以上的分别占比1.9%、34.1%、44.5%、15.5%、3.4%、0.6%；月收入情况在4001～6000元区间的人占比最多，为20.6%；学历水平为高中及以下、大专、本科、硕士、博士及以上的分别占比5.9%、21.8%、61.5%、8.7%、2.1%；对于平均一个月在淘宝直播间购买商品次数的问题，大约49.1%的人每月购买1～3次；且有41.8%的人不想选择直播购物的原因是不相信直播带货。

结论：

首先，影响直播带货销售情况的因素作用效果。产品本身的功能质量会影响消费者的感知，却并不能显著直接地影响消费者是否购买的行为本身；消费者的购买经验既能影响消费者的感知价值，又能影响消费者的购买行为；主播及其特色服务并不能显著影响消费者的感知价值，而消费者的感知价值，能够正向影响消费者的购买行为。

其次，在诸多影响因素中，显著性最高的则是消费者感知价值对消费者购买行为的影响，其次则是产品本身的功能与质量对消费者的感知价值的影响。最后，直播间提供的特色与服务并不能提高消费者的感知价值；产品特色也不能增加消费者的购买行为。

随着大数据时代的到来，电商＋直播的营销模式越来越成熟，传统电商模式已经逐渐被替代。人们普遍进入视频播放期，通过视频获取新闻资讯；通过视频网上购物；通过视频传播日常行为活动等。这些都说明我们已经进入视频时代，人们不再依靠图片去判断事物。淘宝直播也是顺应潮流的产物，直播的粉丝群体只会越来越庞大，人们的消费欲望也将会越来越强，因此淘宝直播营销的模式存在很大的发展空间。如今，线上营销模式逐渐成熟，很多企业开展线上直播营销，并且带来了大反转。目前，很多企业纷纷走向直播营销，想要在直播营销界立足，淘宝直播就必须开发更多潜在消费者，完善直播体系。

（资料来源：https://www.xdsyzzs.com/shangyeliutong/7953.html，有删改）

思考与分析

1．你认为淘宝直播带货对消费者购买行为影响的因素有哪些？
2．请给出改进淘宝直播带货营销策略的建议。

营销实训

消费者体验分析

【训练目的】加深对消费者购买决策过程和影响因素的理解。

【训练方案】以5～8人的小组为单位，选择某个具体产品，分析消费者的购买决策过程和购买类型，确立企业的营销对策，加深学生对消费者购买决策过程和影响因素的理解。

活动1：分析消费者如何确认产品需要

- 需要产生的内在因素
- 需要产生的外在因素

活动2：分析消费者收集产品信息的途径和方式

- 列举消费者收集信息的途径

活动3：分析不同消费者对同种产品的比较方式

- 男性消费者所关注的产品属性和权重
- 女性消费者所关注的产品属性和权重

活动4：列举消费者购买决定的常见信号

- 列举影响消费者做出购买决策的因素
- 列举消费者做出购买决策的信号

活动5：列举消费者的购后感受和行为

[复习与思考]

1．什么是消费者市场与组织市场？
2．影响消费者购买行为的主要因素有哪些？并说明我国现阶段传统文化有哪些变化趋势？
3．试述消费者购买行为的主要类型及企业营销对策。
4．以你的一次复杂购买经历为例，根据购买决策过程的 5 个阶段，分析你的购买决策过程，并分析其影响因素。
5．试述组织购买行为的主要类型。
6．试述生产者购买行为决策的主要过程。

第四章

竞争者分析

学习指导

学习目标

1. 掌握竞争者分析的基本框架
2. 理解竞争者的识别
3. 了解竞争者的基本分析
4. 了解合作竞争

任务驱动

盒马鲜生与山姆会员店的新零售大战

近年来,国内仓储会员超市发展迅速。2012—2022年中国仓储会员超市行业市场规模始终保持在200亿元以上,2022年同比增长10.1%,市场规模达335.0亿元,预计2024年将达387.8亿元,中国仓储会员超市行业在众多市场参与者的推动下有望获得持续增长。

正是在这持续增长的市场中,山姆会员店和盒马鲜生作为其中的典型代表,近年来双方间的火药味也越来越浓。2023年8月,中国零售市场两大巨头盒马鲜生和山姆会员店之间的商战引起了广泛关注。这场商战不仅展现了两家公司的竞争实力,也反映了中国零售市场的激烈竞争和不断升级的商业战争。

在这场商战中,盒马鲜生和山姆会员店展开了一系列的市场竞争行动。首先,2023年8月11日,盒马鲜生在北京地区正式上线了"移山价",针对山姆会员店的榴梿千层蛋糕展开价格战。活动商品涵盖了蛋糕烘焙、海鲜肉禽、粮油、牛奶饮料、零食等诸多品类。同时,盒马鲜生还通过微博等社交媒体平台宣传自己的价格优势,吸引消费者关注。山姆会员店也不甘示弱,针对盒马鲜生的价格战推出了自己的促销活动,试图保持自己的市场地位。

一方面,作为仓储会员超市的第一批玩家,山姆会员店隶属于世界500强企业沃尔玛旗下,于1996年在深圳开设了全亚洲第一家分店,彼时它还是一个佛系的大叔。这从它慢悠悠的开店数就能看出来。1996年到2016年间,山姆会员店10年间门店的增长数仅为16家,而市场也确实存在一个客观的限制条件。美国人周末驱车十几公里、前往郊区山姆会员店大批量采购的习惯,在当时的中国还没有发育起来。而且它创造的高客单价和会员模式,逛个超市还收门票钱,超出了国人当时的认知。但是,在2016—2019年之间,山姆会员店加快了开店速度,4年开了10家门店。2021年,山姆会员店的全国门店数猛增至36家,2022年新开6家店,2023年又新开5家。

另一方面,是来自以盒马鲜生为代表的中国势力崛起。作为阿里新零售的探路人,盒马鲜生在过去七年没少搞花样,尝试了近十种业态,包括盒马鲜生、盒马X会员店、盒马小站、盒马MINI、盒马集市和盒马邻里等。其中,盒马X会员店对标的就是山姆会员店。虽然门店数上还不及山姆会员店,但盒马X的会员数在2022年初已经达到了200万,为山姆会员店400万会员数的一半。

而盒马鲜生与山姆会员店用户的重合率达到了43.1%,也就是说山姆会员店有近一半的用户也安装了盒马App,山姆App与盒马App的用户高度重合。看似用户可以两家共享,但用户的钱是有限的,这家花多了,另一家就少了。紧迫的局势,让沃尔玛中国总裁及首席执行官朱晓静曾在内部会议中直称,盒马鲜生是沃尔玛旗下山姆会员店在中国的唯一竞争对手。

同时,其客户群体的经济收入也面临重大挑战。虽然周末的山姆会员店和盒马鲜生常常人山人海,但大家常常在社媒上比价。谁家便宜,谁就有了多一分吸引消费者买单的法宝,这才有了榴梿千层蛋糕之争。

这场商战不仅涉及两家公司的市场竞争,也反映了中国零售市场的现状。随着中国经济的不断发展和消费升级,零售市场的竞争也日益激烈。各大零售企业都在通过技术创新、品牌推广、价格战等多种手段来提升自己的市场竞争力。这场商战也为中国零售市场提供了一个精彩的案例，展示了不同企业之间的市场竞争策略和商业智慧。在这场商战中，两家公司也需要遵守市场规则和道德规范，以诚信、公平、透明的方式参与市场竞争。

总之，盒马鲜生和山姆会员店之间的商战是中国零售市场的一个重要事件。这场商战不仅展现了这两家公司的竞争实力，也反映了中国零售市场的激烈竞争和不断升级的商业战争。在这场商战中，两家公司需要遵守市场规则和道德规范，以诚信、公平、透明的方式参与市场竞争，为中国零售市场提供了一个精彩的案例，展示了不同企业之间的市场竞争策略和商业智慧。

思考：目前两家竞争不是求市场共存的态势，而是类似于一种你死我活的零和博弈，请问盒马鲜生和山姆会员店分别为何有如此强烈的危机感？

（资料来源：https://baijiahao.baidu.com/s?id=1777138791058112956&wfr=spider&for=pc，有删改）

党的二十大报告指出要完善产权保护、市场准入、公平竞争、社会信用等市场经济基础制度，优化营商环境。加强反垄断和反不正当竞争，破除地方保护和行政性垄断，依法规范和引导资本健康发展。

竞争是商品经济的基本特性，只要存在商品生产和商品交换，就必然存在竞争。企业在目标市场进行营销活动的过程中，不可避免地会遇到竞争对手的挑战。因为只有一个企业垄断整个目标市场的情况是很少的，即使一个企业已经垄断了整个目标市场，竞争对手仍然有可能想参与进来。因为只要存在着需求向替代品转移的可能性，潜在的竞争对手就会出现。竞争者的营销战略以及营销活动的变化，会直接影响企业的营销。例如，最为明显的是竞争对手的价格、广告宣传、促销手段的变化，新产品的开发，售前售后服务的加强等，都将直接对企业造成威胁。因而企业必须密切注视竞争者的任何细微变化，并做出相应的决策。

第一节 竞争者分析的基本框架

对特定的动态市场的投资决策是任何企业都要面对的问题，因此企业必须了解行业的吸引力。行业吸引力在很大程度上取决于市场竞争的性质和强度，竞争状况是决定行业吸引力的一个重要因素。哈佛大学的迈克尔·波特（Michael Porter）从竞争的角度识别出有五种力量决定了一个市场或细分市场的长期内在吸引力（波特五力分析模型）。这五种力量是细分市场内竞争的激烈程度，进入、退出壁垒，替代产品，购买者的讨价还价能力和供应商的讨价还价能力。竞争状况对行业吸引力的影响主要表现在以下几个方面。

（1）细分市场内竞争的激烈程度。如果某个细分市场已经有了众多的、强大的或者竞争意识强烈的竞争者，那么该细分市场就会失去吸引力。如果该细分市场处于稳定的或者衰退的状态，生产能力大幅度扩大，固定成本过高，撤出市场的壁垒过高，竞争者投资很大，那么情况就会更糟。这些情况常常会导致价格战、广告争夺战、新产品推出战，公司要参与竞争就必须付出高昂的代价。

（2）进入、退出壁垒。某个细分市场的吸引力随其进入、退出的难易程度而有所区别。最有吸引力的细分市场应该是进入的壁垒高、退出的壁垒低。在这样的细分市场里，新的企业很难进入，但经营不善的企业可以安然撤退。如果细分市场进入和退出的壁垒都高，则该细分市场的利润潜力就大，但也往往伴随较大的风险，因为经营不善的企业难以撤退，必须坚持到底。如果细分市场进入和退出的壁垒都较低，企业便可以进退自如，获得的报酬虽然稳定，但不高。最坏的情况是进入细分市场的壁垒较低，而退出的壁垒却很高。于是在经济良好时，大家蜂拥而入，但在经济萧条时，却很难退出，其结果是生产能力过剩，企业收入下降。

（3）替代产品。如果某个细分市场存在替代产品或者潜在的替代产品，那么该细分市场就失去了吸引力。替代产品会限制细分市场内价格和利润的增长。企业应密切注意替代产品的价格趋向。如果替代产品所在行业中的技术有所发展，或者竞争日趋激烈，该细分市场的价格和利润就可能会下降。

（4）购买者的讨价还价能力。如果某个细分市场中购买者的讨价还价能力很强或正在加强，该细分市场就没有吸引力。在这种细分市场中，购买者会设法压低价格，对产品质量和服务提出更多要求，并且使销售商互相斗争，所有这些都会使销售商的利润受到损失。购买者的讨价还价能力加强的原因包括购买者形成组织，该产品在购买者的成本中占较大比重，产品无法实行差别化，顾客的转换成本较低，购买者的利益较低而对价格敏感。销售商为了保护自己，会选择议价能力最弱或者转换销售商能力最弱的购买者。

（5）供应商的讨价还价能力。如果企业的供应商——如原材料和设备供应商等，能够提价或者降低产品和服务的质量，或减少供应数量，那么该企业所在的细分市场就没有吸引力。如果出现以下情况，如供应商集中或有组织、替代产品少、供应产品是重要的投入要素、转换成本高、供应商可以向前实行联合等，那么供应商的讨价还价能力就比较强大。因此，与供应商建立良好关系和开拓多种供应渠道才是企业的防御上策。

营销5.0实战4-1

肯德基VS麦当劳的品牌营销差异

1. 流量VS产品

肯德基在营销上显然已经是个老手，在流量时代，肯德基显得更加得心应手。不仅擅长使用各种流行元素，除了请流量明星进行产品代言外，还频频进行联合跨界，比如之前的《阴阳师》《英雄联盟》主题餐厅，以及与LPL电竞赛事合作的KI上校，都是它迎合年轻人圈层喜好的表现。而社交平台上，肯德基也喜欢用流行语与网友互动，显得年轻化并且接地气。

麦当劳虽然也重视流量，但显然要低调很多，要论最为浩大的一场营销活动，仍是改名为"金拱门"这一事件，但在后来，其董事长称，这其实是一次"无心插柳"的营销。麦当劳在营销上并不像肯德基那样花样多、迎合流行文化，而是更注重将宣传的重心放在产品本身，可以从官方账号的动态和宣传海报看出，产品基本都是"C位"。

2. 年轻化VS格调感

肯德基将营销玩转得非常出色，并且在本土化的进程中很好地与中国的流行趋势融合。它追随着年轻人的脚步，追求年轻化和变化，文案俏皮，频繁使用表情包，将上校老人改成帅大叔，都显示出了肯德基对于年轻市场的迎合。这种年轻化、提升曝光度的方式，的确在营销方面取得了一定的成就。但另一方面，也容易喧宾夺主显得浮夸，在很多时候，噱头往往会掩盖推广的产品，让消费者主次不分陷入困惑，比如LOGO的更新就引发了一些争议。

麦当劳虽然在营销上远不及肯德基"会玩"，但也形成了一种独特的风格。在产品的推广和宣传的设计上，麦当劳更加"走心"，也更为保守和稳健，并且经常会营造出一定的设计感和格调感。比如，麦当劳曾经推出过一组以"Rain"为主题的平面海报，请来专门的摄影师拍摄，选取浪漫的法国街景，经过后期处理呈现出雨中法国的场景，富有情调，并且以嵌入情景的手法让消费者产生消费联想。诸如这样的海报设计并不是一例，麦当劳还推出过同样具有艺术气息的霓虹灯和深夜灯光的系列海报，从审美和精神的层面感染消费者。可见，麦当劳保持着一份格调，并给消费者一种更为"高端"的感觉。

3. 线上营销 VS 营销生态

一方面，肯德基利用线上电子渠道保持品牌热度。

肯德基一手制造的"疯狂星期四"可以说是段子界的天花板，营销界的"泥石流"。梗营销其实是如今十分常见的营销手段。只是互联网的热点潮流更迭很快，通常对于大部分梗来说，它的周期往往很短的，长则一周，短则一天。然而肯德基"疯狂星期四"一梗却有着十分顽强的生命力。"疯狂星期四"一梗于2021年就已创立。直到如今，每隔一段时间都会有肯德基疯狂星期四有关的梗和段子出来收割一波关注度，并且文案内容"七十二变"，套路无穷，百读不厌，常读常新。

总的来说，肯德基"疯狂星期四"的热梗，正是抓住了广大消费者的情绪痛点，当消费者面临源源不断的生活压力时，帮他们去宣泄。在此过程中。让广大消费者从被动玩梗，到主动去创造梗，再到去传播梗，极大延长了梗本身的生命周期。肯德基凭借着在中国店铺数量的绝对优势，在2022年6月份左右，拥有3.3亿名会员，会员销售占整体销售额的62%，数字订单收入占比87%。

另一方面，麦当劳对线上营销生态的精心谋划。

2018年，麦当劳在"i麦当劳"小程序推出线上点餐服务，10个月日活用户突破20万，随后陆续上线"i麦当劳甜品站""i麦乐送"等9款小程序。到了2022年6月份，根据媒体资料显示，麦当劳中国总会员超过2亿，有接近4.5万个社群，社群中92%都是会员。在麦当劳所有订单中，数字化点单比例超过85%，其中小程序占到80%。

对于每一个走进麦当劳消费的顾客，应该都会对麦当劳店员循循善诱的引导话术印象深刻，告诉你只要扫码进行下单，就能不用排队随意点餐，对方会紧接着强调只要线上下单，就可以免费领取优惠券，或者一份"麦辣鸡翅"，目之所及全都是二维码，自然就打开了微信的扫一扫。下单完成后，平台会自动跳转到取餐码页面，显示下单餐厅微信社群的二维码，"会员日福利抢先领""福利官每日实力跪粉"等话术会诱惑你加入会员社群，进群之后，你会发现麦当劳有很多的促销活动和优惠券，而这些都会通过小程序来实现闭环。

无论是作为普通会员增加消费频率，还是被更多的优惠引导成为付费会员，都可以算作私域运营的成功，只要你进入到这个庞大的私域流量池中，就已经被数字化营销的边界所囊括，而这里面产生的数据，又将优化麦当劳后续营销的精准度，推动这个营销生态进行螺旋式上升。

4. 中餐 VS 西餐

肯德基和麦当劳在中国营销的疯狂发力，背后却是难以阻挡的市场下滑。

2022年7月底，麦当劳和百盛中国相继发布了二季度财报，前者净利润下滑56%，后者净利润下滑46%。百胜中国旗下超九成的营收来自肯德基和必胜客，其中，肯德基

> 占七成，必胜客仅占两成。根据财报，麦当劳、肯德基在中国市场的同店销售额都出现了负增长，市场份额不断被挤压。
>
> 近年来，中式快餐品牌不断崛起，肯德基和麦当劳正在深耕的下沉市场，也将直面中式快餐品牌的竞争。另外，预制菜在另一个战场掀起了"吃饭革命"，其对于供应链的升级，让洋快餐最后的工业化和标准化优势都不复存在。为了拓展市场，肯德基和麦当劳也分别在奶茶和咖啡赛道上进行了发力，肯德基在苏州开设了爷爷自在茶，麦当劳餐厅单独开设了麦咖啡柜台。
>
> **5. 未来展望**
>
> 进入中国市场30年，肯德基和麦当劳也不可避免陷入了"中年危机"，伴随着中国消费市场的一日千里，他们当初的洋气和高级早已是明日黄花，二者如今在营销上的不断加码，也是在谋求品牌年轻化的过程，不断证明自己依然还很懂当下的年轻人。
>
> 可能今年肯德基靠着"疯四文学"与"可达鸭效应"营销声量猛增，但保不齐明年麦当劳就继续找到"猫盒热潮"反将一军，年轻人总是在追求新鲜感，但是新鲜感结束后，还能有多少真正走进店里去消费？
>
> （资料来源：https://www.yoyi.com.cn/news/post/20164.html，有删改）

波特五力分析模型的前3种力量是指明确的竞争者。很清楚的是，竞争不仅普遍存在而且激烈。随着世界经济发展的一体化，企业的竞争对手已扩展至全球，如为了使竞争更加有效，欧盟撤除了欧洲国家间的贸易壁垒；与此同时，北美自由贸易区也在撤除美国、加拿大和墨西哥间的贸易壁垒。这些长期的发展趋势可以解释当前为什么有那么多关于"营销战争""竞争情报系统"等的热门话题。市场的竞争是如此激烈，企业只了解顾客是不行的，企业还必须十分注意它们的竞争对手，就像注意它们的目标顾客一样。成功的企业往往都拥有一个能连续收集竞争者信息的情报系统。一个企业必须经常将它的产品、价格、渠道和促销与其接近的竞争对手进行比较。用这种方法，企业就能确定竞争者的优势与劣势地位，从而使企业能发动更为准确的进攻以及在受到竞争者攻击时能进行较强的防卫。

第二节 识别竞争者

"谁是竞争者？"这是企业首先必须弄清楚的问题。营销理论提供了不同的观念来帮助企业识别竞争者。这里，可以通过行业竞争观念与市场竞争观念去达到识别竞争者的目的。

一、行业竞争观念与竞争者识别

行业的定义常常为一组提供同一种产品或相互可以彼此完全替代的一类产品的企业，如我们常谈论汽车行业、石油行业、医药行业等。经济学家将完全替代品定义为具有高度的需求交叉弹性的产品。如果某种产品的价格上升，引起另一种产品的需求上升，则两种产品完全可替代。例如，韩国汽车价格上升，人们转而购买马来西亚的汽车，这两种产品就完全可替代。

经济学家绘制了一个如图4-1所示的框架以了解行业的动态。从本质上讲，分析始于对行业需求与供给基本条件的了解。这些基本条件将影响行业结构，行业结构又会进一步影响行业行为，如产品开发、定价和广告战略，而行业行为又最终确定了行业绩效，如行业的效率、技术进步、盈利能力和就业。

这里我们将集中分析决定行业结构的主要因素。

1. 销售商数量及产品差异程度

描述一个行业的出发点就是要确定有多少销售商在销售同类产品以及产品是否是同质的或是高度差异的。在不同的行业市场中，销售商的数目及其产品的差异性呈现出不同的特点。

（1）完全竞争。完全竞争的行业是由许多提供相同产品或服务的公司所构成的。因为各销售商提供的产品没有差别，所以各竞争者的价格将是相同的。在这种情况下，销售商要获得不同的利润率，只有通过低成本生产或分销来实现。

（2）垄断竞争。垄断竞争的行业由许多能从整体上或部分地区别它们所提供的产品或服务并使其具有特色的公司（如餐厅、美容院等）所组成。在这样的行业竞争市场中，竞争者的数目较多，其中许多竞争者趋向提供与其他竞争对手存在差异的产品，从而能够更好地满足某些细分市场的顾客需要，并索取产品溢价。

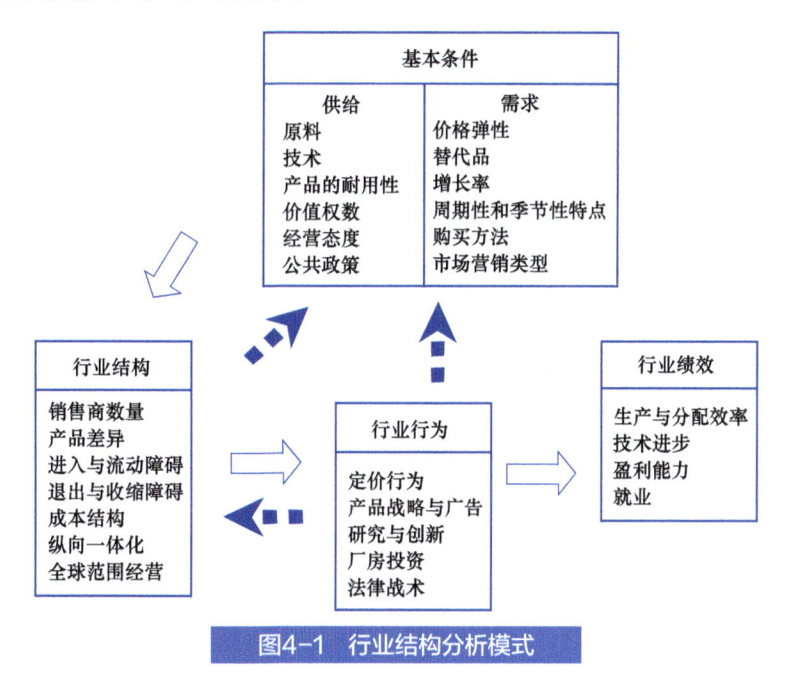

图4-1　行业结构分析模式

（3）寡头垄断。在垄断行业中，少数几个大企业生产从高度差别化到标准化的系统产品。在寡头垄断市场中，厂商的数目很少，因此每个厂商的竞争实力都非常强，如果各厂商提供的产品没有差异（如石油、钢材等），则各竞争者往往在服务与成本上寻求竞争优势；如果各厂商提供的是有差别的产品（如汽车、相机等），则各厂商力求在质量、特性、款式或者服务等方面与竞争者拉开差距，并以此吸引顾客偏爱该属性从而为该属性索取产品溢价。

（4）完全垄断。完全垄断存在于只有一个厂商在某国或某一地区提供一定的产品或服务。该厂商的独家垄断可能是由规章法令、专利权、许可证、规模经济或其他因素造成的结果。由于缺少相关替代品，一个追求最大利润的大胆的垄断者会抬高价格，少做或不做广告，并提供最低限度的服务，因为在没有相关替代品的情况下，顾主别无选择，只得购买其产品。

行业的竞争结构会随着时间的推移而变化。我们不妨来研讨一下索尼公司发明随身听的例子。索尼公司开始是完全垄断，但很快有少数几家公司进入该市场，该行业就转化为寡头垄断。随着更多的竞争者提供各种型号的随身听，行业结构进入垄断竞争。当需求的增长慢慢下降时，某些竞争者退出该行业，市场又转变为一种寡头垄断。

2. 进入与流动障碍

各个行业是否容易进入的差别很大，如开设一家新餐馆比较容易，但是进入汽车行业就相当困难。主要的进入障碍包括对资本的要求、规模经济、专利和许可证条件、场地、原料或分销商、信誉条件等。其中一些障碍是某些行业所固有的，而另一些障碍则是那些负有责任的企业采取了单独的或联合行动所设置的。尽管一家企业进入了一个行业，当它要进入行业中某些更具吸引力的细分市场时，可能还会面临流动障碍。

3. 退出与收缩障碍

最理想的情况是企业能随意离开在利润上对它无吸引力的行业，但实际上它们也面临着退出障碍。退出障碍包括对顾客、债权人或雇员的法律和道义上的义务，由过分专业化或设备技术陈旧引起的资产利用价值低，缺少可供选择的机会，高度的纵向一体化，感情障碍等。许多企业只要能赚回可变成本和部分或全部的固定成本，就会在一个行业里继续经营下去。然而，它们的存在削减了大家的利润。因此，减少其他企业的退出障碍是符合意欲继续留在该行业里的企业的利益的。为此，它们可以主动买下竞争者的资产，满足顾客义务等。即使某些企业不能退出，也可劝说它们缩小规模。当然，也有部分企业努力减少收缩障碍，以使苦恼的竞争者得到小小的安慰。两种最常见的收缩障碍是合同约定和顽固的管理限制。

4. 成本结构

每个行业都有驱动其战略行为的一定的成本组合。例如，轧钢厂需要较高的制造和原材料成本，而玩具制造厂需要分配和营销成本。企业将把最大的注意力放在它们的最大成本上，并从战略上来减少这些成本。因此，拥有现代化工厂的钢铁公司比其他钢铁公司有更多的优势。

5. 纵向一体化的程度

在某些行业，公司发现后向或前向一体化（纵向一体化）是很有利的。一个好的实例是石油行业，主要的石油生产者进行石油勘探、石油钻井、石油提炼，并把化工生产作为他们经营业务的一部分。纵向一体化常常可以降低成本并能更好地控制增值流。另外，这些企业还能在它们所经营业务的各个细分市场中控制其价格和成本，在税收最低处获取利润。然而，纵向一体化也有某些缺点。例如，在价值链的部分环节和缺少灵活性的情况下，它的维持成本高。

企业可以依据以上因素对自己所处行业的结构特点进行分析，并由此识别企业的竞争对手。

6. 全球范围经营的程度

一些行业的地方性非常强，而另一些行业则是全球性的，如石油、飞机发动机、手机。全球性行业的公司，如果想要实现规模经济和赶上最先进的技术，就需要开展以全球市场为基础的竞争。

二、市场竞争观念与竞争者识别

一个企业识别竞争者似乎是一项简单的工作。比如可口可乐知道百事可乐是其主要竞争者，索尼知道松下是它的主要竞争者。然而，企业实际的和潜在的竞争者是广泛的。一个企业更可能被新出现的对手或新技术打败，而非当前的竞争者。例如，平板电脑作为衔接智能手机和笔记本电脑、台式电脑的中间产品，形成了相对独有的应用场景。在经历了前期的高速增长后，由于性能和功能限制，以及来自大屏幕智能手机的竞争压力，全球平板电脑市场趋于饱和。

根据市场竞争观念，我们可以把企业及其竞争对手看作一些力求满足相同顾客需要或服务的企业。这样，我们可以区分以下 4 种层次的竞争者。

1．品牌竞争者

当其他公司以相似的价格向相同的顾客提供类似产品与服务时，企业将其视为竞争者。例如，2023 年第二季度，中国个人电脑市场中，联想凭借 36% 的市场份额继续保持第一。其次分别为惠普、华为、戴尔、苹果，占比分别为 10%、9%、8%、7%。

2．行业竞争者

企业可把制造同样或同类产品的企业都广义地视作竞争者。例如，在轻薄便携和智能化方面，各大笔记本电脑厂商的竞争也非常激烈。为了获得更高的市场份额，厂商们通过提高产品的性能来吸引消费者。例如，采用先进的 CPU 和 GPU，提高内存和存储容量等。

3．形式竞争者

企业可以更广泛地把所有制造能提供相同服务的产品的企业都作为竞争者。例如，目前，全球个人电脑市场的主要厂商有联想、惠普、戴尔、苹果、华硕等，而全球智能手机市场的主要厂商有三星、华为、苹果、小米、OPPO 等。这些厂商之间的竞争非常激烈，不断推出新品，提升性能，降低成本，吸引消费者。

4．一般竞争者

企业还可进一步更广泛地把所有服务于同一顾客群的人都看作竞争者。例如，随着以移动互联网、物联网、云计算、大数据等为代表的新一代信息通信技术的迅猛发展，作为应用平台及终端的智能手机、平板电脑、可穿戴电子设备等消费类电子产品和智能家居产品的市场需求持续增长，智能终端出货量不断攀升。

市场竞争观念开阔了企业的视野，使其看到还存在着更多的、实际的和潜在的竞争者，并激励其制订更长远的战略性规划。

第三节　竞争者的基本分析

一、分析竞争者的战略与目标

1．分析竞争者的战略

企业最直接的竞争者是那些为相同的目标市场推行相同战略的人。一个战略群体就是在一个特定行业中推行相同战略的一组企业。在多数行业中，竞争者可以区分为几个实施不同战略的群体。这些群体之间的战略差别通常表现在目标市场、产品档次、性能、技术水平、价格以及销售范围等方面。一个企业需要辨别、评估它所处的竞争战略群体，这是其最具威胁的对手所在群体；同时，也必须关注其他群体，因为竞争战略群体之间也存在着竞争、对抗。首先，某些战略群体所吸引的顾客群相互之间可能有所交叉；其次，顾客可能看不出不同群体的供应品有多少差异；再次，各个群体组别可能都想扩大自己的市场范围，特别是在规模和实力相当以及在各群体之间流动障碍较小的情况时，更是如此。

一个企业必须不断地观测竞争者的战略，因为战略决定着竞争者的基本经营方向与性质。富有活力的竞争者将随着时间的推移而修订其战略。例如，2023年上半年，手机市场迎来复苏，同环比来看，销量销额纷纷上涨，而数码市场中，各个热门品类表现不一。微单相机及智能手表同比上年呈现增长态势，而笔记本电脑市场则出现下滑。很清楚的是，企业必须关注顾客需求的变化和竞争者的战略变化，以满足这些新出现的需求。

2. 分析竞争者的目标

在辨别了主要竞争者及他们的战略后，我们必须继续追问：每个竞争者在市场上追求什么？每个竞争者的行为推动力是什么？

我们先提出一个有用的假设，竞争者都将尽量争取最大的利润。当然，在这个问题上，企业对于长期与短期的利润的重视程度会有所不同。此外，有些企业的思想是围绕"满足"而不是最大化而改变的——它们建立目标利润指标，只要这些目标能够达到，它们便感到满足了。即使通过其他战略和努力会产生更多的利润，它们也不再行动了。另一个假设是每一个竞争者都有其目标组合：目前的获利可能性、市场份额增长、现金流量、技术领先和服务领先等。了解了竞争者的加权目标组合，我们便可了解竞争者对其目前的财务状况是否感到满意，它对各种类型的竞争性攻击会做出何种反应等。例如，一个追求低成本领先的竞争者对于其竞争者在制造过程实现的技术突破所做出的反应远比同一位竞争者增加广告预算所做出的反应要强烈得多。

二、评估竞争者的实力和反应

1. 评估竞争者的优势与劣势

各种竞争者能否执行他们的战略和达到其目标，取决于每个竞争者的资源和能力。企业需要评估每个竞争者的优势与劣势。通常可以通过以下步骤来完成相应的评估工作。

（1）了解竞争者的基本情况。一个企业应收集每个竞争者业务上的最近的关键数据，包括销量、市场占有率、心理占有率、情感占有率、毛利、投资报酬率、现金流量、新投资、设备能力利用等内容。其中，"心理占有率"是指在回答"本行业中你最先想到的企业"这一问题时选择竞争者的顾客占总顾客的比重。"情感占有率"则是指在回答"本行业中你最喜欢的企业"这一问题时选择竞争者的顾客占总顾客的比重。较高的心理占有率及情感占有率可以支持企业取得良好的市场表现。企业通过上述关键数据的收集与分析，可了解竞争者的基本情况。实际上，有些信息的收集是很困难的。例如，经营工业品的企业，就经常缺少为这个行业服务的综合性资料。

相关链接4-1

如何收集竞争对手信息

面对激烈的市场竞争环境，通常来说企业如若能针对性地了解同行业竞争对手，不仅能收集整理竞争者信息，建立竞争对手档案库，还能有效分析竞争对手将会有什么动作、企业应该采取哪些对策，从而为赢得和保持竞争优势提供决策支持。

首先，确定调研目标，即企业希望通过竞争对手调研得到什么样的信息，以及这些信息将如何支持企业的战略规划和决策。例如，企业可能想要了解竞争对手的产品特性、价格策略、市场份额、营销渠道、客户满意度、创新能力等方面的信息，以便评估自身在市场上的相对优劣势，找出差距和机会，制定相应的产品开发、定价、促销、渠道、服务等策略。

其次，确定调研范围，也就是企业需要关注哪些市场领域和地域范围内的竞争对手。这取决于企业的业务范围、目标市场和发展战略。例如，如果企业是一家全球性的跨国公司，那么它可能需要关注全球各个主要市场和地区的竞争对手；如果企业是一家国内性的中小型企业，那么它可能只需要关注国内或者某个区域内的竞争对手。

最后，收集竞争对手的信息。按照收集信息的渠道和方式，分为以下两大类：一手信息：指企业直接从竞争对手或者市场上获取的原始信息，例如竞争对手的官方网站、年报、新闻发布、产品介绍、广告宣传、客户反馈等。二手信息：指企业间接从第三方机构或者个人获取的加工或者汇总信息，例如行业协会、政府部门、媒体机构、研究机构、专家学者、行业人士等提供的行业报告、市场调查、专题研究、专家评论等。

按照收集信息具体的形式，可以分为文献法和非文献法。

一、文献法

（1）竞争对手企业本身：如产品说明书、产品报价单、企业简介、企业刊物、企业年报、企业领导讲话、投稿、对企业面访等。

（2）行业组织：行业协会出版物、评比公报、统计报告、行业协会、行业专家调研、行业信息中心的资料及研究报告等。

（3）相关政府机构：如工商企业注册登记通告、上市公司业绩报告、工业标准档案、政府统计报告等。

（4）专业的中介机构：委托其进行调查的报告。

（5）社会媒介：这就包括但不限于网络、书报、杂志、展销会、广告、专利及各种数据库等。

（6）商业渠道：包括销售统计资料、用户调查反馈意见等。

二、非文献法

1. 直接搜集方法

（1）出席竞争对手举办或参加的各种公开活动，如展览会、鉴定会、交流会、新闻发布会等。

（2）参观访问对手的生产经营场所。

（3）在合作中获取情报。

（4）通过对方员工获取情报，可分为和对方员工进行交流获取情报和直接聘用竞争对手"跳槽"的员工获取情报两种。

> 2．间接搜集方法
> （1）如搜索引擎、社交媒体搜索、新闻网站的站内搜索等。
> （2）通过第三方获取情报，如银行、广告公司、经销商、代理商、供应商、上级主管部门等。
> （3）利用废弃物获取情报。
> （4）市场调查：观察法、访谈法、抽样调查法、问卷调查法、实验调查法和互联网问卷调查。
> （5）情报网络搜集。
> （6）委托咨询机构搜集。
> 竞争对手调研是一项重要的战略工具，可以帮助企业了解市场环境、竞争态势、自身优劣势和潜在机会，从而制定有效的战略和行动。竞争对手调研的基本步骤和方法包括确定调研目标、范围和对象，收集、整理和分析竞争对手的信息，利用竞争对手的信息制定有效的战略和行动。
>
> （资料来源：https://baijiahao.baidu.com/s?id=1780724034082526557&wfr=spider&for=pc，有删改）

（2）分析评价。企业可以根据所得资料综合分析竞争者的优势与劣势。在实际操作中，企业可以通过第二手资料、个人经历或传闻来了解有关竞争者的优势和劣势，同时，也可以通过向顾客、供应商和中间商进行第一手营销调研来增加对竞争者的了解。

所有这些资源信息及相关分析、评估可以帮助企业对向谁挑战做出决策。对于与竞争者相比而发现的企业的劣势，可以针对最成功的竞争者开展定点赶超。在寻找竞争者的劣势时，企业还应设法辨认竞争者为其业务和市场所做的假想有哪些已经不能成立。如果我们知道竞争者已经在按照一个严重错误的设想来经营，我们就可以超过它。所谓的定点赶超，是以找出的竞争者在管理和营销方面的最好做法为基准，加以模仿、组合和改进，力争超过竞争者的过程。企业通过有效的定点赶超，可以和竞争者做得一样好，从而改变自己的竞争劣势。

2．竞争者的反应模式

单凭对竞争者的竞争战略与目标以及竞争优劣势的分析，还不足以解释其可能采取的行动和对诸如降价、加强促销或推出新产品等企业举动的反应。此外，各个竞争者都有一定的经营哲学、某些内在的文化和某些起主导作用的信念对其可能的竞争行为有深刻的影响。因此，我们要深入了解某一竞争对手的心理状态，以求预见面对竞争时竞争者可能做出的反应。

理论上认为，竞争者在竞争中常见的一些反应类型如下。

（1）从容型竞争者。这一类型的竞争者对某一特定竞争者的行动没有迅速反应或反应不强烈。对竞争者缺少反应的原因是多方面的：①他们可能感到其顾客是忠于他们的；②对竞争者的主动行动反应迟钝；③可能没有做出反应所需要的资金。

（2）选择型竞争者。这一类型的竞争者可能只对某些类型的攻击做出反应，而对其他类型的攻击则无动于衷。例如，当竞争对手同时采用了降价销售以及加大广告宣传的营销策略时，只对降价策略做出针锋相对的还击，而对广告宣传攻势的加强不做反应。

（3）凶暴型竞争者。这类竞争者对向其所拥有的领域发起的任何进攻都会做出迅速、强烈的反应，以警告其竞争对手最好停止任何攻击。

（4）随机型竞争者。有些竞争者并不表露可预知的反应模式。这一类型的竞争者在任何特定情况下可能会也可能不会做出反击，而且无论根据其经济、历史或其他方面的情况，都无法预见竞争者会做什么反应。许多小公司都是随机型竞争者。

三、选择竞争者

在获知良好的竞争情况以后,企业就可以很容易地制订其竞争战略。他们将更好地意识到市场上可与谁进行有效的竞争。一般来说,企业面临三种类型的选择:强与弱、远与近以及好与坏。

1. 强与弱

强与弱即在弱竞争者与强竞争者之间选择。大多数企业喜欢把目标瞄准弱竞争者,所谓"大鱼吃小鱼"。这样的选择取得市场份额的每个百分点所需的资金和时间较少,比较容易取得竞争优势地位。但是,这样选择的结果是企业在能力方面也许毫无进展。企业也可以选择与强有力的竞争者竞争,因为通过与他们竞争,企业不得不努力提升目前的竞争实力与水平。再者,即使强有力的竞争者也有某些劣势,与强有力的竞争者竞争可能取得更大的市场回报。

2. 远与近

远与近即在近竞争者与远竞争者之间选择。大多数企业会与那些与其极度类似的竞争者竞争。例如,华为手机和苹果手机竞争而不是与摩托罗拉竞争。同时,企业应避免"摧毁"邻近的竞争者,否则,企业可能得到的结果是,虽然损害了其最近的敌手并取得了成功,但却引来了更难对付的更具实力的竞争者。波特曾经举了一个令人哭笑不得的"胜利"的例子:鲍希和隆巴公司曾积极同其他软性隐形眼镜生产商对抗并且取得了极大的成功,但是失败的对手们纷纷将其资产卖给露华浓、强生等较大的公司——鲍希和隆巴公司的"胜利"引来了"深海鲨鱼"。

3. 好与坏

好与坏即在所谓的"良性"与"恶性"竞争之间选择。波特认为每个行业都包含"良性"和"恶性"竞争者。一个企业应明智地支持好的竞争者,攻击坏的竞争者。良性竞争者有一些特点:遵守行业规则;对行业的增长潜力所提出的设想切合实际;依照与成本的合理关系来定价;喜爱健全的行业;把自己限制于行业的某一部分或细分市场里;推动他人降低成本,提高差异化;接受为它们的市场份额和利润所规定的大致界限。另一方面,恶性竞争者则违反规则:它们企图花钱购买而不是靠自己努力去赢得市场份额,它们敢于冒大风险,它们的生产能力过剩但仍继续投资。总的来说,"坏的"企业打破了行业的平衡。在一个行业中,"好的"企业应尽力促成只有由良性的竞争者所组成的行业。它们通过谨慎的许可证贸易、有选择的报复行动和联合来塑造一个行业。因此,竞争者并不谋求互相倾轧,也不胡作非为。它们遵守规则,各自有些差别。它们力求挣得而不是购得市场份额。企业从良性竞争者处可得百利而无一害。良性竞争者的存在给予企业的战略利益有增加总需求,导致更多差别,为效率较低的生产者提供了成本保护伞,分享市场开发成本和给一项新技术予合法地位,增强与劳工或管理部门讨价还价的能力,可以服务于吸引力不大的细分市场。

> **营销5.0实战4-2**
>
> **欧莱雅的五力模型分析**
>
> **1. 潜在进入者**
>
> 随着中国服务业逐渐对外开放,化妆品和护肤品关税适当降低,越来越多的外国品牌进入中国。例如,欧美许多护肤化妆品品牌通过直销渠道划分市场。与此同时,日本和韩国的许多品牌计划通过大量的营销投入通过直接销售进入中国市场。近年来,中国

本土化妆品品牌快速崛起，如完美日记、花西子等。这些品牌在研发、品牌知名度和营销等方面都取得了长足的进步，对欧莱雅的潜在威胁日益增大。印度的化妆品市场近年来也呈现快速增长态势。印度本土化妆品品牌如 Nykaa、Sugar Cosmetics 等，正在不断扩大市场份额。一些新兴的化妆品品牌，如 The Ordinary、Glossier 等，利用科技优势，推出了具有竞争力的新产品，受到了消费者的欢迎。因此，未来欧莱雅将面对众多潜在竞争对手。

2．竞争对手分析

欧莱雅在全球范围内拥有众多竞争对手，包括宝洁旗下的 SK-II、资生堂、雅诗兰黛和兰蔻等。这些竞争对手的品牌知名度不亚于欧莱雅，并且拥有不同的产品线、零售渠道、价格策略和市场营销战略，可直接对欧莱雅构成直接的威胁。因此，欧莱雅需要不断加强自己的创新能力和市场营销策略，持续提高产品品质和用户体验。总之，化妆品行业的高利润吸引了众多竞争对手，使得竞争加剧和市场饱和。竞争方法主要是差异化的，低价产品策略的使用较少。

3．购买者议价能力

个人消费者形成整个护肤化妆品市场。年龄和收入是消费者选择护肤品的重要依据。根据这两个变量，护肤品市场可以分为高、中、低三部分，其中高端市场主要是高价位的国外产品，消费者主要是高收入的中老年女性，比如欧莱雅找来 69 岁的明星 Susan Sarandon 担任其代言人，强调美不但充满个性，而且没有年龄限制，美丽是永恒的。中端市场的主要产品是价格相对较高的合资产品，消费群体集中在低收入和中等收入的女性身上；低收入或无收入的女性（学生）构成低端市场。

相对于卖方的销售量，采购是小批量进行的，买方缺乏谈判价格的力量。差异化的品牌使客户无法客观地比较各种产品，并客观地选择最具价值的产品。为打造更加个性化的数字化体验，欧莱雅中国与腾讯合作，在旗下品牌阿玛尼的微信小程序上推出 AR 试妆。消费者在虚拟化妆后，可以即可从阿玛尼小程序中的购物页面下单。由于这也是一个时尚行业，大多数消费者购买的产品非常冲动或受到其他人的影响。

因此，欧莱雅需要保持市场活力，维护现有消费者，明确市场定位，找准与其他品牌的差异，将更多的自由消费者转化为自己的忠诚消费者。简而言之，行业内客户谈判价格的能力相对较小，欧莱雅可以在建立品牌优势的同时继续发展新客户。比如欧莱雅男士成为《英雄联盟》全球总决赛中国区特约合作伙伴，与中国唯一英雄联盟世界冠军 Team We 携手同行，超过 4 个品类跨界参与合作，创下超过 15 亿的节目观看人次，最高跨品类渗透增长超过 20 倍。

4．供应商的议价能力

由于化妆品产业链的护肤品价值创造价值的核心在于制造企业和分销渠道，因此供应商通常处于下属地位。世界上几家大型原材料供应商，他们都使用相同的原材料，只是基于不同的产品定位，相对昂贵的原材料的内容略有不同。由于大型护肤公司有严格的成本控制，因此他们只会将一小部分资金用于产品开发成本，而真正反映差距的是市场营销。

中国市场本土供应商刚刚在全球舞台上崛起。然而，中国五大原料产品市场的领先供应商已在跨国公司行列。成品制造商正在利用中国本土供应商带来的低成本优势，向跨国公司的原材料供应商施加价格压力。为了保护其市场份额，跨国公司需要关注创新，并在知识产权领域保持坚实的地位。对于欧莱雅而言，由于其在全球建立了分销点，因此能够在全球大规模采购原材料，充分发挥其规模经济的优势。同时，通过整合采购渠道，还可以进一步降低原材料成本，使其少受到供应商谈判价格的能力的影响。

5．替代产品的威胁

美容服务行业提供的服务可以认为是护肤品的替代产品。例如，这个城市有越来越多的美容院，在这些服务机构中消费的客户享受个性化的服务，以便客户获得更多的体验。这些对现有的欧莱雅渠道产品构成威胁。但是，这些威胁也只存在于高端产品市场。欧莱雅很早就注意到新兴服务行业对产品构成的威胁，它充分利用各种销售渠道，并允许其进入各种美容院。如今，大城市的许多景点已成为欧莱雅产品的独家销售点。欧莱雅同时在这些美容场所推广其产品，这对品牌形象的提升有很好的效果。欧莱雅不抗拒替代服务，而是通过整合替代产品来发展自身。

（资料来源：https://zhuanlan.zhihu.com/p/266829615，有删改）

第四节　企业市场竞争策略

竞争策略是指企业依据自己在行业中所处的地位，为实现竞争战略和适应竞争形势而采用的各种具体行动方式。

一、不同地位企业的竞争策略

市场上处于不同地位的企业所采取的竞争策略及具体措施各不相同，详见表4-1。

表4-1　不同地位企业的竞争策略

企业类型	竞争策略	具体措施
市场领导者	1．扩大市场需求量，以获取更多的收益	（1）吸引新的使用者 （2）开发新用途 （3）提高使用率
	2．维护现有市场占有率，以抵御挑战者的争夺	（1）创新。在产品、技术、服务等方面不断创新，以保持领导者的地位 （2）防御。保持原有产品或强势产品的市场占有率，不给主要竞争者留下可乘之机 （3）正面对抗。对竞争者的挑战及时做出反应
	3．扩大现有市场份额，但要考虑成本效益	（1）增加新产品 （2）提高产品质量 （3）增加开拓市场的费用

（续）

企业类型	竞争策略	具体措施
市场挑战者	攻击市场领导者、攻击同类型但表现欠佳的企业，攻击比自己弱小的企业，以期扩展市场份额，取代领导者	（1）正面攻击。进攻竞争对手的强项 （2）侧翼攻击。进攻对手的弱项（如相对薄弱的地区、细分市场） （3）包围进攻。全面攻击对手的市场 （4）迂回进攻。避开竞争者的现有领域，发展多样化的不相关产品，或开发新市场，或研究新技术代替现有产品 （5）游击进攻。以小规模、间断性的攻击骚扰对手，以找寻永久的立足点，最适合小企业
市场追随者	1. 紧密跟随	尽可能地在各个细分市场及营销策略方面模仿领导者
	2. 距离跟随	仅在主要市场和主要营销策略方面追随领导者
	3. 选择跟随	根据自己的情况，在某些方面紧跟领导者，以明显地获取好处，而在某些方面又自行其是
市场补缺者	专业化营销	（1）用户专业化，如航空食品公司 （2）产品特色专业化，如动漫商店 （3）客户订单专业化，按订单为客户定制产品 （4）地理区域专业化

二、合作竞争新思维

1. 合作竞争的含义

合作竞争，就是使拥有不同优势的企业在竞争的同时也注重彼此之间的合作，通过优势互补，共同创造一块更大的蛋糕，营造更持久有力的竞争优势，同时实现"双赢"或"群赢"。当然，从竞争到合作，同样是优胜劣汰的过程，因为谁能在竞争中通过最佳方式获得最佳合作伙伴，从而最大限度地增强自己的竞争力，谁才是市场最后的胜利者。

传统意义上的竞争，往往是争抢同一块蛋糕，这种你死我活的输赢之争，不仅使企业外部竞争环境恶化，而且会使企业错失许多良机。如今在网络经济时代，经济一体化的发展和全球竞争的加剧，使得企业很难仅靠自身的力量抗击来自全球范围内规模不一、实力不等的竞争者。同时，现代社会科学技术飞速发展，信息传播加快，产品的寿命周期不断缩短，顾客的需求日趋个性化、多样化，企业也将很难仅依靠自身的力量来维持长久的竞争优势。因而必须与其他企业紧密合作，使不同企业间的资本、人才、技术以及信息资源得以有效、灵活地组合，以充分利用市场机会，通过双赢策略在合作竞争中创造更大的利润空间。

比如迪士尼与优衣库的合作是一个典型的品牌与动漫类IP的联名营销案例。迪士尼作为全球知名的动漫品牌，拥有众多经典角色和故事，具有强大的影响力和粉丝基础。而优衣库作为一家时尚快消品牌，以简约、舒适的设计风格受到越来越多年轻人的喜爱。双方合作推出的联名款服装，将迪士尼的经典角色与优衣库的时尚品牌形象相结合，创造了一系列受欢迎的产品。这种联名营销的优势在于双方品牌的互补性。迪士尼的知名IP可以吸引更多的年轻消费者，而优衣库的品牌形象可以增加迪士尼产品的时尚感和潮流属性。通过联名合作，双方可以共享品牌影响力和用户群体，实现互利共赢的效果。

可以说,时代的发展,已使单枪匹马的孤胆英雄时代成为了历史。竞争已不再是单个企业之间的较量,以合作竞争取代个体对抗将是时代发展的重要趋势。

相关链接4-2

喜茶与FENDI联名营销

喜茶与奢侈品品牌FENDI的联名合作产品于2023年5月17日上市,联名产品包括4款限定甜品和一款名为"FENDI喜悦黄"的特调奶茶,而真正促使消费者争相购买的是购买2杯"FENDI喜悦黄"饮品即可获赠FENDI联名杯垫或徽章,以及一个黄色FENDI手提袋的优惠,在开卖后不到半小时,多家联名周边已售罄。

IP联名是喜茶、奈雪、瑞幸这类新茶饮品牌的惯用营销方式,但毫无疑问,FENDI的合作让这次IP跨界产品成为喜茶近年来最热的联名产品,雷军、小红书博主等各类人群纷纷为一杯饮料"带货"。

然而,对于此次联名合作带来流量的FENDI,业内评价褒贬不一。有人认为FENDI在年轻群体中获得了刷屏级的影响力,给品牌带来了新的潜在客群;然而也有人觉得FENDI的参与会降低品牌形象,失去原有的核心用户。

点评:联名营销已经成为品牌营销的主流和必选项,联名产品往往能更好扩大"边际圈",以动带销。从茶饮赛道上看,2022年喜茶的联名合作款饮品推出频率约为夏季半个月一次,冬季一个月一次;奈雪的茶作为喜茶的竞争对手,也保持着稳定的联名款SKU推出频率,全年共有16次联名合作。

事实上,新茶饮企业与高端品牌的联名往往能够获得不错的传播成绩,例如2022年暑期,Manner咖啡与HR赫莲娜的联名就取得了不错的市场反响。对于较少进行联名营销的高端品牌来说,新茶饮品牌、咖啡品牌是不错的合作对象。

此次FENDI的联名合作所带来的流量虽然有一定争议,但不可否认的是,FENDI的黄色主题色如今正在Z世代中形成品牌烙印。在此次合作中,FENDI "hand in hand"展上的手工包售价约为10万元左右,需要排队等候3到4个月。

移动互联网时代下,传统奢侈品品牌一方面面临着与年轻消费者的沟通难题,另一方面也受到了潮牌时尚的冲击。近些年巴黎世家的土味产品、LV的小红书直播争议便是奢侈品品牌营销难题的具象表现。IP联名的常态化也意味着联名营销需要深入挖掘,无论是对于奢侈品品牌,还是对于新茶饮、快消品牌,喜茶与FENDI的本次合作可谓是打造了一个当下IP联名营销的样板。

(资料来源:http://www.360doc.com/content/23/0708/19/1087827798_1087827798.shtml,有删改)

2. 合作竞争的具体形式

世界范围内企业间合作竞争的运作模式多种多样,最主要的有以下几种。

(1)同行业企业间的联合。2023年在美国上市的纸业和包装巨头WestRock公司同意与欧洲的瓦楞纸包装公司Smurfit Kappa以现金加股票的方式合并,创建一个价值约200亿欧元的全球纸业巨头。合并后的集团名字为Smurfit WestRock。Smurfit股东将拥有合并后公司的50.4%股份,WestRock股东则将持股49.6%。新集团的年收入将达到340亿美元。

(2)合作生产。合作生产就是合作企业间根据优势互补、共同发展的原则,相互利用对方的优势资源共同组织生产经营活动，以扩大规模，增加收入，提高效益。浙江纳爱斯公司凭借其品牌和销售网络的优势，进行外联合作，委托加工产品。通过委托加工的方式可以实现产地销售，减少了运费，进一步降低了成本，从而使得纳爱斯的低价策略有了保证。

（3）与上下游企业合作。在双赢思维模式的影响下，企业可以与下游的分销商、经销商，或上游的供应商紧密合作，结成命运共同体。由于分销商贴近且控制着消费终端市场，分销商的积极合作与努力，不仅可以为企业开拓广阔的市场，还可以帮助企业实现市场（顾客）零距离的愿望；他们会积极地宣传、推销合作伙伴的产品，及时地做好售后服务工作，主动积极地收集市场需求信息和用户反馈意见，以便合作伙伴能快速及时地抓住商机。比如2023年澳大利亚锂矿Liontown Resources接受全球最大电池金属生产商雅保集团（Albemarle）提出的66亿澳元（约43亿美金）的新收购要约。Liontown Resources于2006年成立于澳大利亚西珀斯，从事矿产资源的勘探、评估和开发，其旗舰资产是位于西澳大利亚珀斯的Kathleen Valley锂矿项目。锂是电动汽车电池的关键成分，全球电动车市场的火热带来锂矿价值飙升。

企业与供应方紧密合作，不仅可以使企业的供应链关系得以稳定，还可以为企业节省大量的市场交易成本（采购成本）和管理、协调成本。更为重要的是，达成战略性共识和协作的合作伙伴还可以一同考虑如何缩短生产周期、降低生产成本和改进产品质量等问题，并齐心协力设法加以解决。

营销5.0实战4-3

阿里巴巴与腾讯携手合作

2023年11月，中国两大互联网巨头——腾讯和阿里巴巴，宣布了一项令人震惊的合作计划，这标志着双方结束了十年的冷战状态，决定共同开拓商业机会。他们计划在多个领域合作，包括广告流量、直播、内容推荐和数据共享等方面，以实现共赢。

腾讯和阿里巴巴的合作是一场历史性的事件，两家公司过去十年来一直保持着竞争关系。然而，众所周知的是，尽管他们在不同领域有着不同的业务重点，但他们在许多方面都存在互补性，可以实现共同增长。因此，为了更好地应对日益激烈的市场竞争，他们决定放下过去的不合作之情，选择合作。

这次合作的一个重要动因是备战即将到来的"双11"购物狂欢节。双方将联合推出"双11超引爆计划"，共同投资数亿元用于广告补贴，旨在增加流量和促进交易。此外，在人群互补、系统共建等方面的深度合作将为商家们提供更灵活的经营目标。

通过这次合作，腾讯将向阿里巴巴开放其核心流量资源，为自己的广告业务带来更多收入。而阿里巴巴则可以通过腾讯的流量导入，吸引更多潜在消费者，增加销售机会。可以说，这对于今年的阿里巴巴来说，是一个诱人的机会。

此外，这次合作还将实现数据互通，双方都可以获得更精准的用户画像，以更好地推荐自己的产品，提高效率和效益。这对于阿里巴巴和腾讯来说，都是一个重要的优势。

1. 合作的背景

这次阿里巴巴和腾讯的合作标志着互联网行业中开放、互联互通的趋势。随着市场竞争日益激烈，合作和创新已成为互联网公司发展的重要策略。

作为中国两大互联网巨头，腾讯和阿里巴巴都意识到，在当今这个互联网江湖存量争夺的时代，开放和共享资源才能实现突破，探索新的发展边界。而互联网本身就是自由

> 开放、共享互通的，这次的合作也是回归了互联网的初心。
>
> 在过去的年代，互联网公司们争夺市场份额时采取了割据一方、野蛮生长的策略，但随着互联网行业反垄断风暴的来临和其他互联网巨头的崛起，马云和马化腾等创始人们逐渐意识到，单打独斗已经不再可行，他们需要学会借力和协作。
>
> 事实上，除了腾讯和阿里巴巴之外，其他互联网公司也加入了拆墙运动。目前，已经有美团与快手达成了战略合作，腾讯视频和抖音也有了合作计划。这充分展示了互联网行业开放、互联互通的大势所趋。
>
> 对于行业而言，在过去的扩张和割据之后，一个新的互联网江湖正在崛起。在更加开放的市场环境中，互联网巨头们需适应新的法则，通过合作创新来推动产业发展。
>
> **2．展望未来**
>
> 这次阿里巴巴和腾讯的合作标志着中国互联网行业向着更加开放、互通互联的方向发展。双方的合作不仅将带来经济效益的提升，还有助于推动整个互联网行业的创新和发展。
>
> 未来，我们可以预见，腾讯将继续加大微信视频号的广告占比，利用视频号、小程序等基础设施来实现广告收入的倍增机会，而阿里巴巴也将从腾讯的流量导入中获得更多潜在消费者，增加销售机会。
>
> 总之，腾讯和阿里巴巴的合作释放出了积极的信号，不仅是双方战略调整的结果，也是互联网行业发展大势所趋。作为中国两大互联网巨头，他们决定共同合作，不仅有助于推动自身业务的发展，更为整个互联网行业带来了新的机遇和挑战。在这个新的互联网江湖中，开放、互通、合作将是关键词，只有通过合作创新，互联网企业才能在日益激烈的竞争中立于不败之地。
>
> （资料来源：https://business.sohu.com/a/728435867_121123899，有删改）

（4）虚拟经营。虚拟经营是指企业在组织上突破有形的界限，虽有生产、行销、设计、人事、财务等功能，但企业内部没有完整地执行这些功能的组织。就是说，企业在有限的资源下，为取得竞争中最大的优势，仅保留企业中最关键的功能，而将其他的功能虚拟化——通过各种方式借助外力进行整合弥补，其目的是在竞争中最大效率地利用企业有限的资源。

虚拟经营在国外早已十分普遍，如耐克、锐步运动鞋根本就没有自己的工厂，其产品却畅销全球；飞利浦（电器）及一些服装生产商也在相当程度上采取这种方式，它们创造了品牌，企业却不拥有生产线。这些企业将其生产部分虚拟化，自己则专注于设计、行销的规划，他们把设计好的样品和图样交给劳动力成本较低的新兴国家的签约厂商，最后验收产品，贴上自己的商标。凭借此做法，使得企业不同产品的生产调整成本很低，可以很快地应对市场上的变化，从而创造高弹性的竞争优势。

还有越来越多的企业开始借助外部的人力资源以弥补自身智力资源的不足。著名的惠普公司常年聘请许多来自不同领域的技术、管理专家组成公司的高级智力团，参加企业的发展筹划，并帮助解决生产经营过程中的具体问题，从而发挥了企业内外人才优势互补和集成的作用。

（5）策略联盟。策略联盟是指几家公司拥有不同的关键资源，而彼此的市场有某种程度的区隔，为了彼此的利益进行策略联盟，可以交换彼此的资源，以创造竞争优势。具体的做法有技术策略联盟、销售联盟、研究与开发（R&D）联盟等。

比如 Supreme 作为一个潮流品牌，与传统奢侈品牌 LOUIS VUITTON（路易威登）展开了一次令人瞩目的联名合作。这个合作在全球范围内引起了热议，并迅速成为时尚界的焦点。Supreme 与 LOUIS VUITTON 的合作不仅仅是将两个品牌的名称放在一起，更是通过共同设计和创新，将两个品牌的风格和元素相融合，推出了一系列联名款产品。这些产品以独特的设计和限量发售的策略，吸引了大量的消费者和潮流爱好者。通过这次合作，Supreme 获得了更高的品牌认知度和影响力，而 LOUIS VUITTON 则通过与 Supreme 的合作，成功吸引了更多的年轻消费者，扩大了品牌的受众群体。这个案例给我们的启示是，通过与在年轻市场中具有影响力的品牌合作，可以为传统奢侈品品牌带来新的机会。

[营销方法]

1. 竞争者优劣势分析表

竞争者优劣势分析表见表 4-2。

表4-2 竞争者优劣势分析表（顾客、中间商）

竞争者	顾客对竞争者的评价				
	顾客知晓度	产品质量	情感份额	技术服务	企业形象
A					
B					
C					

2. 良性竞争对手评估表

良性竞争对手评估表见表 4-3。

表4-3 良性竞争对手评估表

评估项目	评估分数
遵守行业规则	
对行业和自身的假设实事求是	
具有明显的弱点而且有自知之明	
按照成本进行合理的定价	
局限于自己的细分市场而无扩张野心	
该企业的细分市场没有和自己的市场重合	
具有和自己的企业可协调的目标	
致力于提高自身产品的差异化	
不喜欢采用降低产品价格来占领市场	
满足现有的市场地位和利润水平	

（续）

评估项目	评估分数
有适度的退出壁垒	
对研发和生产的再投入不大，以保持足量现金	
有一定的信誉、资源和能力	
仅有短期计划	
讨厌风险	

表 4-4 中左边是需要评估的项目，选择的一个竞争对手，在右边栏目里为其打分。（7 分表示完全符合，1 分表示完全不符合，按照从强到弱 7 个等级打分。）

将评估分数加总，看是否超过 60 分。若超过，那么该竞争对手可被视为良性的对手。

本章小结

1. 竞争者分析的基本框架

竞争状况是决定行业吸引力的一个重要因素。主要有 5 个方面：细分市场内竞争的激烈程度，进入、退出壁垒，替代产品，购买者的议价能力和供应商的议价能力。

2. 识别竞争者

行业是由一组提供同一种产品或相互可以完全替代的一类产品的企业构成的。可以用图 4-1 所示的框架来分析行业结构，这种分析以对行业需求与供给等基本条件的了解为基础。这些基本条件将影响行业结构的情况，行业结构又会进一步影响行业行为，如产品开发、定价和广告战略等，而行业行为又最终决定了行业绩效。

市场竞争观念引导企业从市场竞争的角度去识别竞争者。这种观念认为应该区分 4 种层次的竞争者：品牌竞争者、行业竞争者、形式竞争者以及一般竞争者。

3. 竞争者的基本分析

对竞争者的基本分析包括辨别竞争者的战略与目标，评估竞争者的优势与劣势，分析竞争者的反应模式等。

4. 合作竞争

合作竞争是使拥有不同优势的企业在竞争的同时也注重彼此之间的合作，通过优势互补，共同创造一块更大的蛋糕，营造更持久有力的竞争优势，同时实现"双赢"或"群赢"。

重要概念

纵向一体化　品牌竞争者　行业竞争者　形式竞争者　一般竞争者　从容型竞争者
选择型竞争者　凶暴型竞争者　随机型竞争者　强竞争者　弱竞争者　近竞争者
远竞争者　"良性"竞争者　"恶性"竞争者　合作竞争

案例分析

国内快递业的竞争与合作

1. 阿里菜鸟上市

2023年3月，阿里集团宣布分拆为阿里云智能、淘宝天猫商业、本地生活、菜鸟、国际数字商业、大文娱六大子业务集团，可以独立融资和上市，5月批准启动探索菜鸟集团上市。

2013年菜鸟诞生，业务包括面向商家的综合供应链服务，包括菜鸟直送、菜鸟国际等业务；面向消费者的物流服务，包括菜鸟驿站、菜鸟裹裹等业务；面向物流企业的基础设施服务，包括电子面单、无人车、智能仓储等业务。此外，菜鸟还在全球布局6大智慧物流枢纽，海外分拨中心15个，覆盖全球近200个国家及地区。

2023财年，菜鸟营业收入达到556.81亿元，同比增长21%。菜鸟已经成为阿里集团第三大业务集团，而且是增速最快的业务。不过，做物流投入成本高，菜鸟至今未能盈利，近三个财年合计亏损26.69亿元。如今从分拆出来，自负盈亏，所以，加快上市步伐，获得更多融资，推动业务增长，才是盈利的关键。

2023年菜鸟估值达到1850亿元，京东物流市值为837亿港元，顺丰市值为2353.61亿元人民币。这意味着菜鸟一旦上市成功，市值很可能超过京东物流。

2. 菜鸟继续布局通达系

2023年6月申通快递股东：上海德峨实业发展有限公司将25%的股份转让给菜鸟供应链。德峨实业、菜鸟供应链都是阿里旗下企业，属于内部转让。通过这次转让，让菜鸟成为申通快递第一大股东。菜鸟表面上是为了提高快递公司的效率，但通达系的利润都会被菜鸟吸走，未来只有顺丰一家真正独立的快递公司。通达系已经深度捆绑菜鸟，除了申通，阿里还入股了其他几家快递公司。

截至2022年底，阿里巴巴持有圆通11.02%的股份，是第二大股东；杭州阿里创业投资有限公司持股为9.1%，是第三股东。此外，阿里巴巴持有中通8.8%的股份，是第二大股东；持有韵达1.99%的股份，是第五大股东。随着菜鸟独立，这些由阿里系公司持有的快递公司股份，很可能陆续转让给菜鸟。

3. 三足鼎立之势已经形成

"通达系"虽然没有被整合成一家公司，但它们俨然已经站队阿里。所以，国内快递行业基本形成了菜鸟、顺丰、京东物流三足鼎立。不过，对于物流行业来说，讲究的是时效和服务。菜鸟也在加快"提升时效"，例如菜鸟联合天猫超市在杭州首次推出了半日达。京东物流早就可以实现半日达，而且京东物流宣布上线"云仓达"业务，订单最快2小时即可送达消费者。论时效，京东和顺丰还是有优势的。

菜鸟在服务和时效上也存在问题。在黑猫投诉平台上，最近30天里菜鸟收到了500多次投诉，有多位网友投诉菜鸟裹裹的物流配送或丢失包裹问题。京东物流和顺丰都有快递柜，但它们首先是选择送货上门，在征得客户同意后，才会选择放快递柜。与之相反，其他快递都是直接扔在驿站，不管包裹多重，而且没有电话和短信提前通知。菜鸟驿站的出现，终结了送货上门服务。论服务和时效，菜鸟还有很大的提升空间。

（资料来源：https://www.163.com/dy/article/I6SUPI9Q0519TG73.html，有删改）

思考与分析

1. 简要分析菜鸟、顺丰和京东的竞争状况。
2. 请结合相关竞争理论，提出菜鸟的营销策略。

营销实训

竞争对手分析

【训练目的】了解如何对竞争对手进行分析。

【训练方案】3～5人为一个小组，选择一个熟悉行业中的某个企业，收集相关材料，参考本章营销工具，分析其竞争者的优势、劣势并对竞争对手进行评估打分。

复习与思考

1. 有哪些影响行业竞争的基本力量？
2. 如何识别竞争者？
3. 如何评估竞争者的优势与劣势？
4. 你认为选择好的竞争者是否很重要？
5. 你如何理解合作竞争？

第五章

营销调研

学习指导

学习目标

1. 了解市场营销调研的含义及重要性
2. 理解市场需求测量与未来市场需求预测
3. 掌握市场营销调研的方法和步骤

> **任务驱动**

2023年中国奢侈品市场数字化趋势洞察

2023年，中国的奢侈品市场开始稳步恢复。根据最新市场调研结果，受益于奢侈品消费者乐观的未来预期、新兴消费群体的加速涌入和社交场景复苏等利好因素，2023年中国奢侈品消费呈现出强劲的增长复苏态势，未来行业发展充满活力。

其中，中国内地市场预计仍将占据整体市场规模的八成以上。这一趋势的出现主要是因为，短期内全球旅游仍然受限于航班和签证。同时长期来看，由于中国内地产品供应和服务的改善，以及与海外价格差距的缩小，目前中国国内的奢侈品消费体验几乎与国际市场持平，因此更多消费者将选择留存在内地市场购买奢侈品。

在各细分品类中，珠宝和腕表的渗透率涨幅最快，主要受益于使用场合的多样性及强投资保值属性。成衣、皮具、配饰的渗透率均维持平稳增长，鞋履则有所下滑。这些品类主要受到设计、时尚趋势驱动，在年轻一代和二线及以下城市客群加速渗透。例如，配饰被认为是更能代表时尚趋势的品类，受到追求生活方式的消费者欢迎，因此获得了快速增长。而鞋履产品中，休闲风格和运动鞋持续引领增长，伴随着社交活动恢复，预计品类还需要一到两年逐步复苏。

伴随着过去三年消费习惯的养成，预计未来会有更多的中国消费者选择留在国内购买奢侈品。二线及以下城市客户成为品牌着重想要在中国市场赢得的消费者群体。面对日益成熟的中国奢侈品消费者和更为复杂的市场环境，我们期待助力品牌提升和传播产品和品牌价值，有效运营中国独特的消费者旅程，通过线上线下的合理布局和消费者体验的提升，实现持续增长。

在购买决策渠道中，线上购物渠道渗透率保持快速增长，占所有中国内地购物渠道的46%；同时，中国内地免税渠道快速增长，约贡献10%的渗透率。对比不同渠道，中国内地线下门店整体消费力最强（渠道购买偏好者的年均奢侈品消费金额超过15万元），品牌官方渠道（官方网站/品牌小程序/导购微信）则吸引了更多年轻重度客群，且消费者未来的购买意愿增速最快。

激发兴趣渠道中，92%的消费者决策都受到线上渠道影响。兴趣内容形式中，品牌广告仍然是最受消费者关注的内容类型，具备引领潮流的品位和风格是激发兴趣的关键因素。同时，品牌需高度重视本土化，并在各触点上应用创意方式来与消费者进行更深入的沟通和共鸣。

在市场增长周期下，消费端的主要贡献力量也有所改变。重度消费者依旧是最稳固的中坚力量，连续多年集中度提升，是品牌的核心阵地。此外，30岁及以下客群和二线及以下城市客群消费势头正在不断增强，日渐成为奢侈品市场新兴势力及未来增长动能，值得品牌关注。

奢侈品市场在本土化的土壤中逐步成熟，无论是线上线下多种多样的数字化前沿应用和尝试，还是独特的消费人群特征，都展现出独属于中国的色彩。根据2023年中国奢侈品市场的最新变化，我们总结出三大品牌策略启示。

全渠道购物升级：伴随着线上线下购物体验的全面融合，品牌需灵活布局全渠道触点，精细化运作，不断丰富产品和服务组合，为消费者提供更顺畅的购物体验。

本土化创新再定义：品牌需要立足于本土文化，将其融入包括产品设计、门店布置、广告宣传、名人/KOL合作、艺术展览等环节中，与消费者建立起深层次的链接和共鸣。

新市场再探索：应对快速增长中的年轻客群和二线及以下城市客群，品牌可以通过跨界创意营销，塑造年轻化形象，加速破圈并扩大品牌影响力。

问题： 请结合本案例说明市场营销调研在企业经营中的重要性。

（资料来源：https://news.sohu.com/a/695422966_121124376，有删改）

第一节　营销调研及其意义

市场营销调研于 1910 年首先在美国出现，第二次世界大战后逐渐推广到世界各国。现代美国企业通常将销售额的 0.02%～1% 作为营销调研的预算，供企业市场营销研究部门使用或购买外部专业市场营销研究公司的服务。近年来，随着我国经济体制改革深化，无论是面对变幻莫测市场的企业，还是承担日益复杂的宏观调控任务的政府经济管理职能部门，都更加重视市场调研，并建立了相应的研究机构；同时，社会上专门提供各种市场调研服务的公司也应运而生。

从最一般的意义上讲，市场营销调研是以营销管理和决策为目的，运用科学方法，对有关信息进行有计划、有步骤、系统地收集、整理、分析和报告的过程。

市场营销调研应用的范围很广，企业中常见的一些调研项目有：宏观环境调研、市场需求分析、销售分析、市场占有率分析、竞争产品研究、价格研究、广告研究、分销渠道研究、消费者购买行为分析等。

一、市场营销调研的概念和意义

1. 市场营销调研的概念

市场营销调研是指系统地设计、收集、分析和报告与某个组织面临的特定营销问题有关的数据和资料。每个营销者都需要进行市场营销调研。在调研开始之前，通常要进行调研设计，包括调研目标、主题，调研方法、步骤，调研的人员组织和调研时间计划；然后通过一定形式收集所需资料，并对收集的资料进行汇总、分析处理，最后得出解决某个特定问题的方案。市场营销调研的过程如图 5-1 所示。

方案设计 → 资料收集 → 情报分析 → 处理结论

图 5-1　市场营销调研过程

2. 市场营销调研的意义

市场营销调研是营销活动中的基础性工作。在营销实践中，任何营销活动都是从营销调研开始的，市场营销调研是营销活动的起点。以顾客需要为出发点的现代营销观念要求企业必须首先了解顾客需要，然后有针对性地设计产品、制订营销组合和市场竞争战略，从而达到开拓市场、占领市场的目的。

市场营销调研对企业营销的意义表现在以下 4 个方面。

（1）市场营销调研为企业提供消费者需求信息，促进产品更新换代，促进新产品的开发和生产。随着科学技术的进步，新产品不断涌现，产品的更新换代周期日益缩短。企业在市场营销调研中，一方面通过对商品销售量、增长变化趋势和产品普及率的分析，判断商品的市场生命周期，制订产品的更新换代计划；另一方面，在营销调研中了解产品的使用情况，听取消费者对产品使用情况的意见，从这些信息中发现消费者的潜在需求，为改进产品、开发产品提供新的思路。

（2）市场营销调研是制订营销组合，扩大商品销售的重要依据。在公司的营销组合中，无论是目标市场的确定，还是4P策略的应用，都是在充分分析市场、了解消费者的行为后做出的。市场有其运行规律，消费者的购买也有活动规律。企业可以通过市场营销调研，研究市场结构，划分市场消费类型，准确地进行目标市场的选择定位；通过市场营销调研，了解消费者的购买时间规律、购买地域规律，有针对性地进行销售活动，扩大产品销售；通过市场营销调研，研究消费者的购买心理和动机，了解消费者对各种营销活动的反应，正确地做出营销组合决策。

（3）市场营销调研有利于提高经营管理水平，增强竞争力。重视市场营销调研是企业经营管理由经验管理向科学管理转变的重要标志。在现代日益复杂的市场环境中，企业只有重视市场营销调研，才能使企业的管理真正地走向科学管理，才能使企业形成切合实际的管理方法，才能把先进的管理理念应用到实际之中；另一方面，只有进行市场营销调研，才能够真正地了解竞争对手，做出市场应对策略，提高企业的市场竞争力。

（4）市场营销调研是我国公司走向国际市场的重要途径。在世界经济日益一体化的今天，要和国外一些先进的企业站在同一条跑道上进行竞争，这对我国许多企业来讲是一个巨大的挑战。从中国品牌到世界品牌需要不断创新，并且需要坚持长期主义，需要塑造符合当地市场的品牌形象。不同的国家有不同的习惯、规定、宗教信仰等，中国品牌出海首先要先调研该市场，只有塑造符合该市场的品牌形象，才是最高效率的做法。

企业的营销活动都是在一定的市场营销环境中进行的，企业的各种经济行为都会受到营销环境的影响和制约。现代营销学认为，企业营销成败的关键就在于能否适应复杂多变的市场营销环境。营销管理者的一项重要任务就是研究营销环境，预测其发展变化，分析营销机会和威胁，据以制订营销战略和策略，并使企业的经营管理与市场营销环境的发展变化相适应。

二、市场营销调研的内容和程序

市场营销调研的主要作用是通过信息把营销人员和消费者、顾客及公众联系起来，这些信息用来辨别和界定营销机会和问题，制订、完善和评估市场营销方案，监控市场营销行为，改进对市场营销过程的认识，帮助企业营销管理者制订有效的市场营销决策。市场营销调研的内容及程序如下。

1. 市场营销调研的内容

市场营销调研的内容非常广泛，它要能满足营销决策者对市场信息的了解。我们常常会听到企业说："我们所面临的市场有多大？怎样把销售额提上去？我们应该向谁推销产品？"要找到这些问题的答案必须进行营销调研。

市场营销调研的内容主要是以下6个方面：业务、经济形势与企业研究、定价、产品、分销、促销与购买行为。在对数百家公司的市场营销调研进行统计分析后发现，企业经常进行的市场营销调研专题大约有30种，其中80%以上的企业都做过的调研专题有以下10种。

（1）市场容量估计。市场容量是支付能力下对某产品的需求总和，一般要与收入、目标对象及消费意向等影响因素一起分析。

（2）市场特征识别。市场特征识别是指有关市场结构、特征、用户情况、消费状况及经济发展等方面的调查分析。

（3）市场份额分析。它是指衡量一个企业某产品的市场生命力和获利能力及企业产品在市场中的地位的分析。

（4）销售分析。它是指分析市场销售现状、覆盖面、增长率、总需求是否饱和，销售增长前景与趋势，主要问题及潜在危机等。

（5）企业发展方向研究。这是最高管理层如董事会所关心的问题。

（6）竞争产品研究。

（7）一年短期市场预测。

（8）新产品进入市场的接受状况与潜在规模分析。

（9）一年以上长期市场预测。

（10）价格研究。

2. 营销调研的类型

营销调研有探索型调研、描述型调研以及因果型调研3种类型。其中，探索型调研是为确认问题的性质而进行的调研，通常在问题不是十分清楚而进入详细的调查问询时使用，它回答诸如"什么是"的问题，如"什么是最近一段时间销售不畅的原因？"等。探索型调研一般较简单，花费不多，不必制订严格的方案。描述型调研是揭示与描述问题的特征与性质的一种调研，它通常回答"是什么"，如"购买我们产品的消费者属于什么类型？购买竞争对手产品的是什么人？购买者喜欢我们产品的什么特点？"等。因果型调研是关于现象与影响因素之间呈何种对应关系的调研，它探寻前因后果，主要检验因果关系，如广告效果的调研，通常就是要发掘什么样的广告导致销售的变化和消费者态度的变化以及这种变化影响的程度等。

营销5.0实战5-1

美团：2023年全面领先背后的营销策略深度解析

作为中国乃至全球的本地生活服务巨头，美团的成功并非偶然。自成立以来，美团凭借其精准有效的营销策略，逐步在竞争激烈的市场中站稳脚跟，最终成为行业佼佼者。

一、精准定位：聚焦本地生活服务

美团始终坚持"让生活更美好"的使命，致力于为消费者提供全面、便捷、高效的本地生活服务。这种精准的定位使得美团在市场中独树一帜，满足了消费者的多元化需求。例如，美团通过深入挖掘消费者对于美食的需求，推出了一系列与餐饮相关的服务，如在线点餐、外卖配送等。数据显示，截止到2023年底，美团在餐饮领域的市场份额已超过60%。

二、多元化营销策略：提升品牌影响力

1. 跨界合作：拓展市场份额

跨界合作是美团提升市场份额的重要手段之一。通过与不同行业的品牌合作，美团不断拓展业务范围，满足消费者多元化的需求。例如，美团与知名品牌合作推出定制化商品和服务，同时借助合作伙伴的品牌效应，提高自身品牌知名度和用户黏性。

2．精准推送：提高用户转化率

大数据分析是美团精准推送的关键。通过对用户消费习惯、地理位置等信息进行深入挖掘，美团能够实现个性化推荐，提高用户转化率和满意度。例如，美团通过分析用户的点餐习惯和口味偏好，向用户推送适合其口味的餐厅和菜品推荐。这种精准推送的方式有效提高了用户转化率。

3．品牌营销：提升品牌形象

品牌营销是提升品牌形象的重要手段。美团通过赞助热门综艺节目、举办线上线下活动等方式，提高品牌知名度和美誉度。例如，美团曾赞助《奔跑吧兄弟》《向往的生活》等热门综艺节目，通过与节目深度合作，提升了品牌形象和用户忠诚度。

三、技术创新：提升用户体验

1．智能推荐：提高用户满意度

人工智能技术的应用是美团实现智能推荐的关键。通过分析用户的消费历史和行为数据，美团能够为用户推荐最合适的商品和服务，从而提高用户满意度。例如，美团旗下的"袋鼠家"智能推荐平台可以根据用户的消费历史和行为数据为其推荐最合适的餐厅和菜品。这种智能推荐的方式有效提高了用户满意度和黏性。

2．用户体验优化：提升用户忠诚度

用户体验是美团始终关注的重要因素之一。通过不断优化产品和服务，提高用户体验和忠诚度。例如，美团在App设计上注重用户体验的细节处理，使用流畅的动画效果、提供丰富的个性化设置等。这种对用户体验的关注和优化有效提高了用户忠诚度和黏性。

四、社会责任担当：可持续发展与环境保护

作为一个有社会责任感的企业，美团注重可持续发展和环境保护。通过与供应商合作推动绿色供应链的建设；同时积极参与公益事业和社会责任项目。例如，美团推出"青山计划"，倡导减少一次性塑料的使用并推动循环经济。此外，美团还积极开展公益活动，如为贫困地区提供免费午餐等。这些举措不仅有助于企业的可持续发展，也赢得了社会的广泛认可和赞誉。

通过以上分析可以看出，美团的成功离不开其精准有效的营销策略。无论是精准定位、多元化营销策略、技术创新还是社会责任担当，都为美团在激烈的市场竞争中脱颖而出提供了有力支持。未来，随着市场的不断变化和消费者需求的升级，美团需要继续保持创新精神并不断完善营销策略以巩固其市场地位并实现更广泛的影响力，同时加强国际市场的拓展合作也是其重要的发展方向之一，以满足更多海外消费者的需求并进一步提高品牌影响力。

（资料来源：https://www.docin.com/p-4550285962.html，有删改）

3. 营销调研程序

营销调研程序包括4步：确定问题、制订调研计划、实施调研计划、解释和汇报调研结果，如图5-2所示。

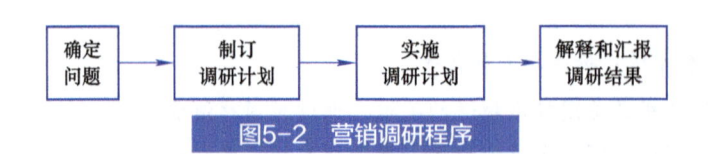

```
确定    →   制订     →   实施     →   解释和汇报
问题        调研计划      调研计划      调研结果
```

图5-2　营销调研程序

（1）确定问题。确定问题及调研目标往往是整个调研过程中最困难的一步。管理者可能知道出了问题，但却不知道确切的原因在哪里。例如，一个大型连锁折扣商店的经理们仓促地认为商店销售额的下降是由于广告发布不当造成的，于是他们下令调查公司的广告。当调查结果显示目前的广告发布在信息内容及目标顾客方面都没有问题时，他们感到困惑了。最终的调研结果发现，原来是连锁店没有能够提供广告中承诺的价格、产品和服务。

（2）制订调研计划。这是整个调研过程中最复杂也是最重要的阶段，它包括以下几项活动。

1）确定调研项目。确定调研项目应该考虑3个问题：①该项目的设置是否是实现调查目标所必需的；②该项目所需收集的资料是否能够取得；③取得该项资料所付出的代价是否值得。

2）确定资料来源。市场调研的资料来源一般分为第一手资料和第二手资料。第一手资料（原始资料）是专为某项调研项目而通过实地调查或实验所取得的原始数据。第二手资料是运用他人已收集整理好的现成资料。一般来说，营销人员都会选用第二手资料，但要注意资料的时效性和适用性。

3）确定调研方法。确定调研方法即确定收集第一手资料的方法，其主要工作包括确定抽样方法、明确调查方法、设计调查问卷、确定调查资料的整理分析方法，这里的重点是根据调查目标设计调查问卷。

（3）实施调研计划。营销调研的第三步就是将计划付诸实施。这一步包括收集、整理和分析信息。营销调研过程中的数据收集阶段是花费最多和最容易出错的阶段。调查者应密切关注现场工作以保证计划的正确执行；应整理和分析收集到的数据，分离出重要的信息和结论；需要对问卷表中的数据进行检查，以确保其准确性和完整性，并把数据编成代码，以便进行计算机分析；最后将结果列表，并计算平均值和其他统计值。

（4）解释和汇报调研结果。在这一步中，调查者应解释调查结果，进行总结，并向管理者汇报。

第二节　营销调研的方法

一、案头调研的方法

通常，可以从收集第二手资料的案头调研开始营销调研工作，并据以判断调研问题是否已部分或全部解决，以免再去收集昂贵的第一手资料。第二手资料主要有以下几种来源。

（1）内部来源：财务报告、销售数字、库存、预算、年报、销售渠道等。

（2）政府机构的各种资料：统计年鉴、经济信息、发展动态、产业结构、信息简报等。

（3）各种公开发行的出版物：报纸、杂志、文献、简报等。

（4）商业性咨询信息公司：产品销售实测、品牌份额、家庭消费、观念、趋势等。

（5）互联网：是指在互联网上针对特定营销环境进行相应营销设计、收集资料和初步分析的活动。一类是直接调研，指的是为当前特定的目的在互联网上收集一手资料或原始信息的过程，直接调研包括四种：观察法、专题讨论法、在线问卷法和实验法。另一类是间接调研，指的是网上二手资料的收集。间接调研有三种形式：利用搜索引擎查找资料、访问相关的网站收集资料、利用相关的网上数据库查找资料。

> **相关链接5-1**
>
> 现代网络调查的方法
>
> 在网络技术应用之前，传统的调查方法通常需要花费大量的财力、物力。网络统计调查与传统的统计调查有明显的区别，换言之，网络统计调查是网络科学技术与传统的统计调查相结合而诞生的新领域。
>
> 1．Web 站点问卷法
>
> 将设计好的调查问卷放在相关网站的网页上，由浏览相关网页并对统计调查问卷有兴趣的被调查者完成问卷调查。就目前来说，这种统计调查方法最为常见，通常其研究的对象是对调查问卷有兴趣的所有网民。这种统计调查方法优点明显，涉及范围广。但是在 Web 站点中，很多被调查者具有不可控性，不能明确定位被调查者的身份，若以所获得的数据为全体网民意愿的话，很有可能导致误差。
>
> 2．电子邮件法
>
> 以用户所使用的电子邮箱地址为索引，形成条理清晰的清单，并采用随机抽样的方法将统计调查问卷发送至被调查者的邮箱，而被调查者填完调查表后，再以邮件的形式返还给调查者，调查者再利用网络软件对所获得的资料进行处理和分析。这种方法简便易行，可反复征询用户的意见。但其最大的缺点就是要在有限的具有电子邮箱的用户中进行，而且其使用方式较为被动。
>
> 3．网上视频会议法
>
> 传统的访谈法和座谈会法与网上视频会议法比较类似，但是后者主要是通过网络的形式来实现的。它通过网络的视频会议功能，把不同地区的被调查者聚集在一起，在调查者的引导下，实时获取相关问题的调查资料。通常，这种方法较为适合某个专题的分析和研究，有助于双向交流。但是其所获取的数据精确度并不高，且花费的成本较多。
>
> 4．网上讨论法
>
> 网上讨论法主要利用网络的交互式工具来完成统计调查。就目前来说，常用的网络交互式工具主要有 BBS、网络会议、网络实时交谈等等。一般可在相应的讨论组中发出调查问卷表，调动相关对象进行交流讨论。采用这种方法能够实现有效的双向交流，及时征询反馈意见，但是相对来说，其调查的范围比较窄。
>
> 综上所述，在现代信息化时代，统计调查的方法和途径日趋多样化，这进一步使统计调查实现了跨越式和突破式的进展。
>
> （资料来源：https://www.wenmi.com/article/pyyq3v02ot07.html，有删改）

二、实际调研的方法

通过实际调研，可以获得解决调研问题的原始数据资料信息。通常，实际调研费用多、时间长、投入的人力多。因此，企业必须组织专门的调研团队，仔细制订调研计划，确定调研方法。

实际调研的方法主要有问询法、观察法、实验法和抽样法4种。

1. 问询法

主要通过对被访对象不同形式的询问来收集第一手资料。具体方法主要包括以下3种。

（1）面谈。面谈即与被调查者就调研问题面对面交流。面谈除了可以记录语言交流外，还可通过察言观色（身体语言、语调、口气、情绪、情感以及描述方式等）了解数字所无法提供的有用信息。面谈有着双向交流、灵活性强及能引导话题的特点，特别适用对有经验人士的访谈。一般面谈要拟定谈话大纲，以充分利用宝贵的面谈时间。面谈也有它的缺点和局限性，如时间有限、成本高、样本数少、地区限制、问题少、当面理解与记录时存在误差等。

（2）电话问询。电话问询即与被调查者就调研问题通过电话进行交流。电话问询费用低、速度快、地区不限，同时有面谈的一些优点，如迅速及时、可达性好。但电话问询也有时间短、容易遭遇对方不合作等问题。电话问询的方法目前发展较快，利用计算机程序的手段，可以在短期内大量快速地进行采访，及时得到足够多的样本数据。

（3）问卷调查。问卷调查是指用书面问卷的形式进行实际调查。这是最常用的实际调研方法。问卷调查具有可送达性最好，不受地区限制，所要求回答的问题可以拟定得非常清楚、准确和详尽，不受记录者偏见与错误的影响，答题不受干扰，费用省等特点。但也有回收率低、时间长、易错（不交流）等问题。

问卷调查表的设计非常重要，所设计的问题一定要清楚明确，易于回答，每一问题都要有调查目的，要精选，要反复推敲。一般来说，问卷调查表的设计要注意以下问题。

1）避开隐私性问题。有关个人或组织的隐私或商业秘密尽量不要提及，如收入、利润和权利等。如果一定要涉及，可以给出一个区间，相对模糊一点。

2）力避模糊用词。在问卷中的问题阐述要力避模糊用词，如"你经常看电视还是偶尔看一会儿？"这一问题里的"经常""偶尔"和"一会儿"都是模糊词，应该尽量避免。

3）不要过分精确。例如，"你四月购买了多少啤酒？""你最近看到过几次某产品的广告？"这些都过于精确，被调查者难以记清这些问题。

4）不要出现组合问题。例如，"假如你有较强的经济实力，你是否会购买较大面积的住房？"这个问题有两处毛病，一是出现模糊词，如较强、较大；二是组合，一个问题的答案是建立在另一问题答案的基础上的，如果回答问题的基础不同，回答就无统计意义。

5）不要别有用心、有意引导。例如，"你对某某产品加价销售有何看法？"这样容易引起被调查者的反感。

6）不要咬文嚼字。例如，"你经常购买调制酒吗？"很多人并不知道什么是调制酒。

7）不要过于技术专业化。例如，在计算机产品的调查中，过多地提问有关零部件的名称和参数，对多数普通用户来说是很难回答的。

8）要便于调查者统计整理。如果开放式问题过多，就很难进行统计。

9）要适合被调查者的特点。要注重被调查者的文化、知识范围、经验及经历等。

问卷设计很有讲究。除了问题本身准确等要求外，提问方式也很重要。为了便于被调查者回答，问题的设计常常会给出选择性的答案，这是封闭式的问题，被调查者只需选择打钩即可；另一种提问方式是开放式，也就是被调查者需要根据自己的观点和见解来回答，这种问题的回答需要花费一定的时间和精力，所以在实际调查中要控制数量，在普通的消费者调查问卷中，开放式问题一般以不超过两个为宜。封闭式问题和开放式问题的描述见表5-1。

表5-1 封闭式问题和开放式问题

封闭式问题：给出所有可供选择答案的提问		
名称	说明	例子
是否式	一个问题有两个相互矛盾的答案供选择	您是否拥有私人小汽车？ □是　　□否
多项选择题	一个问题有两个以上答案供选择	您选购牛奶主要考虑的因素有什么？ □味道　□价格　□营养　□品牌 □质量
李克特量表	被调查者可以在同意和不同意的量度之间进行选择	通信资费应该进一步降低？ □坚决同意　□同意　□不同意也不反对 □不同意　□坚决不同意
开放式问题：所提问题没有可供选择的答案		
名称	说明	例子
语意差别	在两个语意相反的词之间列上一些标度，由被调查者选择代表自己意愿方向和程度的某一点	中国银行的服务： 热情1，2，3，4，5，6，7冷漠 全面1，2，3，4，5，6，7单一
排序量表	对某些属性的选择进行排序	购买计算机时我考虑的主要因素是（①表示最重要，②次之，依此类推）： □品牌　□价格　□性能　□售后服务 □……
完全自由回答	被调查者不受限制地回答问题	你对本公司的产品有何意见与建议
词汇联想法	列出一些词汇，由被调查者说出他头脑中出现的第一个词是什么	当你听到下面的词汇时，你脑海中出现的第一个词是什么。 洗衣机、电冰箱、空调……
语句完成法	提出一些不完整的语句，由被调查者来完成该语句	当你决定外出游玩时，最重要的考虑是_____
故事完成法	提出一个未完成的故事，由被调查者来完成	十一期间我游玩了杭州西湖，发现西湖更有人情味了，我想这大概是_____
看图说话	提出一幅图画，由被调查者说出其中的含义，或写上图中的对话	略

问卷设计要仔细，一般先易后难。问题多少及答题时间长短要视具体情况而定。通常回答时间可以是10分钟，也有的长达90分钟。一般情况下，拦截式问询填表最好不要超过15分钟。卷面设计要有趣，有逻辑次序，要让人看了第一题后有兴趣继续做下去，如果把难的问题放在前面，被调查者会产生畏难情绪。问卷结构包括：①卷头说明词，主要是调查表名称、发表单位、调查目的、要求、保密及赠品等内容；②问卷主体主要是提出的各种问题，一般由易到难，

由浅入深，提问巧妙风趣；③卷尾是被调查人的姓名、性别、年龄、职业、收入情况等被调查者的基本资料，感谢用语和填表时间可以放在问卷的结尾。

问卷的发放有多种形式，可以视被调查者的情况加以选择：①发给被调查人，让他们独立完成后当即收回；②边谈边由调查人填写；③邮寄，自行填写后寄回。

2. 观察法

观察法是通过记录被调查者当前或过去行为的类型和过程、现状、追求的目标等方面，来收集原始资料的调研方法。观察法不要求被调查者配合交流，也不需要回答问题，有时被调查者并没意识到。有许许多多的行为与对象可以通过观察来获得有关营销信息，主要有：①事实行为，如消费者的购物类型（摄像机跟踪消费者的购物语言行为，如销售时的谈话、顾客抱怨及在人群中流传的赞扬与不满）；②情绪行为，如语调、脸部表情、身体动作；③地点与空间，如交通流量、顾客流量／时间；④口头记录，如对广告满意度的观察。

观察法具有写实的特点，可以不受干扰地反映真实情况，不易受主观思想、地位、金钱及偏见等影响。例如，超市要了解消费者购买所花费的时间，可以不问消费者，而只要观察其进出时间差即可；如观察儿童玩玩具，可以发现畅销玩具的特点或需要改进的功能，儿童玩多久，2分钟还是20分钟？这些现象都能提供很有价值的信息。

当然，观察法不易反映消费者内心世界的信息，行为与心理、动机、收入、受教育程度及职业等因素之间的关系比较模糊。

3. 实验法

实验法是在一个特定的环境中，通过改变某一种营销变量的强度来观察其他选定变量的对应变化程度。实验法允许营销者通过控制状态来分析变量之间的因果关系。例如，企业决定改变产品包装，但拿不定哪种包装最好，企业就可以采用实验法，把不同包装的产品分别放在不同的地方销售，几周后看哪个包装的产品销售量增长最大，则一般可以认为是最佳选择。价格变动、新广告及产品功能变化等都可以做实验，以了解各对应变量之间的因果关系，然后调整策略，再向市场全面推广。

4. 抽样法

抽样法是营销调研人员从总消费群体中抽取一小部分样本进行研究，然后得出关于总体的结论。样本是指从总体中挑选的能代表总体的一部分。在理论上，样本应具有代表性，以便调查者能准确地估量总体的思想与行为。

相关链接5-2

市场调研分析报告的基本结构

市场调研是企业制定营销策略的基础，市场调研的结果构成了市场营销的依据。一份好的市场调研报告是成功的前提，由此可见，市场调研报告的基本框架非常重要。

1. 研究目的

研究目的是市场调研的核心，它直接决定了市场调研的过程和结果。研究目的应该明确和具体，研究目的可以有一个或者多个，但必须相互协调，不能相互矛盾。

2. 研究方法

研究方法是市场调研的手段和技术，它是保证市场调研报告产生准确和有效结果的保证。市场调研方法可以分为两类：定量研究方法和定性研究方法。定量研究是利用统计学方法对大量的社会数据进行处理和分析，从而得到客观、准确的数据。定性研究是在实际研究中，借助于多种研究方法和技术，为了解研究对象行为模式、心理特征、个性取向等而进行的研究。

3. 样本选取

样本选取是市场调研中非常关键的一环，从而可以保证研究结果可靠和有效。样本选取需要注意的问题：样本的代表性，样本大小；样本能否满足研究目的要求；样本访问方法是否科学和合理。

4. 数据处理和分析

数据处理和分析是市场调研的核心环节，其目的是将收集得到的各种数据进行系统整合和综合分析，得出一个总结性的结论。数据处理和分析的具体方法：数据清洗；数据转换；数据分析；数据可视化。

5. 结果解释和结论

结果解释和结论是市场调研报告的核心，该部分重点回答研究的核心问题，提供有效的研究结论。结果解释和结论部分必须要合理、简明扼要、有条理，不能刻意混淆视听。

6. 建议和推荐

如果市场调研结果不是理想的，建议和推荐部分是非常重要的。建议和推荐部分为企业提供了一个改善和调整营销策略和产品策略的途径。

总之，市场调研报告的基本框架包括研究目的、研究方法、样本选取、数据处理和分析、结果解释和结论以及建议和推荐六个方面。这六个方面的衔接和完整性一定要达到较好的水平，这样才能够保证市场调研报告的准确性和可靠性。

（资料来源：https://www.kaolawenku.com/article/40127.html，有删改）

第三节　市场需求测量与未来市场需求预测

企业在市场营销过程中，有时面临许多营销机会，这就需要对市场机会进行认真的分析比较，从中做出最有利于自己的选择。评估市场吸引力有两个最主要的标准：市场规模（Market Size）和市场增长（Market Growth）。因此，营销管理者需要知道如何估计市场规模及其未来的增长。例如，整个市场的规模有多大？不同地区市场的规模有多大？目标市场的规模又有多大？未来若干年内市场规模将增大到什么程度？企业未来的销售潜力如何？

一、不同含义的市场

我们早就知道，"市场"一词是指某种商品的所有现实的和潜在的购买者。因此，一个市场的规模就取决于市场上该商品可能的购买者的数量。一般来说，所谓可能的购买者需要具备三个方面的条件：有购买欲望、有支付能力、有接近商品的可能。

例如，对一家经营摩托车的公司来说，它要掌握的第一个数据是对摩托车有兴趣的潜在消费者人数。最常用的调查方法是随机询问一些消费者："你对拥有一辆摩托车有很强烈的兴趣吗？"如果10个人中有1个人回答"是"，我们就能推算出整个消费者群中大约有10%的人是摩托车的潜在市场。换言之，潜在市场（Potential Market）是由那些对某种产品或服务具有一定兴趣的消费者构成的。

但是，仅仅有兴趣还不足以形成市场，这些潜在消费者还必须有足够的支付能力，能买得起摩托车，才能形成"有效市场（Available Market）"。显然，摩托车的价格越高，给这个问题以肯定回答的人数将越少。因此，市场规模是"兴趣"与"支付能力"这两个变量的函数。

市场规模还取决于"接近障碍"的大小，市场规模与接近障碍成反比。如果摩托车未能被送达某一具体地区，或者虽然送到了，但运送成本昂贵到令消费者止步的程度，那么，上述潜在购买者仍然不能成为现实的购买者。总之，有效市场是由那些既有购买欲望，又有足够的购买能力，并有可能接近某产品或服务的消费者构成。

在某些情况下，企业由于受到限制，只能向有效市场中的某一部分人出售其产品。例如，某个城市可能禁止向其居民（或不满20岁的青年）出售摩托车，那么，该摩托车公司"有资格的有效市场（Qualified Available Market）"就是由那些有购买欲望和购买能力、能够接近商品，同时还有资格购买的消费者构成。然后，企业还要在这个已被限定的有效市场中，进一步选择具体的更细小的部分作为自己的目标市场，进而在这一目标市场上与它的竞争者展开角逐。其中，购买了本企业产品的市场就成为公司"已渗透的市场（Penetrated Market）"。图5-3中显示了这些含义不同的市场。

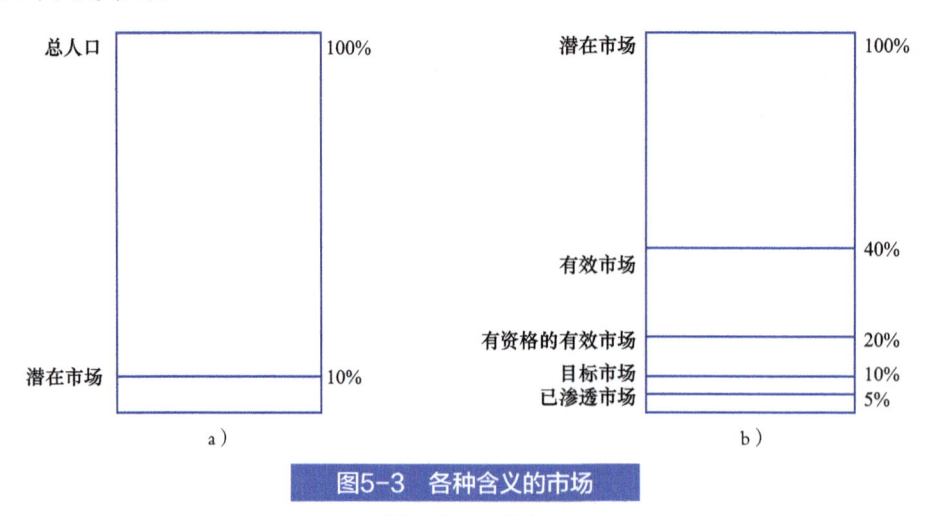

图5-3 各种含义的市场

a）总体市场 b）潜在市场

图5-3a表明潜在市场在整体市场中的比例，图5-3b则进一步表明了潜在市场中各种含义的市场所占的比例。

上述不同含义的市场对规划企业的营销过程非常有用。例如，某摩托车公司如果不满足现有的销售情况，它可考虑采取如下对策：①从现有目标市场上吸引更多的购买者；②扩大目标市场范围；③降低产品销售价格，以扩大有效市场的规模；④采取更强有力的广告宣传，使原来对摩托车不感兴趣的消费者产生兴趣，步入潜在购买者的行列。

> **营销5.0实战5-2**

2023年全球美妆个护消费者及渠道市场调研

近年来，美妆个护市场规模平均每年增长4%～5%。更多的消费者转向购买美妆个护类产品等非生活必需品。

一、消费者行为

大众市场中的零售商试图通过会员订阅服务、购买同一产品的倍数折扣和重复购买等营销措施获得更大的市场份额。虽然消费者可能会忠诚于他们喜欢的品牌或产品，如护肤品，但也有许多其他比较容易被动摇的消费者，他们更愿意购买新产品和尝试其他品牌。

根据调查结果显示，大多数美妆个护类线上消费者年龄在34岁以下。伴随着互联网和电子商务成长起来的年轻人，他们对品牌的忠诚度也往往较低，这也让他们更有可能点击定向广告。这类人群也往往希望对他们正在购买的产品有更多的了解，学习产品成分和明白产品功效，以及在当前的经济环境下对价格更加敏感。

二、社媒渠道

社交媒体的作用对于美妆个护行业至关重要。Instagram和TikTok等平台的覆盖范围使品牌和零售商能够直接与消费者互动。KOL和内容创造者都在营销活动中发挥着重要作用，消费者会向他们寻求专业知识和建议。

在美国和澳大利亚，消费者之间的差别最大的是网上购买化妆品的消费者和不购买化妆品的消费者。在美国，这两个群体之间有15个百分点的差距；而在澳大利亚，美妆个护类消费者在社媒渠道购买该品类的可能性比其他品类高出13%。巴西的消费者最有可能受到社交媒体内容创造者的影响而购买。在南美国家，消费者对社媒博主们的信任度特别高，因为80%的在线购物者都是如此。

三、线上购物渠道

电商行业发展的过程中，数字渠道的使用体验得到了提升，比如增强现实技术让消费者能够试用彩色化妆品或在虚拟环境中改变头发的颜色等，通过AR工具提高了流量转化率。虽然2022年的整体在线销售额有所下降，但移动端在销售额所占比例比2021年更大，2022年移动端销售额占线上总销售额的61%，高于2021年的60%与2019年的55%。

1. 人工智能

人工智能（AI）在电子商务中的应用逐渐普及。对于消费者来说，更引人注目的是增强现实虚拟试穿和皮肤分析工具的应用。消费者习惯于访问网站、移动应用程序或实体店，以获得护肤品的个性化推荐。此类的工具有助于为消费者提供个性化的体验，增加对他们所购买商品的担保，以及提高购物参与度和减少产品退货。ChatGPT可以集成到网站和移动应用程序中，商家便可使用关于品牌及其产品目录的知识以及关于美容和化妆品的宏观信息，实时了解和回答复杂或微妙的消费者问题。

2. 移动端App

零售商还会开辟移动端App，以此吸引消费者，并引导购买，还可以通过该移动应用程序提供教程、激励和奖励新老客户，通过视频教程将化妆师的专业知识与AI供电的

> 皮肤分析仪结合起来，以个性化体验和 AR 虚拟试妆，帮助用户找到自己的完美产品搭配，允许购物者首先访问已缺货或新发布的产品，这些功能与服务都得到了忠诚度计划、奖励和会员礼品的支持。
>
> **3. 虚拟商店和元宇宙购物**
>
> 美容和化妆品行业的其他品牌正在推出虚拟体验，以提高潜在新客户对产品的认识。其中许多都是临时的弹出式商店。化妆品巨头资生堂已经转向虚拟商店和虚拟世界。与传统社交平台相比，消费者更愿意在这样的环境下与品牌互动。资生堂推出的 Nars Color Quest 在游戏平台 Roblox 在 2022 年 7 月至 10 月期间吸引了 4190 万访问者。
>
> **4. 传统电商平台**
>
> 在美妆个护行业中，亚马逊等比品牌和零售商自己的电子商务网站吸引了更高水平的流量，此外，美容和化妆品行业的零售商使用电商平台进行零售，已作为一种商业模式，使他们能够降低扩张风险。选定的品牌可以在利基零售网站上销售产品，并直接向消费者履行订单，而无需零售商在仓库或商店持有库存。对于已经成为美容化妆品行业领导者的零售商来说，电商平台这一渠道的延伸提供了相对无风险、低成本的业绩增长。
>
> （资料来源：https://www.cifnews.com/article/149029，有删改）

二、市场需求的测量

掌握当前市场需求及本企业的销售情况，是企业制订营销方案和开展营销活动不可或缺的前提。通常，需要测量的有市场总需求、地区市场需求、企业的实际销售额及市场占有率。

1. 市场总需求的测量

市场总需求（Total Market Demand）是指在一定行业营销投入水平及营销组合条件下，以及一定营销环境和一定时期、一定区域内，特定购买者群可能购买的某种产品或服务的总量。

估算市场总需求时，最重要的是不能将其看成一个固定不变的量，事实上，它是上述各条件变量的函数。在不做任何市场营销支出时，仍会有一个基本的销售量，我们称之为市场需求的最低量（市场下限）。随着市场营销支出的增加，市场需求水平也相应提高，提高的速率最初为递增，后变为递减，最后达到某一平稳水平。在这一平稳水平上，无论怎样增加营销投入，需求也不会再增加，这就是市场需求的上限，即市场潜量。

测量市场总需求的方法有多种，这里只重点介绍最常用的方法，其公式为

$$Q = nqp \tag{5-1}$$

式中　Q——市场总需求量；

　　　n——市场上购买者数目；

　　　q——平均每个购买者的年购买量；

　　　p——产品的平均单价。

例如，一家生产面巾纸的厂家要测算面巾纸市场总需求量，如果每年有 1 亿消费者购买面巾纸，平均每人年购买量为 6 包，面巾纸的平均单价 5 元，则市场总需求量为 $Q=1×6×5=30$（亿元）。

2. 地区市场需求的测量

企业面临的难题之一，是如何选择最有利的地区市场投入他们的人力、物力和财力。因此，

需要测算和比较各地区不同的市场需求量,其方法有两种:市场累加法和多因素指数法。市场累加法主要用于为工业用户提供产品的企业,多因素指数法主要用于提供生活消费品的企业。我们分别以下面两个不同的实例来加以说明。

(1)市场累加法。通过识别某一地区市场的所有潜在顾客并估算每个潜在顾客的购买量,然后计算出该地区的市场潜量。例如,一家矿山设备制造公司开发了一种新型仪器设备,售价10万元,公司认为每家采矿企业都会根据其规模大小购置一台或多台。问题在于怎样正确测算每个采矿企业所在地区的市场潜量,以及确定是否需要安排销售人员负责那个地区的销售工作(公司只能为市场潜量超过300万元的地区安排销售人员)。为此,这家公司可利用相关的行业年鉴、工商企业名录等资料,找出对这种设备可能感兴趣的企业的数量、地理位置、雇员人数、年销售额等数据,然后,根据这些资料即可推算出每个地区的市场需求潜量。

(2)多因素指数法。通过与地区购买力有关的各种指数来估算该地区市场潜量。例如,国内一家生产衬衣的公司想建立一个特许经销商系统为其销售产品,估计每年的总销售额能达到2亿元,企业将在每个年销售额超过12万元的城市设一个分店。于是,这家公司除了登广告招聘特许经销商外,还要有适当的方法审查申请者的资格,确定申请者所在城市是否有足够开设一家分店的市场潜量。常用的方法是考虑购买力指数。某地区(如 i 地区)的购买力指数为

$$B_i=0.5y_i+0.3r_i+0.2p_i \quad (5-2)$$

式中　B_i ——i 地区购买力占全国购买力的百分比(购买力指数);

　　　y_i ——i 地区个人可支配收入占全国的百分比;

　　　r_i ——i 地区零售额占全国的百分比;

　　　p_i ——i 地区人口占全国总人口的百分比。

上述公式中的3个系数就是3个要素的权数,权数的大小表明该因素对购买力影响的大小。如果根据统计资料,i 地区的 y_i、r_i、p_i 分别为7.64%、9%、7.7%,则可得出该地区的购买力指数为 $B_i=0.5\times0.076\,4+0.3\times0.09+0.2\times0.077=0.080\,6$,即该地区购买衬衣的总额约占全国购买总额的8.06%。所以,由于衬衣公司估计在全国的年销售额为2亿元,则此地区的销售额为16.12万元(2亿元×0.080 6),显然大于12万元的最低限额,因此,在这个地区可开设一家特许经销店。当然,公司可能还要考虑其他公司有没有进入该地区市场销售衬衣的计划。

要注意的是,权数须有一定根据。这种方法主要适用于既非低档又非高档奢侈品的情况。若需要更精确的估算,则还要考虑其他因素,如市场竞争水平、当地促销成本、季节性波动、市场特点等。

3. 估算实际销售额和市场占有率

除了测量总的市场需求和地区的市场需求外,企业还需了解它所在行业市场的实际销售情况。这意味着它必须了解竞争者,掌握竞争者的销售情况,知己知彼,方能在市场竞争中"百战不殆"。

各种行业协会通常收集和发表全行业的销售情况,当然并不具体列出每家公司的销量。企业可通过对照全行业的情况给自己以评价。假定某企业的年销量增长了5%,但全行业的年销量增长了10%,那么这家企业在本行业中的地位实际是下降了,即市场占有率下降了。

另一个方式是向专业市场调研组织购买有关总销售和各品牌销售的具体资料,然后通过研究比较市场占有率,了解自己与竞争者相比的市场地位是升高还是降低。

三、未来市场需求的预测

1. 需求预测的程序

除了一些需求水平或发展趋势相当稳定的行业，或不存在竞争关系（如公用事业）和处于完全垄断的市场，预测其产品的未来需求较容易外，在大多数产品市场上，总需求和企业销售都相当不稳定。因此，对未来需求的预测是否准确，就成为企业经营成败的一个关键。预测不准可能造成产品积压或脱销，或被迫降价销售，使企业蒙受重大损失。实际上，需求变化越大的产品，对预测准确性的要求也就越高，越需要慎重行事。

一般采用三段式程序进行销售预测。首先是宏观经济预测，根据经济周期、通货膨胀率、失业率、利率、消费者支出与储蓄比例、工商业投资、政府开支、净出口额等情况的变动，得出对国民生产总值的预测；其次是在此基础上做出行业市场预测，即在已知的环境和既定的营销支出下，预测该行业的总销售量；最后是根据本企业的市场占有率，做出企业销售预测，即预测企业的销售量。

宏观经济预测通常可向外部的营销调研公司或专业预测公司等机构购买有关资料。

2. 企业销售预测的方法

常用的销售预测方法有以下几种。

（1）购买者意向调查。在营销环境和条件既定的情况下，预测顾客可能购买些什么。在顾客购买意向非常明显时，此法特别有效。这种方法多为耐用消费品和工业品所采用。

某轿车企业进行消费者购买意向调查，可向消费者提出："在未来6个月里你打算买汽车吗？"答案可有6种不同的选择（见表5-2）。假如某市50万有效消费人口，对其中1000人进行汽车消费意向调查，结果见表5-3。根据对消费者的调查，可以计算出各种情况的消费者所占的比例，从而可以计算出购买期望值以及市场潜量。

表5-2　购买概率量表

量值	0.00	0.20	0.40	0.60	0.80	1.00
选择	肯定不买	略有可能	可能	很有可能	非常可能	肯定购买

表5-3　消费者意向调查结果表

量值	0.00	0.20	0.40	0.60	0.80	1.00
选择	肯定不买	略有可能	可能	很有可能	非常可能	肯定购买
比率（%）	30	24	20	12	8	6

则购买期望值为 0×30%+0.2×24%+0.4×20%+0.6×12%+0.8×8%+1×6%=0.324，市场潜量为 500000×0.324=162000（辆）。

当然，还要补充调查消费者目前和将来的个人财务状况和对经济前景的预期，然后，耐用消费品制造商即可根据这些调查结果安排自己的生产。在产业市场上，各种调查公司也做这类调查。采用此法预测的结果，大多同实际情况的偏差率在10%以内。

> **相关链接5-3**
>
> **笔记本电脑产品细分市场及用户调研**
>
> 国际数据公司（IDC）个人电脑季度跟踪报告显示，2023年上半年，消费市场笔记本电脑销量715万台，同比下降22.2%，均价下滑160元人民币/台。与此同时，针对2023年上半年购买笔记本电脑的用户研究显示，在笔记本电脑消费市场整体需求趋缓，量价齐跌的市场环境下，不同尺寸细分市场的用户差异化需求中蕴含增长机会点。
>
> 1．14—16寸主流市场用户越来越"精明"
>
> 14—16寸细分市场占据了整体笔记本市场近90%的市场份额。无论是以办公和学生群体为主的14—15寸轻薄本市场，还是以游戏用途为主的16寸游戏机型细分市场，更注重实用性和性价比的精明自主型和节俭从众型用户占比都在上升。
>
> 2．兼顾多重需求的16寸细分市场逆势上扬
>
> 轻薄化和大屏化的发展趋势仍在持续，窄边框和高屏占比成为吸引消费者的重要因素。越来越多的厂商把16寸的屏幕放入15寸笔记本的模具中，来满足用户对轻薄便携和大屏视觉体验的双重需求。
>
> 3．13寸以下和17寸以上的高端市场稳中有涨
>
> 13寸以下的高端轻薄本和17寸以上的高性能游戏本虽然市场份额不高，但一直是潮流最前沿，对颜值、品质、性能都有高需求的品位达人型用户的首选。这部分用户群体对最新的技术潮流趋势了如指掌且具备较高的购买能力。他们既是最愿意在第一时间尝试新品、引领潮流的人，也是最愿意为最新的配置和技术买单的人。他们也看重品牌对自我的表达，愿意为品牌溢价买单。这部分用户群体不会轻易因为市场大环境的变化而改变自身的购物决策，因此这两个细分市场的人群结构保持稳定，均价也比去年同期提升了约300元/台。
>
> 以笔记本电脑为代表的智能终端消费需求正在理性中复苏。消费者不再盲目跟风，愿意花更多的时间学习产品知识，选择更符合自身需求的"适己"产品。面对越来越"精明"的用户，终端厂商需要更多关注不同细分市场的用户人群特点，在用户的差异化需求中寻找市场机会点，并采取差异化的用户营销策略，才能赢得用户，立足市场。
>
> （资料来源：https://roll.sohu.com/a/735962109_121124366，有删改）

（2）综合销售人员意见法。在无法对购买者进行询问的情况下，通过听取销售人员对未来需求的估计来进行预测。

当然，对销售人员的推算结果必须做一些必要的修正。销售人员可能有某种片面性，如天性乐观或悲观；由于近期的成功或挫折，使他们的推测可能走向极端；由于所处地位的局限性，他们通常意识不到宏观经济的发展变化及其影响，以及企业整个营销计划对未来市场销售表现的影响。如果企业熟知每个销售人员在预测时常有的片面性，那么修正后的结果将是相当可信的。

（3）专家意见法。营销者有时可求助于企业外部的专家预测未来需求，这些专家包括分销商、供应商、营销咨询顾问及贸易协会成员等。

美国兰德公司的德尔菲法（Delphi Method）是由每位专家分别提出个人预测，然后由专项负责人员综合修正后发回各个专家再进行个人预测，专项人员再修正，如此循环往复，直到得出接近统一的结论为止，其特点是各个专家彼此不见面、不知名。

（4）时间序列分析。许多企业根据过去的销售业绩来预测未来销售发展趋势。这首先要通过统计分析方法，证明企业历年的销售数据确实具有连续性的因果关系，然后才可用作预测未来销售发展趋势的依据。

某种产品历年销售量（Y）的时间数列，可按趋势（Trend）、周期（Cycle）、季节（Season）和偶然事件（Erratic Events）4个主要因素进行分析。

1）趋势（T），即人口、资金构成和技术等要素发展变化的基本情况。这可从过去的销售曲线的变化规律中推测出来，也可看作过去销售曲线的自然延伸。

2）周期（C），即经济周期波动的影响，剔除周期性的影响，对中期预测相当重要。

3）季节（S）。季节是指一年中销售变化的固有模式，如与日、周、月或季相关的规律性变动。这种变动往往是与气候、假日、交易习惯，甚至顾客的上下班时间相联系的。季节性模式常作为短期销售预测的一种依据。

4）偶然事件（E），它包括暴风雪、火灾及其他偶然性的灾害等。这些因素都是可能遇到而又无法预测的，根据历史资料进行销售预测时，应剔除这些偶然因素的影响，以求得到较规范的销售行为模式。

总之，时间序列分析法就是根据上述4个要素（T、C、S、E）分析原始销售数列Y，再结合这些要素预测未来的销售。例如，某电视机商行今年售出12000台新产品，现在预测明年10月的销售量。已知长期趋势是每年销售递增5%，因此，明年的总销售量估计为12600（12000×1.05）台。但由于经济环境的波动，预计明年的销售量只能达到正常情况下的90%，即11340（12600×90%）台。如果每月的销量相等，那么月平均销量应是945（11340÷12）台。然而，10月份通常是销量高于平均值的月份，季节指数为1.3。因此，预计明年10月份的销售量可能达到1228（945×1.3）台。此外，预期不会发生偶然事件，所以对明年10月份销售量的最好预计是1228台。

（5）需求统计分析。时间序列分析将过去及未来的销售变动都看作时间的函数，而不是真正影响需求变化诸因素的函数。实际上，有许多因素在不同程度上影响产品销售，需求统计分析就是用来发现那些影响销售的最重要因素以及这些因素重要程度的一种方法。这里，最常见的影响因素是价格、收入、人口和促销。

需求统计分析法是将需求量（Q）看作一个因变量，然后设法将它分解为若干独立变量的函数，即$Q=f(x_1, x_2, \cdots, x_n)$，运用多元回归分析的方法，可找到最主要的影响因素和最好的预测方程式。

例如，某软饮料公司运用统计分析方法，发现影响某地区软饮料需求量的最主要因素是年均温度和人均年收入，它的表达方程式为

$$Q=-145.5+6.46x_1-2.37x_2$$

式中　x_1——该地区年均温度，单位为℉。

x_2——该地区人均年收入，单位为千元。

例如，某地区年均温度为54℉，年人均收入为24千元，利用公式可得出该地区人均软饮料需求量为$Q=-145.5+6.46×54-2.37×24=146.46$（元）

而实际的人均购买额为143元。如果将此方程式用于其他地区的饮料销售预测，其预测结果也比较准确的话，那么，就可以将其作为一个有效的预测工具。公司可通过预测下一年各地区的年平均温度和年人均收入，推断下一年的饮料销售情况。

[营销方法]

1. 市场调查表

常用的市场调查表见表5-4。

表5-4　市场调查表

年　　月　　日

目的	
内容	
对象	
现状	
动向	
竞争对手动向	

总经理：_____销售部经理：_____调查人：_____

2. 市场调研计划表

常用的市场调研计划表见表5-5。

表5-5　市场调研计划表

年　　月　　日

调查区域	
调查目标	
考虑因素	
调查方法	
调查进度	
人员配备	
预算	

[本章小结]

1. 市场营销调研的概念、意义

市场营销调研就是指系统地设计、收集、分析和报告与某个组织面临的特定营销问题有关的数据和资料的活动。

2. 营销调研的分类

营销调研包括探索型调研、描述型调研以及因果型调研。

营销调研的程序包括确定问题、制订调研计划、实施调研计划、解释和汇报调研结果。
实际调研的方法主要有问询法、观察法、实验法和抽样法 4 种。

3. 市场需求测量

市场需求测量帮助企业把握所面对的市场的规模和增长，从而使他们在进行营销决策时，心中有数。

重要概念

营销调研　案头调研　实际调研　第一手资料　第二手资料　问询法　观察法
实验法　市场总需求　潜在市场　有效市场　有资格的有效市场

〔案例分析〕

2023年汽车行业数字营销生态协同洞察报告

数字营销是指借助于互联网络、电脑通信技术和数字交互式媒体来实现营销目标的一种营销方式。数字营销将尽可能地利用先进的计算机网络技术，以最有效、最省钱地谋求新的市场的开拓和新的消费者的挖掘。很多企业开始成立电子商务部门，建立自己的网站开展电子商务、网络营销工作。2022 年，我国数字营销市场规模为 5485 亿元，预计 2023 年数字营销市场规模将达到 5962 亿元。

总体来说，我国乘用车市场在承压中复苏，汽车品牌竞争进一步加剧，营销争存量，用户内容触点与决策链路日渐复杂多元，汽车营销对消费决策链整合提出了更高的挑战。

一、汽车市场新态势：市场复苏与竞争加剧并存

汽车市场在承压中复苏，多重利好政策提振汽车消费，新能源引领汽车发展新变革。近三年国内乘用车销量呈现逐步回升态势，2022 年销量同比增长 1.9%；新能源汽车引领汽车市场增长，2023 年上半年新能源乘用车市场渗透率已达 32.4%。国家密集出台各类促汽车消费政策，大力激发市场潜能，汽车市场未来仍将保持稳步回升的态势。

2023 年 1—7 月，新能源车销量前 10 的品牌中，大多数品牌销量大幅上涨，品牌间竞争更加激烈，Top10 竞争格局稳固，腰尾部品牌营销破圈难。传统燃油车自 2022 年以来促销幅度逐步攀升，汽车行业"价格战"逐渐深入，车企营销竞争进一步加剧。

1. 从最外层的竞争来看：虽然整体市场还与燃油车有很大的差距，但新能源汽车的整体份额在近几年高速上升，已经要与燃油汽车正面对抗了。这意味着，新能源厂商必须深入燃油车的腹地，争夺原本稳固的用户群体。

2. 从内层的竞争来看：过去市场的情况也在发生变化。其中，造车新势力厂商在不断占领传统厂商的市场份额，如特斯拉，而以蔚来、小鹏、理想为代表的自主新势力增长最快，众多传统外资（合资）厂商承压最明显，如大众、丰田、现代等。

同时从 2022 年起，外国新能源品牌的市场份额已经显著下降。在电动化进程中，中国的新能源汽车不断加速发展，进一步夺取了外国品牌的市场份额。由于外国品牌无法放弃燃油车时

代的存量优势，也无法全面向电动化转型，因此失去了先发优势。

3．从营收及利润的情况来看：特斯拉和比亚迪成为双强。因此，在特斯拉率先用价格搅局的情况下，比亚迪也进行了降价试探，导致其他厂商不得不跟进他们的市场动作。从过去3年的汽车折扣率趋势来看，2023年的新能源汽车折扣不断攀升，正在逼近传统燃油车。

但自主新势力厂商的盈利情况并不乐观，如果陷入价格战将影响企业的生存。因此，各大新势力厂商选择通过用户运营、数字化营销等前端策略降本增效，创造独特的附加值，逐步形成前端的竞争优势。

二、消费端：年轻化VS购车行家，形成私域新通路

首先，随着中国消费市场代际的更替，30岁以下的年轻人群正在成为购买新能源汽车的主力军。据统计，2017年至2021年，30岁以下新车已购用户的占比从19.1%上升到30.4%。年龄结构的变化，也造成了整体市场信息传播更倾向于线上化、碎片化，用户也更倾向于接受口碑&达人推荐、加入兴趣圈层。数据显示，除了汽车垂媒之外，私域渠道（微信、小程序、App、销售顾问等）和短视频平台（抖音、快手等）已成为新能源用户获取信息的重要渠道。

其次，自2016—2022年，新购占比从70%下降到45%，中国市场的驱动力已经从新购转变为换购和增购。厂商面对的消费者不再是一群"小白"，而是有着一定的用车经验且十分挑剔的"行家"。用户往往有着明确的目的性，提前会做大量的"功课"，更加追求决策的高效。新能源车从关注到线索的平均转化天数在近几年不断缩短，而且显著低于传统燃油车。

这对于厂商无疑提出了更高的标准，从多方面适应"行家"对于专业度、便利性的需求。早年依靠品牌广告+渠道扩张的粗放模式在今天会遇到较大阻力，新能源厂商都在寻求用精细化方式打造客户全链路的优质体验。

三、汽车行业营销新变局

首先，2023年起移动互联网活跃用户规模突破12亿大关，增幅保持在2%～3%，互联网"增量流量"转变为"存量流量"阶段。与此同时，互联网主流平台、车企均加入线上汽车营销竞争队列，汽车垂媒不再垄断汽车营销流量，各类平台围绕用户、内容、模式构建自身核心价值，瓜分汽车市场用户的注意力，"争好存量"将是汽车营销成功与否的关键。

其次，互联网汽车内容驱动汽车人群购车决策链路持续向线上转移，与此同时优质内容跨媒传播成为常态，垂媒不再垄断汽车内容，流量分散、营销触点增加让消费者决策路径不再单一。线上内容已为汽车用户提供更多参考和选择，汽车人群购车选择权更大，用户内容消费碎片化特征趋势凸显，品牌可以随时随地被曝光和种草，汽车营销对消费决策链整合提出了更高的要求和挑战。

最后，汽车营销数字化运营技术逐步落地，为汽车实现线上营销降本增效提供技术支持。而随着营销触点增多，单点的数字化运营难以触及全域汽车人群，车企、经销商需进一步实现掌握全域、全链路营销的数字化运营能力，才可对曝光、种草、留资等海量人群进行精细运营，切实提升营销的品效表现。当前头部垂媒与互联网公域流量报团已成趋势，双方整合流量、内容与营销资源，协同输出更高效的数字化营销解决方案，已助力汽车线上营销提质增效迈上新台阶。

（资料来源：https://zhuanlan.zhihu.com/p/656886907，有删改）

思考与分析

1．在数字化转型的机遇下，你认为汽车行业未来的发展机会在哪里？
2．汽车数字化营销的做法都有哪些？

〔营销实训〕

营销调研体验

【训练目的】掌握营销调研的主要操作方法。

【训练方案】以 8～10 人的小组为单位进行演习，运用所学知识对本校学生每月的生活消费状况进行调研，具体操作包括：①设计抽样方法和样本容量；②设计调查表；③召开学生座谈会；④编写调研报告。

〔复习与思考〕

1．什么是市场营销调研？它包括哪些内容？
2．市场营销调研的一般步骤是怎样的？
3．市场营销调研的方法有哪些？各有哪些优缺点？
4．分析企业应如何进行市场需求测量。

第六章
目标市场营销

学习指导

学习目标

1. 掌握目标市场营销的三个步骤
2. 了解市场细分的含义，掌握市场细分的方法
3. 掌握不同目标市场营销策略的运用
4. 理解市场定位的含义，掌握市场定位的基本方法

> **任务驱动**

"直男天堂"迪卡侬的"变身"

迪卡侬最近在小红书上火了,让人意外的是博取小红书女孩们"芳心"的竟然是一款号称"神仙裙子"的运动裙裤。一向以平价、直男天堂著称的迪卡侬和女性用户占主体的小红书似乎并不搭调。但就在近几年,迪卡侬在小红书上的地位,正在悄悄发生变化。

迪卡侬究竟做了什么俘获了小红书女孩的芳心?

1. 曾经的直男天堂

提起迪卡侬,首先想到的就是粗糙宽大的店内装修,一水"灰白黑棕"的运动服饰,到满屋充斥着的橡胶味道,迪卡侬到处都在彰显着"我是专业运动品牌"的直男气息。

迪卡侬如此吸引直男们,关键在于其丰富的体育运动项目和不干预的服务态度。作为"合格"的迪卡侬直男们,会先在篮球区投会篮,再到健身区做会拉伸,然后在露营区休息一下;在喝一瓶红牛之后,还能在乒乓球桌上杀两把;运动到大汗淋漓、肌肉酸痛,再用边上的弹力带拉伸放松。一天下来,运动、社交、购物的需求一站式满足。不论你怎么玩,店员都不会过来阻止,甚至高兴起来会和你玩上一局。这样的迪卡侬,甚至一度成为体育直男们周末的固定行程。

2. 征服小红书女孩

但如今,当你再进入迪卡侬时,年轻女性的身影越来越多。和直男们不同,女性消费者更在乎商品的颜值和体验。从最近爆火的网红A字裙到防晒服、墨镜、瑜伽垫等,都是迪卡侬的畅销单品。除此之外,露营区、帆船区等也成了小红书女孩热衷的打卡点,在露营区的帐篷里,感受一下久违的野营的乐趣,站在帆船区,憧憬一下乘风破浪的自由。

根据第一财经"2022金字招牌"调查,迪卡侬成为2022年运动服饰品牌偏好度Top1,甚至远远超过了曾经的网红大牌Lululemon。2022年,迪卡侬全年营收高达154亿欧元,净利润9.23亿欧元,折合人民币73亿元。在这亮眼的销售数据中,暴增的女性需求,成为最显著的增长点。

3. 迪卡侬都做对了什么?

迪卡侬吸引女性用户的策略主要有三点:

第一,丰富的SKU、务实的产品设计、偷偷进化的颜值。

品类丰富,且不止运动。迪卡侬可能自己也没想到自己有一天会把自己打造成百货商场。与男性顾客喜欢直奔主题的购物习惯不同,女性顾客更愿意在商场中闲逛探索。女性顾客常常会被用途多样的日用品所吸引,比如可以放在办公室冲泡咖啡的露营用不锈钢杯子;专业的雪地墨镜,在阳光烈日下最是出片神器;网红瑜伽裤也成了刷街利器。在迪卡侬,3万多种SKU,堪称女孩们挖掘不尽的"宝藏"。

除此之外,与近年来流行的"白幼瘦"畸形审美不同的是,迪卡侬让女性顾客不再身材焦虑。一贯务实的迪卡侬,在设计产品时从来没有考虑过PUA女性身材,只会根据运动女性的真实身材进行设计。2022年,一篇盛赞迪卡侬是"梨形身材救星"的帖子也获得了三千多赞。诚实面对顾客,永远比费心思PUA顾客要来得实在。

当然，除了务实的产品设计，最近的迪卡侬，终于在颜值方面开了窍。颜值一度是迪卡侬的短板，此前，迪卡侬可谓是集刻板"直男审美"之大成，被称为"审美洼地"。但是最近在小红书上爆火的迪卡侬单品，都有一个特点：高颜值。主打就是高级颜色＋简约设计，以简约的设计加鲜艳的颜色吸引女性顾客，如火爆单品瑜伽裤、运动裙、旅行包等，无不体现了这一设计特色。

第二，跟风＋小众化。

近几年，运动品牌有两个明显的发展趋势：女性化、小众化。这股风潮的发起者，是曾经干掉阿迪达斯的现象级品牌 Lululemon。众多品牌都想复制 Lululemon 的成功，作为运动界"入门神器"的迪卡侬自然也不甘落后，早在 2017 年，迪卡侬就发现了女性运动市场的巨大潜力，当年其女性游泳产品销量增长 40%，而更加小众的冲浪运动，女性产品销量更是暴涨了 300%。2020 年，迪卡侬发现瑜伽、普拉提的用户激增，迪卡侬立刻抓住机遇，成立自己的瑜伽品牌 Kimjaly。2023 年公路骑行大火，迪卡侬顺势推出大批公路车产品，同时还推出了专门面向女性用户的自行车品牌，并在高度、座椅造型上均做出了调整。Citywalk 的概念火爆之后，迪卡侬也迅速推出了自己的防晒服。

可以看到，每当市场上出现新的风口，迪卡侬都会第一时间跟上，并将其女性化。

第三，"平价"是迪卡侬的利器。

如果说，Lululemon 以高价格竖起一道墙，用身份认同来吸引用户。那么迪卡侬就是在用平价摧毁这道墙，让"高逼格"的运动重回普罗大众。

凭借在运动领域持续不断的深耕，迪卡侬对所谓"网红运动"有着深度的理解：网红运动的风，来得快去得也快，而真正能够紧跟风潮并坚持下来的人少之又少，毕竟跟风网红运动需要投入大量的时间、金钱和精力，对于普通人来说，颇为"奢侈"。迪卡侬深谙运动市场，清楚大部分人运动的主要目的在于体验，所以，迪卡侬利用超低门槛，吸引跟风用户入门，跟风用户在尝鲜过后会被店内更丰富的运动项目所吸引，而进阶玩家，也能在店内找到更专业的进阶产品。

迪卡侬，总有一款产品适合你！迪卡侬总有办法把消费者留在店里。

在女性顾客被市场上的各种"身份认同"和"轻奢产品"洗礼后，迪卡侬让我们看到了另一种可能！

（资料来源：https://zhuanlan.zhihu.com/p/649053994，有删改）

所谓目标市场营销，就是企业在营销环境分析的基础上，结合企业目标及资源条件，通过对市场进行细分，选择自己的目标市场并进行有效的市场定位的战略过程。目标市场营销战略具体包括市场细分（Segmenting）、目标市场选择（Targeting）和市场定位（Positioning）3 个步骤，即 STP 战略。

第一节　市　场　细　分

市场细分是目标市场营销活动过程的一个重要基础步骤，对于企业正确制订营销战略目标和正确制定营销策略都具有十分重要的意义。任何企业的产品都不可能做到为市场上的全体顾客服务，而只能满足一部分顾客的某种需求，所以为了解决市场需求的无限性与企业资源的有限性之间的矛盾，企业首先必须进行市场细分。

一、市场细分的概念

市场细分是美国市场营销学家温德尔·史密斯（Wendell R.Smith）于1956年在美国《市场营销杂志》上首先提出来的一个概念。所谓市场细分，就是指企业通过市场调研，根据市场需求的多样性和异质性，依据一定的标准，把整体市场即全部顾客和潜在顾客划分为若干个子市场的市场分类过程。每一个子市场就是一个细分市场，一个细分市场内的顾客具有相同或相似的需求特征，而不同的子市场之间却表现出明显的需求差异。

> **营销5.0实战6-1**
>
> ### Z世代——家电行业的加速器
>
> Z世代，一般指1995—2009年间（亦有说指1997—2012年间）出生的人，根据第七次人口普查数据，中国Z世代总人数约为2.6亿人，约占总人口数的19%，但所贡献的消费规模已占到40%。根据国家统计局2022年公布的数据，Z世代的年消费规模达到4.94万亿元。大数据预测，中国Z世代到2035年整体消费规模将增长至16万亿元。Z世代已经成长为消费中坚力量，且消费能力持续攀升，获得Z世代的认可意味着能够触及庞大的市场。
>
> 成长于数字时代的Z世代，他们是科技的重度用户，却又极其克制理性；在消费主义横行的年代，却拥有着朴素的精神与情怀；推崇多样化，对特立独行却又顾虑重重……只有跟上Z世代脚步，全面、深度、准确把握他们的价值观、消费特质，品牌才能基业长青，创造增长的无限可能。
>
> 当前，在家电行业进入存量市场，消费需求持续走低的情况下，抓住Z世代消费机遇非常关键。为此，不少品牌通过研究Z世代人群不断进行品牌升级，产品创新、推出满足他们需求的产品和服务，力求把品牌植入年轻人心智。
>
> **1. 数字原住民热衷新科技**
>
> 成长于数字时代的Z世代，他们是真正的数字时代原住民，数字技术已快成为他们的第二基因。数据显示，98%的Z世代用户拥有智能手机，获得第一部手机的平均年龄为十岁。信息科技的革命，赋予Z世代前所未有的多元信息渠道和更加开放包容的心态，他们对新事物接受速度更快，更愿意追求新科技带来的乐趣。为此，不少家电企业不断加大科技创新投入，持续推出具备"黑科技"的产品。例如，华帝推出的分人浴热水器，奥克斯推出的奥知音Ⅱ空调、西门子家电推出的EQ700全自动咖啡机等，都满足了Z世代用户对智能化、科技感的追求。
>
> **2. 追求精致生活**
>
> 博西家电有关负责人认为，中国年轻消费者以及职场新贵对于生活品质的要求不断升级，"精致生活"的消费理念逐渐形成。例如，人们对于咖啡的价值主张从最初的尝鲜、提神需求逐渐扩展为社交和品味需求。为此，博西家电持续深耕高端家用咖啡机赛道，加速以消费者为导向的创新，致力于为中国消费者带来更加个性化的咖啡体验。

3. 注重个性化和独特性

Z世代信奉"颜值即正义",对社交性、潮流化、个性化产品尤为关注,他们希望通过产品展示自己的个性和品位,彰显自己的独特性。因此,产品颜值对于他们而言,是一个非常重要的决策点。对此,华帝有关负责人介绍说:"我们在设计上会追求更多的突破。比如,我们会推出一系列的超薄吸油烟机,用非常大胆的工业设计,来打动这个人群。"

4. 重视体验感

Z世代在消费时非常注重体验,如特定消费场景下的舒适性消费体验。其中,消费场景可以理解为身在其中或者身临其境,乐意与消费场景发生某种互动。

因此,不仅海尔、博西家电等企业打造了线下体验店,京东等平台商也设立了超级体验店,为消费者带来场景化、空间化、一站式的购物体验,力求带来消费体验的全面升级。

5. 关爱世界,重视环保

Z世代是环保意识最强的一代。面临日益严重的环境恶化,Z世代会将环保行为与习惯融入日常生活中,大力支持环保品牌。相比于上一代,Z世代对企业在产品透明度、社会责任以及产品效能方面有着更高的要求。他们在购买家电产品时,会关注产品的能耗、材料选择等环保因素。"对此,我们也在不断加强绿色环保技术、材料的应用。从产品的能效设计、材料使用等方面下功夫,推出更加环保的产品。"奥克斯有关负责人说。

6. 参与和自我表达非常重要

Z世代在自我表达方面拥有更多的选择,各种各样的社交媒体平台,可以随时传递其观点或创意。通过社交媒体与朋友分享,是Z世代购物体验中重要的一环。在社交平台中,品牌或产品可以凭借自身独特风格,树立人设,打造人格魅力,进行充分的自我表达,从而吸引Z世代的关注与共鸣。

华帝、奥克斯等家电品牌都积极开展与社交平台的广泛合作,进行营销活动,并通过建立自媒体账号矩阵、企微社群等途径与目标人群进行多点触达,完成与Z世代的社交网络互动和口碑营销。

总体来说,Z世代的消费特征非常多元,很难用几个标签去完全覆盖。对家电企业来说既是挑战也是机遇。品牌需要真正理解Z世代,走近Z世代、了解Z世代,和他们共同成长。

(资料来源:李曾婷. Z世代为家电业创造广阔市场机遇[J]. 电器,2023(8):14-15. 有删改)。

二、市场细分的作用

在当今人们生活水平不断提高、消费需求日益多样化、产品和服务市场越来越广的社会中,市场细分是一项很重要的市场营销策略。实践证明,工商企业科学、合理地进行市场细分,就可以更好地为顾客服务,开展有效的竞争,完成企业的盈利目标。具体地说,市场细分的作用有以下几点。

1. 有利于企业发现最好的市场机会，确定目标市场

市场机会是指市场上客观存在的未被满足或未被充分满足的需求。企业通过市场细分，不仅可以了解整个市场的总体情况，还可以较具体地了解各个消费者群体的需求情况和目前的满足程度及市场竞争状况，从而发现哪些消费者的需求已经满足，哪些满足不够，哪些尚待开发。满足水平较低的部分，就可能存在着很好的市场机会，抓住这样的机会，结合企业资源状况，确定适宜自身的目标市场，并以此为出发点设计适宜的营销策略，就可夺取市场竞争优势。

2. 有利于制订和调整市场营销策略，发挥最大的推销效果

一般来说，企业为整体市场提供单一的产品、制订统一的营销策略比较简单易行，但其覆盖面大，信息反应较迟缓，对市场所做出的反应不敏捷。市场细分后，每个市场变得小而具体，企业就可以为非常明确的目标市场"量体裁衣"，制订恰如其分的营销组合策略，提供相宜的产品。这样可以增加企业的应变能力，发挥最大的推销效果。

3. 有利于中小企业开发和占领市场

市场细分的理论对中小企业尤为有利。因为中小企业一般资金有限、技术薄弱，在整体市场或较大的细分市场上缺乏竞争能力，而通过市场细分，则往往可以发现大企业未曾顾及或不愿顾及的某些尚未满足的市场需求，从而能够在这些力所能及的较小或很小的细分市场上推出相宜的产品，见缝插针，拾遗补阙，形成相对优势，在日益激烈的市场竞争中求得生存和发展。

4. 有利于集中使用资源，提高企业的经济效益和社会效益

通过市场细分，一方面企业能发现最好的市场机会，确定目标市场，从而集中使用人力、物力、财力为目标市场服务，将有限的资源用于能产生最大效益的地方，形成经营上的规模优势，取得理想的经济效益；另一方面，由于企业面对的是某一个或少数几个子市场，可及时捕捉需求信息，不断地发展新产品，满足更多潜在需求，提高消费者的满意度、满足感，树立良好的企业形象，获得一定的社会效益。

三、市场细分的标准

现代市场营销学所讲的市场细分，是依据市场需求的差异性来划分的，并在此前提之下加上必要的标准来进一步细分。既然市场细分的依据是市场需求的差异性，那么，造成市场需求差异性的主要因素就是市场细分的标准。为了研究的方便和实际操作的需要，我们就消费者市场和生产者市场的细分标准分别加以叙述。

1. 消费者市场的细分标准

消费者的差异性是市场细分的基本标准。影响消费者需求的差异性因素是多种多样的，大致可概括为4类，即地理环境标准、人口状况标准、消费心理标准和购买行为标准。每一类又包括一系列的细分因素，见表6-1。

表6-1 消费者市场细分的标准

细分标准	主要细分因素	具体特征（亚、子市场）举例
地理环境	国家区别	中国、美国、日本、德国、埃及等
	方位区域	东北、西北、华北、华东、中南、西南等
	城乡区别	城市、乡村；大城市、中等城市、小城镇等
	气候区别	热带、亚热带、温带、寒带等
	地形区别	山区、平原、丘陵、盆地、沿海等
人口状况	性别	男、女
	年龄	婴幼儿、儿童、少年、青年、中年、老年等
	家庭规模	1~2人、3~4人、5人以上
	家庭收入（人均年收入）	1000元以下、1000~5000元、5000元以上
	民族	汉族、壮族、蒙古族等
	宗教	佛教、伊斯兰教、道教、基督教等
	职业	工人、农民、学生、教师等
	文化程度	小学、中学、大学等
消费心理	生活方式	事业型、朴素型、时髦型等
	性格	外向型、内向型、理智型、冲动型等
	品牌偏好	专一品牌忠诚、几种品牌忠诚等
	生活态度	紧跟潮流者、享乐主义者、主动进取者、因循守旧者等
购买行为	购买频率	高、中、低
	购买时间	白天、晚间、日常、节假日
	购买地点	便利店、名店、大店、地摊等

（1）地理因素。处在不同地理位置的消费者，会产生不同的需要和爱好，并对企业的同一产品及市场营销手段产生不同反应。地理环境会对消费者需求产生重要影响，较为重要的地理因素有国别、地区、城市规模、人口密度、气候等。

（2）人口因素。消费者的欲望、需求偏好和使用频率往往和人口因素有着直接的因果关系，而且人口因素较其他因素更易测量。人口因素主要包括性别、年龄、收入、职业、教育状况、民族、家庭结构、宗教信仰等方面。

相关链接6-1

世界人口情况

截至2023年9月26日，全球240个国家和地区人口总数为8032122420人，其中印度以1426711933人位居第一，成为世界上人口最多的国家，中国以1425722992人位居第二，第三至第十名分别是：美国、印度尼西亚、巴基斯坦、尼日利亚、巴西、孟加拉国、俄罗斯、墨西哥，详见表6-2。

表6-2　2023年9月世界人口排名

排名	国家	人口	排名	国家	人口
1	印度	1426711933	6	尼日利亚	223035384
2	中国	1425722992	7	巴西	216242451
3	美国	339730633	8	孟加拉国	172699175
4	印度尼西亚	277201035	9	俄罗斯	144516841
5	巴基斯坦	239800890	10	墨西哥	128318745

（资料来源：https://www.phb123.com/city/renkou/rk.html，有删改）

（3）心理因素。心理因素是一个极其复杂的因素，消费者的心理需求具有多样性、时代性和动态性的特点。企业可根据生活方式、个性及社会阶层等心理因素进行市场细分。

（4）行为因素。行为因素主要指消费者在购买过程中对产品的认知、态度、使用等行为特点，主要的细分依据有寻求利益、使用率、消费时机、使用者状况等。

2. 生产者市场细分标准

生产者市场与消费者市场相比有所不同：①生产资料的购买者一般是产业用户；②其购买决策是由有关专业人士做出的，一般属于理性行为，受感情因素影响较小。因此，细分消费者市场的标准虽基本适用于生产者市场，但应对这些标准赋予新的内容，并增加新的标准，见表6-3。

表6-3　生产者市场细分标准

细分标准	主要细分因素
最终用户	商品的规格、型号、功能、品质等
用户规模	大客户、中客户、小客户
地理位置	地区、气候、资源、自然环境、生产力布局、交通运输、通信等
购买行为	利益、使用状况

（1）最终用户。在生产者市场上，不同的最终用户（或产品不同的最终用途）对同一种产品追求的利益不同，因而会对商品的规格、型号、品质、功能等方面提出不同的要求。例如，对于钢材的需求，有的用户需要线材，有的用户需要板材，有的用户则需要管材。企业要根据最终用户来细分市场，以便开展有针对性的营销。

（2）用户规模。在生产者市场上，大客户、中客户和小客户的购买力的高低存在很大差异，购买行为也有很大区别。

（3）地理位置。每个国家或地区大都根据自然资源、气候和历史传统形成若干工业区。按用户地理位置来细分市场，便于企业将目标放在用户集中的地区，这样可大大节省推销人员往返于不同客户之间的时间，更加合理充分地利用销售力量，同时，可以更有效地规划运输路线。

（4）购买行为。例如，按用户追求的利益可以分为注重质量、注重价格、注重服务等不同的用户。按用户使用状况可分为潜在用户、新客户、老客户等。

四、市场细分的方法

市场细分的标准和因素很多，而且各种因素相互影响，共同作用。因此，采取一定的方法将有关因素综合考虑，才能正确细分市场。市场细分的方法很多，常用的有以下几种。

1. 一元细分

对一些通用性较大，挑选性不强的产品往往按一个影响因素划分市场，即一元细分。例如，按粮食品种来细分市场，可分为大米市场、玉米市场、绿豆市场等；按收入不同划分可分为高收入市场、中收入市场、低收入市场。

2. 多元细分

多元细分即按照两个或两个以上的细分标准细分市场。多数产品的需求往往受多种因素的影响，即使同一年龄范围的消费者，由于收入的不同，性别和居住地不同，其需求也会有很大差异。多元细分的表现形式多种多样，常见的有以下几种。

（1）图上作业法。图上作业法是指选择两个或两个以上市场细分标准，用绘图的方法使它们有机结合，以此来细分市场。例如，服装市场细分，如图6-1所示。

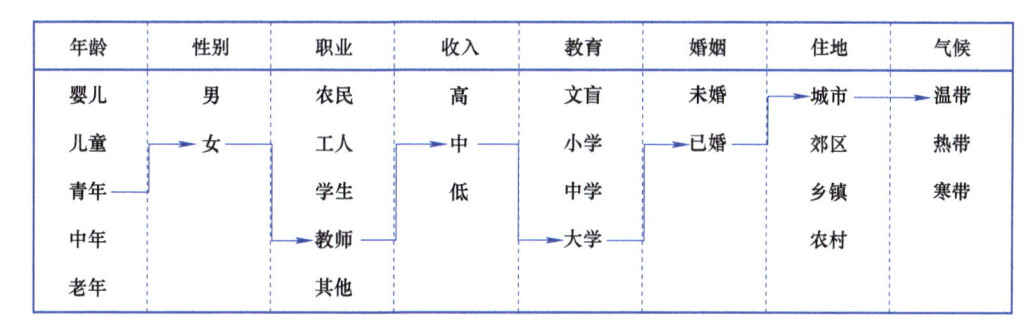

年龄	性别	职业	收入	教育	婚姻	住地	气候
婴儿	男	农民	高	文盲	未婚	城市	温带
儿童	女	工人	中	小学	已婚	郊区	热带
青年		学生	低	中学		乡镇	寒带
中年		教师		大学		农村	
老年		其他					

图6-1 服装市场的细分

图中8个因素组成了一个服装的细分市场，箭头线所构成的是一个生活在温带城市已婚青年女教师的服装市场。从理论上讲，变动图中任何一项因素都可以形成新的细分市场。

（2）表上作业法。表上作业法即利用表格的形式，采用多项因素排列，选择细分市场。例如，生产洗发用品的企业，其消费者既有女性，又有男性，还有不同的年龄组，他们对洗发用品有不同的要求。在这种情况下，洗发产品的细分市场见表6-4。

表6-4 某企业洗发产品的细分市场

用途	发质	男性				女性			
		儿童	青年	中年	老年	儿童	青年	中年	老年
美容	干性							△	
	中性						△		
	油性								
药用	干性				△				
	中性								
	油性								

本例中，按照排列的各种因素可以形成48个细分市场。企业可以从中选择一个或若干个细分市场作为经营对象。表6-4中的小三角形表示企业选中的市场。

（3）三维坐标法。三维坐标法是指选择多项主要细分标准，利用三维坐标的形式来细分市场。例如，女性服装市场细分过程如图6-2所示。

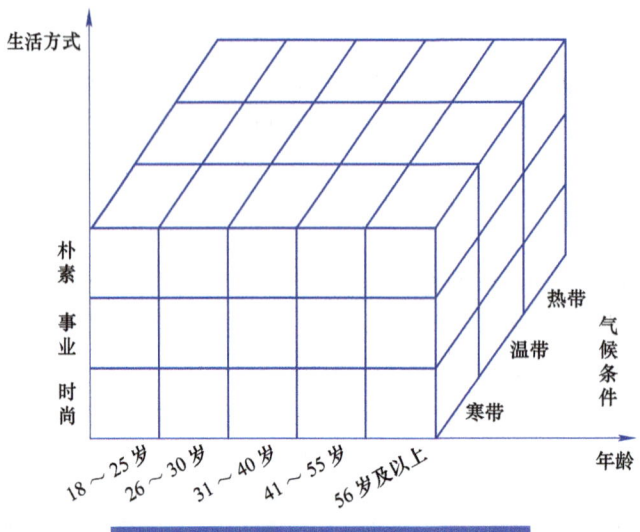

图6-2 女性服装市场细分过程

本例中，按照主要因素排列，可以形成 45 个细分市场。企业应结合市场潜力、竞争情况和企业优势，选择细分市场满足顾客需要。

3. 完全细分

完全细分即对市场所包括的购买者数目进行最大限度的细分，每个购买者都可能成为一个单独的市场。这是市场细分的最极端情况，同时也是最理想的情况，即企业向每位购买者提供不同的产品和营销计划。例如，波音公司分别为少数的几家大型航空公司定制产品，服装店为每位顾客量体裁衣，家具厂为顾客定做家具等。

营销5.0实战6-2

谁在为迷你罐啤酒买单

2023年7月，由淘宝发布的《2023年度小罐酒报告》显示：2023年618期间"小罐酒"（酒饮业对于包装小于330毫升的酒的称呼）销量增长迅猛，其中小罐进口啤酒以202%的增幅，领跑各类小罐酒产品。是谁在为小罐啤酒买单？

在日本，迷你罐啤酒并不是什么新兴产物，它已有40多年历史——其开创者就是朝日啤酒：1981年，朝日率先推出了一款250毫升装啤酒，1984年，他们又把容量率先"缩"到了135毫升，成就一代经典。2014年4月1日愚人节这天，日本麒麟啤酒发售了一款含量只有1毫升的啤酒，更是将"小"卷到了极致。

2023年2月，日本朝日饮料公司啤酒市场营销负责人在接受媒体采访时说，其实他们当时看中的就是酒量小，但又喜欢喝上一口的女性和中老年用户。

迷你罐啤酒很好地解决了那些想喝酒、爱喝酒但又酒量不佳的女性消费者的难题。在中文社交媒体和电商平台的评价区，年轻的姑娘们在热情地"安利"迷你罐啤酒：既能过瘾，又不用担心喝醉、长胖，与时下盛行的健康生活理念不谋而合。除了年轻姑娘们，中年男性也是迷你罐啤酒的主要消费群体。为什么中年男性会买这些两三口就能喝完的迷你罐啤酒？随着年龄增长和身体机能衰退，加上商务应酬和外出聚会机会大大减少，更多是在居家放松或是佐餐时才会打开一罐啤酒小酌，这时迷你罐啤酒则是此情此景的绝佳之选。

（资料来源：https://new.qq.com/rain/a/20230831A08UGK00）

五、市场细分的原则

企业在进行市场细分的过程中应遵循以下基本原则。

1. 差异性

市场细分后，不同细分市场的消费者需求存在着明显区别，各细分市场都有其不同于其他细分市场的特征，而在每个细分市场内消费者的需求却有着共同的特征，表现出类似的购买行为。例如，老年市场和儿童市场是不同的细分市场，两个市场的消费者需求差异很大，但在儿童市场内，每个消费者的需求差别就不大了。

2. 可衡量性

可衡量性是指市场细分的标准和细分后的市场是可以确切衡量的。市场细分的标准必须明确、统一，具有可衡量性。细分后市场的范围、容量、潜力等，也必须是可以衡量的，而且能取得购买潜力和购买特征的数据。

3. 可进入性

细分市场必须考虑企业的经营条件、经营能力，使目标市场的选择与企业的资源相一致。企业能以某个细分市场作为目标市场，有效地集中营销能力、开展各种营销活动，同时，消费者能够接受企业的产品，并能通过一定途径购买到这些商品。

4. 效益性

细分后的市场需求要有一定的规模，使企业有利可图，并有一定的发展潜力。如果细分市场的规模过小，市场容量有限，就没有开发的价值。

5. 稳定性

有效的市场细分所划分的子市场还必须具有相对稳定性。企业目标市场的改变必然带来经营设施和营销策略的改变，从而增加企业的投入。如果市场变化过快，变动幅度过大，将会给企业带来风险和损失。一般说来，目标市场越稳定，越有利于企业制订长期的营销策略，越有比较稳定的利润。

第二节　目标市场选择

市场细分的目的在于有效地选择并进入目标市场。目标市场是企业决定要进入的那个市场部分，也就是企业拟投其所好，为之服务的那个顾客群（这个顾客群有颇为相似的需要）。在现代市场经济条件下，任何产品的市场都有许多顾客群，他们各有不同的需要，而且他们分散在不同地区，因此，一般来说，任何企业（即使是大公司）都不可能很好地满足所有顾客群的不同需要。为了提高经营效益，企业必须细分市场，并且根据自己的任务目标、资源和特长等权衡利弊，决定进入哪个或哪些市场部分，为哪个或哪些市场部分服务，选择目标市场。

一、确定目标市场

1. 目标市场应具备的条件

为了选择适当的目标市场，必须对各个细分市场进行评估。一般来讲，企业的目标市场必须具备以下条件。

（1）有一定的规模。这是企业选择目标市场的首要条件之一。如果所选择的细分市场过于狭窄，没有一定的需求规模，企业就可能达不到它所期望的销售额和利润；如果所选择的细分市场过于广阔，企业就会由于业务铺得过于分散而使营销力量显得单薄。

（2）有一定的发展潜力。评估一个细分市场值不值得经营开发，不仅要看它现有规模，即静态方面，而且还要看到它可能发展变化的动态方面。有的市场虽然目前的规模不大，但从长远来看，可能会迅速增长，有一定发展潜力，这样的细分市场也值得去经营。

（3）有足够的吸引力。一个市场可能具有适当的规模和发展潜力，但它不一定就可以作为企业的目标市场，因为它很可能缺乏吸引力。吸引力主要是指长期获利能力的大小。决定某一市场是否长期具有吸引力，主要有5个因素：①同行业竞争者和细分市场内竞争者的威胁。②潜在进入者和转行的威胁。③替代品的威胁。④购买者（顾客）讨价还价的能力。⑤供应商讨价还价的能力和合作前景。企业必须充分估计这些因素对长期获利所造成的机会和威胁，以便做出明智的选择。

（4）符合企业的目标和资源。理想的目标市场还必须同企业的目标和资源联系起来考虑。有些细分市场虽然规模适合，也具有吸引力，但由于不符合企业的长远目标，也可能要被放弃。如果符合企业目标，但企业没有足够的资源，不具备相当的实力生产比竞争者更优的产品，那么也不能选择这一细分市场作为企业的目标市场。

2. 确定目标市场的方式

（1）市场集中化（见图6-3a）。这是指企业的目标市场，无论从市场的角度还是产品的角度考察，都集中于一个市场层面上。企业只生产经营一种产品，面向单一的细分市场。这种模式一般适用于资金有限的小企业或初次进入市场的企业。

（2）产品专业化（见图6-3b）。这是指企业集中生产经营某一种产品，用这一种产品满足各细分市场的需求。

（3）市场专业化（见图6-3c）。市场专业化是指企业向同一顾客群供应性能有所区别的同类产品。假设一家电冰箱厂专以大中型旅游饭店为目标市场，根据它们的需求生产100L、500L、1000L等几种不同容积的电冰箱，以满足这些饭店不同部门（如客房、食堂、冷饮部等）的需要。

（4）选择专业化（见图6-3d）。选择专业化是指企业决定有选择地进入几个不同的细分市场，为不同的顾客群提供不同性能的同类产品。采用这种策略应当十分慎重，必须以这几个细分市场均有相当的吸引力且均能实现一定的利润为前提。

（5）市场全面化（见图6-3e）。市场全面化是指针对所面临的不同顾客群的多种需求，企业提供多种产品去加以满足。显然，这种策略只能被财力雄厚的大企业采用。

在运用上述5种方式时，企业一般总是首先进入最有吸引力的细分市场，只有在条件和机会成熟时，才会逐步扩大目标市场范围，进入其他细分市场。

图6-3　确定目标市场的方式

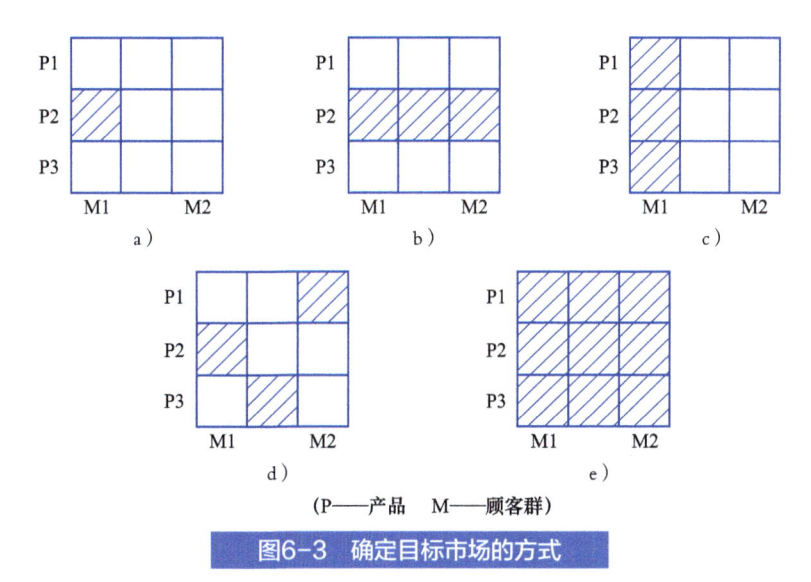

a）市场集中化　b）产品专业化　c）市场专业化　d）选择专业化　e）市场全面化

二、目标市场选择策略

企业选择的涵盖市场的方式不同，营销策略也就不一样。归纳起来，有3种不同的目标市场选择策略可供企业选择：无差异性营销策略、差异性营销策略、集中性营销策略。

1. 无差异性营销策略

无差异性营销策略也叫无差异性市场策略，即企业将整体市场作为目标市场，只推出一种产品来迎合消费者群体中的大多数人。这是一种求同存异的策略，采用此策略的企业把整个市场看成一个整体，它只考虑需求的共性而不考虑其差异，运用一种市场营销策略（产品、价格、分销、促销）吸引尽可能多的顾客，如图6-4所示。

图6-4　无差异性市场策略

无差异性市场策略的优点是产品单一，容易保证质量。同时，可以大批量生产，降低生产成本和销售费用。但是，它也有很大的局限性：①以一种产品想得到不同层次、不同类型的所有顾客的满意，长期为全体消费者所接受是不可能的；②同类企业均采用这种策略时，必然会形成激烈的竞争。

2. 差异性营销策略

差异性营销策略也叫差异性市场策略，即企业把整体市场划分为几个细分市场，针对不同细分市场的特征，设计不同的商品，制订不同的营销策略，满足不同的消费需求，如图6-5所示。

图6-5　差异性市场策略

差异性市场策略的优点是能满足不同消费者的需求，提高产品的竞争能力，从而扩大销售；同时，企业易于取得连带优势，有利于企业树立良好的市场形象，大大提高消费者对该企业产品的信赖程度，提高企业信誉。但由于产品、促销方式及其他营销策略的差异化，增加了管理的难度，使生产成本、管理费用、销售费用大增。目前，只有财力雄厚的大公司会采用这种策略。例如，海尔、日立、松下等公司生产多品种、多型号、多规格的家电以满足世界各地各种消费者的需求。

> **营销5.0实战6-3**
>
> 老年群体会买单吗？
>
> 2023年7月19日俞敏洪斥资10亿成立了北京新东方文旅有限公司，7月21日新东方官方微信公众号发表题为"再创业！新东方文旅"的文章，宣布新东方正式开拓文旅事业，客群锁定为中老年消费群体，提供有文化幸福感、有知识获得感、有个人追求感的高品质文旅服务。
>
> 针对新业务，俞敏洪说："我们对新业务的前景充满信心，并会持续利用我们的独特优势及专业去捕捉新的市场机遇。""老年群体是一个庞大的消费群体。预计到2050年，我国老年人口总消费将达到61.26万亿元。"中国老龄产业协会文旅委主任认为，随着老年人消费意愿、消费能力的提升，他们对旅游的需求也在持续扩大，并对旅游赋予了社交、人文体验、健康休闲等新的期待，需要市场给出有相应内容增量的产品。面对这样的市场机遇，"提供有文化幸福感、有知识获得感、有个人追求感的高品质文旅服务"是新东方想尝试的。
>
> 多年的教育背景，有流量的直播渠道，丰富的老师资源，这些都给新东方入局文旅加了不少印象分。
>
> 实际上，新东方也是在传统跟团游上进行升级，让旅游结合新东方在文化上的特色。
>
> 新东方在旅游的基础上，增加文化要素。从7月3日开始，新东方围绕浙江的文旅资源陆续落地了10条线路产品。以深度游为特点，标价在3999元～5999元。推出这组线路的公司为浙江俞你同行旅行社有限公司，由浙江新东方培训学校有限公司100%控股，该旅行社可经营境内旅游业务和入境旅游业务。不同于常规旅行团的配置，该组产品的每个团除了专职导游外，还配备1名文化讲师、1名旅行管家，其中，文化讲师为原新东方语文或历史老师，旅行管家也是新东方员工。此外，旅行团承诺全程零购物。8月1日晚，在抖音平台上，"新东方直播间"账号开始销售这组产品。从销售数据来看，有部分线路的销量还不错。但是，花至少3500元在浙江游玩，显然超出了不少人的预算。这样的产品模式后劲能有多足，有待观察。
>
> 旅游业的门槛并不低，在行业强调高质量发展前提下，消费者对服务的要求只会越来越高。新入局者若想生存下去就得拿出真本事。消费者很现实，产品好玩、有文化内涵固然重要，但价格同样要优，如何打造高性价比的服务项目，直接关乎未来的成败。
>
> 市场香才会引蝶来。
>
> （资料来源：https://baijiahao.baidu.com/s?id=1773203767064631222&wfr=spider&for=pc）

3. 集中性营销策略

集中性营销策略也叫集中性市场策略，是企业既不面向整个市场，也不把精力分散在不同的细分市场，而是集中力量进入一个或很少的几个细分市场，开发一种专业性产品，实行高度专业化的生产和销售，以满足特定消费者或用户的需要，如图6-6所示。

采用这种策略的企业对目标市场有较深的了解，这是大部分中小企业采用的策略，即用特殊的商品和营销

营销组合 → 细分市场Ⅰ / 细分市场Ⅱ / 细分市场Ⅲ

图6-6 集中性市场策略

方案去满足特殊消费者的需要。采取这种策略的企业通常集中针对一个或为数不多的细分后的小市场，企业的出发点，是争取在小的市场范围当中获得比较大的占有率。

集中性市场策略的优点是可以节省费用，使企业集中精力创名牌和保名牌，但是也有缺点：实行这种策略对企业来说要承担较大的风险，因为选的市场面比较窄，把"鸡蛋全部放在一个篮子里"，一旦市场发生不利变化，企业预测失误或是营销方案制订得不力，就可能导致重大的失败。

三、如何选择目标市场策略

一个企业究竟应当采用上述哪一种目标市场策略取决于企业、产品、市场、竞争对手等多方面的因素。

1. 企业资源

如果企业实力雄厚、管理水平较高，根据产品的不同特性可考虑采用差异性或无差异性市场策略；资源有限，无力顾及整体市场或多个细分市场的企业，则宜于选择集中性市场策略。

2. 产品性质

产品性质是指产品是否同质，能否改型变异。有些产品，主要是某些初级产品，如大米、小麦、钢坯、煤炭等，尽管这些产品自身可能会有某些品质差别，但顾客一般并不太重视或不加以区别，即它们适应消费的能力较强，竞争主要集中在价格和服务方面，因而这类产品适宜实行无差异营销；许多加工制造产品，如汽车、机械设备、家用电器、服装、食品等，不仅本身可以开发不同规格型号、不同花色品种的产品，而且这种种不同还会带来品质、性能等方面的较大差别，消费者或用户对这类产品的需求也是多样化的，选择性很强，因此，经营这类产品的企业宜于采用差异性或集中性市场策略。

3. 产品生命周期

处于引入期（介绍期）和成长前期的新产品，竞争者少，品种比较单一，宜采用无差异目标市场策略，以便探测市场需求和潜在顾客。产品一旦进入成长后期或已处于成熟期，市场竞争加剧，就应改行差异性营销，以利于开拓新的市场，尽可能扩大销售，或者实行集中性营销，以设法保持原有市场，延长产品生命周期。

4. 市场

如果顾客的需求、购买行为基本相同，对营销方案的反应也基本一样，即市场是同质的，在此情况下可实行无差异性营销策略；反之，则应实行差异性营销策略或集中性营销策略。

5. 竞争对手的目标市场策略

假如竞争对手采用无差异性营销策略，企业就应采用差异性营销策略，以提高产品的竞争能力。假如竞争对手都采用差异性营销策略，企业就应进一步细分市场，实行更有效的差异性营销策略或集中性营销策略，但若竞争对手力量较弱，也可考虑反其道而行之，采用无差异性营销策略。

一般说来，企业选择目标市场策略时应综合考虑上述因素，权衡利弊后方可做出抉择。目标市场策略应当相对稳定，但当市场形势或企业实力发生重大变化时也要及时转换。竞争对手之间没有完全相同的目标市场策略，一个企业也没有一成不变的目标市场策略。

第三节 市场定位

一、市场定位的含义

市场定位是企业根据市场特性和自身特点，确立本企业与竞争对手不同的个性或形象，形成鲜明的特色，在目标市场顾客心目中留下深刻的印象，从而形成特殊的偏爱，最终在市场竞争中获得优势的过程。

企业想要使自己或其品牌、产品在市场上形成鲜明的特色，就必须有效地迎合目标市场顾客的特定需求或偏好，所以，企业市场定位的过程实际上是一个有效迎合目标顾客特定需求的过程。

企业的市场定位可以以产品定位为基础，即以自己的相关产品去迎合目标顾客的特定需求，并且，在产品定位的基础上结合企业的资源条件及营销目标，实现品牌定位以及企业定位。

产品的特色或个性，有的可以从产品实体上表现出来，如形状、成分、构造、性能等；有的可以从消费者心理上反映出来，如豪华、朴素、时尚、典雅等；有的表现为价格水平，有的表现为质量水准等。企业在进行市场定位时，一方面要了解竞争对手的产品具有何种特色，另一方面要研究顾客对该产品的各种属性的重视程度（包括对实物属性的要求和心理上的要求），然后根据这两方面进行分析，再选定本企业产品的特色和独特形象，至此，就可以塑造出一种消费者能与别的同类产品联系起来而按一定方式去看待的产品，从而完成产品的市场定位。

二、市场定位的步骤

市场定位的关键是企业要设法在自己的产品上找出比竞争者更具有竞争优势的特性。竞争优势一般有两种基本类型：①价格竞争优势，即在同样的条件下比竞争者定出更低的价格。这就要求企业采取一切努力降低单位成本。②偏好竞争优势，即能提供确定的特色来满足顾客的特定偏好。这就要求企业采取一切努力在产品特色上下功夫。因此，企业市场定位的全过程可以通过3大步骤来完成，即确认本企业潜在的竞争优势，准确地选择相对竞争优势和显示独特的竞争优势。

1. 确认本企业潜在的竞争优势

这一步骤的中心任务是要回答3大问题：①竞争对手的产品定位如何？②目标市场上足够数量的顾客的欲望满足程度如何以及还需要什么？③针对竞争者的市场定位和潜在顾客真正需要的利益要求企业应该做什么以及能够做什么？要回答这3个问题，企业市场营销人员必须通过一切调研手段，系统地设计、搜索、分析并报告有关上述问题的资料和研究结果。通过回答上述3个问题，企业就可从中把握和确定自己的潜在竞争优势在何处。

2. 准确地选择相对竞争优势

相对竞争优势是企业能够胜过竞争者的能力。这种能力既可以是现有的，也可以是潜在的。准确地选择相对竞争优势就是一个企业各方面实力与竞争者的实力相比较的过程。

（1）重要性。重要性即对目标顾客来说是最重要的。顾客倾向于记住和选择能满足自己迫切需求的，符合其态度、信念的产品。所以，凡是顾客在购买时最关心的因素均可以用于定位。

（2）独特性。独特性即能够与竞争产品区别开的重要特征。企业应认真分析竞争者的市场定位，并分析自己的产品有哪些独特性，哪些独特性是竞争者所没有的或是不足的，从而可以从中寻找自己与众不同的或优于竞争产品的特点。

（3）优越性。优越性即自己的产品具有比现有产品明显的长处。市场上有许多产品都能满足顾客的某种需求，一个产品的特点只有明显优于其他同类产品，才能有效地吸引顾客。例如，对于电视机来说，若仅凭低于其他品牌十几元的价格而强调价格的优势，显然是微不足道的。

（4）领先性。领先性即不易模仿性。通常那些在技术、管理和成本控制等方面有一定难度，不易被其他企业模仿或超越的竞争优势较适宜用于定位。

（5）沟通性。沟通性是指企业定位选择的这种差异化是可以跟目标顾客沟通的，并且顾客是可以亲身体验到的。

（6）承担性。承担性是指企业定位选择的这种差异化是目标顾客的货币支付能力可以承担得起的。

（7）营利性。营利性是指企业定位选择的这种差异化是同时能够给企业带来利润收益的。

3. 显示独特的竞争优势

这一步骤的主要任务是企业要通过一系列的宣传促销活动，使其独特的竞争优势准确地传播给潜在顾客，并在顾客心目中留下深刻印象。为此，企业首先应使目标顾客了解、知道、熟悉、认同、喜欢和偏爱本企业的市场定位，在顾客心目中建立与该定位相一致的形象；其次，企业通过保持目标顾客的了解、稳定目标顾客的态度和加深目标顾客的感情等努力来巩固与市场相一致的形象；最后，企业应注意目标顾客对其市场定位理解出现的偏差或由于企业市场定位宣传上失误而造成的目标顾客模糊、混乱和误会，及时纠正与市场定位不一致的形象。

> **相关链接6-2**
>
> #### USP定位
>
> USP定位即根据企业向目标顾客提供的产品的独特利益来进行定位。所谓USP（Unique Selling Proposition）即独特利益，是其他竞争对手无法提供或者没有诉求过的，因此是独一无二的。独特卖点必须符合以下4个衡量标准：
> （1）必须有其价值命题。
> （2）价值命题应该限于一个或少数一两个。
> （3）价值命题应该能够反映目标市场的利益。
> （4）利益必须有独特性。
>
> （资料来源：https://www.shichangbu.com/know_info/65789.html）

三、市场定位的策略与方法

企业常用的市场定位策略主要有避强定位策略、迎头定位策略及重新定位策略。

1. 避强定位策略

避强定位策略是指企业力图避免与实力最强或较强的其他企业直接竞争，而将自己的产品做不同的定位取向，使自己的产品在某些特征或属性方面与竞争者有比较显著的区别。避强定位策略的优点是能够使企业较快速地在市场上站稳脚跟，并能在消费者或用户心目中树立起一种独特的形象，市场风险较小，成功率较高，其缺点主要是避强定位往往意味着企业必须放弃某个最佳的市场位置，这有可能使企业处于最差的市场位置。

2. 迎头定位策略

迎头定位策略是指企业根据自身的实力，为占据较佳的市场位置，不惜与市场上占支配地位的竞争对手发生正面竞争而进行的与竞争者相似或相同的定位选择。企业采取迎头定位策略可能引发激烈的市场竞争，因此具有较大的风险性。迎头定位策略在企业实际中屡见不鲜。例如，百事可乐与可口可乐、肯德基与麦当劳等。

3. 重新定位策略

重新定位策略是指企业通过自己的定位努力，在打破现有市场定位体系下建立新的定位体系而获得优势地位。重新定位可能是由于市场的原因、顾客需求的变化、竞争的加剧以及企业的竞争优势改变等因素所导致。企业重新定位的目的就在于能够使企业获得新的、更大的市场活力。

企业市场定位的具体方法有很多，常见的方法有以下几种。

（1）强调第一。企业通过强调自己在市场上的明显的优势地位来突出自己的特点，从而让目标顾客有深刻的印象。通常，人们对"第一"是会予以最高的重视的。也就是说，"第一"的定位选择，最容易让顾客记住。所以，可口可乐通过其"只有可口可乐，才是真正的可乐"来有效地强调自己与顾客的"初恋"，并以此展示自己的市场领先地位。

（2）比附定位。比附定位是以竞争者品牌为参照物，依附竞争者定位。比附定位的对象通常会是行业的领先者。比附定位的目的是通过与强势竞争对手的有效对比，提升自身的价值与知名度。"因为我们第二，所以我们更努力"就是巧妙地利用了强势竞争者的市场位置来提升自己的市场地位。

（3）使用者定位。使用者定位即按照产品与某类顾客的生活形态和生活方式的相互关联进行定位。成功运用使用者定位，可以将企业的产品个性化，从而树立自己独特的产品形象和个性。耐克以喜好运动的人，尤其是乔丹的热爱者为目标消费者，所以它选择了乔丹为广告模特。百事可乐定位于"新一代的可乐"，抓住了新生代崇拜影视偶像的心理特征，请世界级影视明星做广告代言人，从而使"百事"成为"年轻、活泼、时代"的象征。

（4）档次定位。企业及其产品的价值是产品质量、顾客心理感受及各种社会因素（如价值观、文化传统等）的综合反映。定位于高档次的产品，传达了产品（服务）高品质的信息，同时也体现了顾客对它的认同。因此，档次具备了实物之外的价值。事实上，"档次"可以给目标顾客带来自尊和优越感。高档次产品往往通过高价位来体现其价值。例如，一些名贵手表价格高达十万、几十万元人民币，在一些消费者眼中这就是财富与地位的象征。

（5）类别定位。类别定位是指根据产品类别建立的品牌联想来进行定位。类别定位力图在顾客心目中造成该品牌等同于某类产品的印象，以成为某类产品的代名词或领导品牌，力求做到当顾客有了某类特定需求时就会联想到该品牌。例如，快餐使人想到麦当劳，运动饮料使人想到红牛等。

营销5.0实战6-4

靠营销一年卖30亿元，凉白开是如何成功的？

每当夏季来临的时候，瓶装水市场就会迎来一场激烈的水战，超市货架上的瓶装水越来越多，传统品牌稳如泰山，新品牌层出不穷。而今麦郎自2016年推出凉白开瓶装水，当年即售出500万箱，紧接着2017年销售额达2.5亿元，2018年销售额12.5亿元，2019年销售额突破20亿元，2022年凉白开销售额超过30亿元。今麦郎从推出凉白开到全年销售30亿元，只用了6年时间。很多人不理解，这样一个异类是如何在这么短的时间内取得成功的。

1. 超级定位：熟水

中国品牌瓶装水的历史已经超过30年，经过多年的竞争和发展，市场逐渐稳定。目前我国瓶装水市场，以天然水和纯净水两种为主。其中农夫山泉、华润怡宝、康师傅、娃哈哈、百岁山和冰露等六大品牌在市场占有率达八成左右。在这种情况下，想要重新打造一个天然水或纯净水的品牌是很难的，因而开拓一个新品类就成为一种可靠的思路。

今麦郎发现：从上古时期的炎帝神农煮茶传说，到宋明清的宫廷和士族显贵们的各类花式"熟水"，再到历朝历代医药典籍中，特别是《本草纲目》中记载的"太和汤"；再到"爱国卫生运动"大力提倡"不喝生水喝熟水"。千百年来，将水烧开再饮用已经是大多数中国人的饮水习惯和健康共识，熟水凉白开一直和中国人的健康生活高度融入、息息相关，在国人心中，有着极为广泛的消费基础。因此，通过对国人饮食习惯和健康消费升级趋势的洞察，今麦郎另辟蹊径，开创了"熟水"这一差异化的定位，并对其他瓶装水做了再定位，暗示其他品牌都是"生水"，从而让它成功地与其他瓶装水品牌区分开来。

2. 超级名字：凉白开

在熟水定位的基础上，今麦郎将自己的瓶装水命名为"凉白开"，中国人从小就有喝凉白开的饮水习惯，这个名称已经根植于消费者心中，无须强化和再教育就可以唤起消费者的记忆。用凉白开作为产品名称，可以说是自带传播属性，大大降低了营销成本。

3. 超级卖点：更适合中国人体质

初期凉白开的广告，表达非常简单，侧重表达"熟水、凉白开、真解渴"的内容。广告虽然简单，但把消费者对于瓶装水健康、便利的需求充分地体现了出来。后期凉白开围绕"国人""健康"的核心价值进行提炼，提出了"更适合中国人体质"的核心卖点，树立了"健康工艺、健康熟水、健康饮水"的理念。随着消费者健康理念的不断提升，健康饮水成为消费者最重要的选择标准，因此，今麦郎这一理念的提出，刚好吻合了消费者的诉求。

正如农夫山泉在纯净水之外凭空创造一个天然水的新品类，并快速占领市场，成为天然水的老大一样，今麦郎的凉白开在天然水、纯净水之外，创造了熟水的新品类，建立"健康饮水＝凉白开"的概念，并以"凉白开"的名称深入人心，从而赢得新先机。

（资料来源：https://www.woshipm.com/marketing/5833933.html，有删改）

营销方法

1. 定位图

定位图是一种直观的、简洁的定位分析工具，一般利用平面二维坐标图的品牌识别、品牌认知等做直观比较，以解决有关定位的问题。定位图的坐标轴代表消费者评价品牌的特征因素，图上各点则对应市场上的主要品牌，它们在图中的位置代表消费者对其各关键特征因子上的表现的评价。图6-7为啤酒品牌的定位图，图上的横坐标表示啤酒味道的苦甜程度，纵坐标表示口味的浓淡程度，而图上各点的位置反映了消费者对其口味和味道的评价。例如，百威（Budweiser）被认为味道较甜，口味较浓，而菲斯达（Falstaff）则味道偏苦及口味较淡。

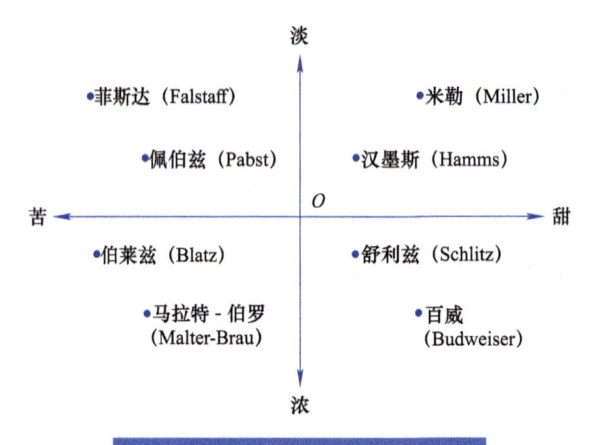

图6-7 啤酒品牌的定位图

通过定位图，可以显示各品牌在消费者心目中的印象及品牌之间的差异，可在此基础上做定位决策。定位图应用的范围很广，除有形产品外，它还适用于服务、组织形象甚至个人等几乎所有形式的定位。

2. 定位图的制作步骤

（1）确定关键的特征因子。定位图一般是二维的，这样是为追求其直观性。首先要通过市场调查了解影响消费者购买决策的各种因素及消费者对它们的重视程度，然后通过统计分析确定重要性较高的几个特征因子，再从中进行挑选。在取舍时首先要剔除那些难以区分各品牌差异的因子（如汽油的价格因子），其次要剔除那些无法与品牌形成竞争的因子，最后一步就是在剩下的因子中选取两项对消费者决策影响最大的因子。有时对于相关程度甚高的若干个因子可将其合并为一综合因子以作为坐标变量，如可将运动鞋的舒适、耐用两个特征因子综合为品质因子。

（2）确定诸品牌在定位图上的位置。在选取关键因子后，接着就要根据消费者对各品牌在关键因子上的表现来确定各品牌在定位图上的坐标。在确定位置之前，首先要保证各个品牌的变量值已量化，特别是一些主观变量（如啤酒口味的浓淡程度），必须要将消费者的评价转化为拟定量的数值，只有这样才便于在图上定位。

[本章小结]

1. 目标市场营销

目标市场营销是企业在营销环境分析的基础上，结合企业目标及资源条件，通过对市场进行细分，选择自己的目标市场并进行有效的市场定位的战略过程。目标市场营销包括市场细分、目标市场选择和市场定位3个步骤。

2. 市场细分

市场细分是企业通过市场调研，根据市场需求的多样性和异质性，依据一定的标准，把整体市场即全部顾客和潜在顾客划分为若干个子市场的市场分类过程。每一个子市场就是一个细分市场，一个细分市场内的顾客具有相同或相似的需求特征，而不同的子市场之间却表现为明显的需求差异。市场细分可以为企业寻找更多、更好的市场机会。

3. 目标市场选择

目标市场是企业在对市场进行细分并对其评价的基础上，企业决定要进入的市场，即企业决定所要销售和服务的目标客户群。企业选择目标市场，首先要确定目标市场的覆盖范围。接着，要制订进入目标市场的市场策略。通常，可以有3种基本的策略选择：无差异性营销策略、差异性营销策略和集中性营销策略。

4. 市场定位

市场定位就是企业根据市场特性和自身特点，确立本企业与竞争对手不同的个性或形象，形成鲜明的特色，在目标顾客心目中留下深刻的印象从而形成特殊的偏爱，最终在市场竞争中获得优势的过程。

———————————— 重要概念 ————————————

目标市场营销　市场细分　地理细分　人口细分　心理细分　行为细分　目标市场
无差异性营销策略　差异性营销策略　集中性营销策略　市场定位　产品定位

[案例分析]

西西弗书店的成功之道

随着电商和电子书的发展，人们的阅读习惯发生了改变，实体书店纷纷陷入了"生存困局"，不少书店没有挺过2021年，纷纷停业。但有一家实体书店还能做到"逆势增长"——它就是西西弗书店。

1. 成功的关键：明确自己要卖什么、该卖给谁

西西弗书店从未停下过扩张的"步伐"。2018年西西弗书店新开了83家门店，2020年新开34家门店。如今已经遍布全国80多座城市，开设了300多家门店。

在西西弗书店发展的29年里，也曾遭遇过传统书店常面临的"窘境"。互联网的爆发式增长给书店带来了巨大的冲击，西西弗书店一度濒临倒闭。2008年，西西弗书店来到重庆，尝试"转型"——开始复合经营模式，不仅售卖图书，还有咖啡、文创产品等。西西弗没有选择"下沉市场"，而是"进攻"一二线城市。西西弗书店布点最多的城市依次是重庆、深圳、北京、上海、成都、杭州等一线城市，并且其选址都是在客流量较大的中高端商场。从扩张路径和选址来看，西西弗非常清楚自己的目标客户是谁——中产小资群体：有钱有闲、喜欢逛商场的中产小资群体。

2. 不仅如此，西西弗也非常明确自己的核心优势和产品是什么

纸质书和电子书带来的阅读体验大不相同，前者能给人以"书墨飘香，尽染芬芳"的满足感，这是后者无法做到的。西西弗将这一优势进一步扩大——提供桌椅、咖啡、文创，优化阅读体验，补上了传统书店的一块"空白"，做到了让人们能"在书店里舒舒服服地看书"。为了吸引并留住用户，西西弗提供了"多层次服务"。

首先，用户来到书店，最常做的一件事就是"翻开感兴趣的书看看"。然而很多传统书店里，并没有专门可以看书的区域，大家如果想要看书，只能选择坐在地板上或是台阶上。西西弗书店的"基础服务"，就是提供可以让人好好坐下来看书的"阅读区"。

其次，书籍内容的好坏是促使用户下单的关键因素。西西弗书店在产品陈列上体现出极强的"商业导向性"——什么受欢迎、什么有趣、什么好卖就着重突出什么。西西弗在门口处专门开设了"畅销排行板块"，专门摆放当下最热门的爆款书籍。剩余空间，西西弗将书籍共分成了5个主题板块，从入口处依次摆放的是"生活"主题、"心理"主题、"文学"主题、"艺术"主题、"传统文化"主题，基本涵盖了中产小资群体青睐的畅销书。为了更好地把握目标受众的需求，西西弗会根据每家店消费者的画像来选择每个月的重点新书（比如一家店里爱看生活类书籍的消费者居多，本月的重点新书就会多进生活类书籍），并且每过一段时间后，会依据图书的销售数据，将摆放位置进行调整，并采用"末位淘汰"制度，而最火的新品最后会成为重点畅销单品。

最后，西西弗书店的咖啡、文创、儿童体验馆相当于是书店的"增值服务"，丰富了用户在书店的阅读体验。顾客可以在商场逛街后，来到书店歇歇脚，点杯咖啡，拿一本感兴趣的小说，静静地看一下午。在这样惬意的环境下，书店的价值，"一个能安静休息放松的地方"就体现出来了——文创为环境"买单"。

有不少文化人对西西弗书店的经营方式嗤之以鼻，批评它明明是家书店，却不去做正经读书人的生意，一味迎合大众喜好去卖畅销书。西西弗书店确实是以"强商业化"为导向，但也不得不承认，西西弗所具备的"互联网思维"让它在残酷的环境中存活了下来。

（资料来源：https://36kr.com/p/1802870122448136）

思考与分析

1. 西西弗书店是如何进行市场细分的？它的目标顾客是谁？
2. 西西弗书店的成功，给你的启示是什么？

营销实训

知名品牌目标市场探究

【训练目的】了解知名品牌的目标市场营销。

【训练方案】在全国很多城市都有时装品牌"ZARA"的身影,以3~5人为一个小组,调查分析"ZARA"的目标市场、市场定位和市场进入策略。

复习与思考

1. 什么是市场细分?为什么要进行市场细分?
2. 市场细分的客观依据是什么?
3. 简述市场细分的程序和方法。
4. 简述目标市场的确定和目标市场的策略。
5. 你认为海尔、格力、华为、IBM、麦当劳等企业是怎样进行市场定位的?

第七章
产品策略

学习指导

学习目标

1. 理解整体产品及产品组合的概念
2. 掌握产品生命周期各阶段的特点及营销策略
3. 了解新产品开发的概念及其开发程序
4. 掌握品牌、商标及包装的基本知识及策略

任务驱动

宁咖啡logo焕新升级

2022年4月15日，李宁体育（上海）有限公司申请注册"宁咖啡NING COFFEE"商标，4月底，李宁官微发布了"李宁厦门中华城旗舰店"开业消息，透露了"NING COFFEE"正式落地第一站，由此正式进军咖啡界。李宁公司向媒体回应："李宁一直致力于从'运动体验'、'产品体验'和'购买体验'三个维度，打磨和提升'李宁式体验价值'。在聚焦消费者、聚焦市场、聚焦商品与卖场的过程中，李宁公司关注零售终端的消费者购买体验，希望通过优化店内服务，提升顾客在购物时的舒适度和体验感。在店内提供咖啡服务，将会是李宁针对零售终端消费体验环节的一次创新尝试。"并表示，未来"宁咖啡"将以占据李宁线下门店一部分的形式出现。运动品牌搞副业，可以看作是针对零售终端消费体验环节的一次创新尝试。运动品牌和餐饮尽管在业务上没有关联，但运动品牌的线下门店是天然的渠道资源，能够为咖啡馆带来流量优势。

时隔一年后，李宁带着"宁咖啡"又有了新动作。2023年3月，李宁体育（上海）有限公司申请注册"ANYTHING IS POSSIBLE NING COFFEE" "NING COFFEE ANYTHING IS POSSIBLE"文字及图形logo商标，国际分类为餐饮住宿、方便食品。熟悉李宁品牌的人应该都知道，ANYTHING IS POSSIBLE（一切皆有可能）是李宁品牌宣传语。从商标这个点撬动，足以窥见一个企业的商业布局。为了使宁咖啡能够更加贴合李宁品牌，看得出李宁也在进行不断的尝试。

随着咖啡市场的不断扩张和消费者需求的增长，入局咖啡行业的跨界企业越来越多。有业内人士分析称，传统品牌迈向快消，原因之一是寻找第二增长曲线，传统品牌也面临着一些问题，比如竞争激烈、增量到了天花板、利润空间被压缩等，所以需要去扩充自己的渠道。此外品牌自身能力外溢，比如供应链渠道、点位或品牌认可度等，拓展新品类大家也会为其买单。

咖啡是最合适的品类有几点原因，第一，标准化程度高，不管是产品打造，还是口感、供应链运营都已经非常标准化；第二，受众群体泛年轻，咖啡的受众群体的年龄跨度更大，更容易被接受；第三，消费升级下的新刚需，咖啡消费已经成为中国一二线城市消费的新常态，在任何场景都可以被接受。

但随着一二线城市咖啡市场的趋于饱和，各路玩家激增，口味同质化现象越来越严重，新品牌突围只会越来越难，咖啡赛道的钱已经不好赚了。

不同背景的主体希望通过咖啡业务实现不同程度的品牌转型，跨界品牌的挑战在于如何处理咖啡产品本身和传统品牌的形象，如何挑战消费者对于品牌的固有认知。为在咖啡赛道中脱颖而出，跨界咖啡品牌需要提升品牌经营理念和咖啡产品质量，突破品牌本身的特点，把品牌特点和咖啡结合起来，取得更加广泛的用户认可和更具规模的固定消费人群。

结合案例，谈谈你对品牌延伸的看法，企业在进行品牌延伸时应注意什么？

（资料来源：https://www.chinaacc.com/cma/news/ya20220607143908.shtml，有删改）

产品是企业市场营销组合中的一个最主要因素。在现代市场上，企业间的激烈竞争都是以产品为中心进行的，企业的其他营销要素都是围绕产品策略展开的。

产品是市场营销组合中最重要也是最基本的因素，即第一要素。任何企业在制订市场营销战略计划时，首先要考虑产品策略问题，因为产品是市场营销活动的中介，只有通过它才能使生产者和消费者之间实现交换的目的；其次，企业只有提供满足消费者需求的产品和服务，才能实现获取利润的目标；此外，市场营销组合中的其他 3 个要素（价格、渠道、促销）都是以产品策略为基础的。因此，产品策略直接影响和决定着其他市场营销组合的因素，关系企业市场营销的成败。

第一节　产品与产品组合

一、产品及产品整体概念

1. 产品的基本概念

什么是产品？人们从不同的角度给予产品不同的定义。一般来说，对产品的理解存在广义和狭义之分。

狭义的产品是指某种为销售而生产出来的、满足人们需要的有形实体，如汽车、服装、牙刷、电视机等。这一定义强调产品的物质属性，是对产品的一种狭义认识，是属于生产观念的传统看法。这种理解将非生产劳动的非物质形态的产物以及不仅仅是满足生存需要的产物都排除在外了。在科学技术高速发展、商品极大丰富、市场竞争日趋激烈的市场环境下，狭义的产品概念已不能适应时代的发展了。

在现代市场营销中，产品概念具有极其宽广的外延和深刻的内涵。产品是指能够通过交换满足消费者或用户某一需求或欲望的任何有形物品和无形的服务。有形物品包括产品实体及其品质、款式、特色、品牌和包装等，无形服务包括可以给顾客带来附加利益和心理满足感的售后服务、保证、产品信誉、企业形象等。这种概念是从现代营销的角度定义的，是产品整体的概念。

2. 产品整体概念

从市场营销学的角度出发，产品的概念是一个整体概念。产品是指能够提供给市场以满足顾客需求的任何东西，即所谓的"整体产品"。产品可以包括实物、服务、体验、事件、人员、地点、所有权、组织、信息和创意等一切有形的和无形的东西，或者是它们的组合。关于产品的整体概念，营销学界最先用 3 个层次来表述，即核心产品、形式产品和延伸产品（附加产品），这种研究思路与表述方式已沿用了多年。后来，菲利普·科特勒等学者认为用以下 5 个层次来表述产品的整体概念则更加准确，如图 7-1 所示。

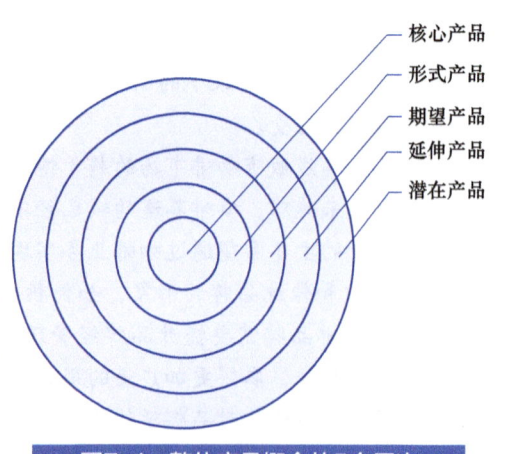

图7-1　整体产品概念的5个层次
（核心产品、形式产品、期望产品、延伸产品、潜在产品）

（1）核心产品。核心产品是指向顾客提供的基本效用或利益，即产品的使用价值，是构成产品的最核心的部分。顾客购买某种产品，并不是为了占有或获得产品本身，而是为了获得满足某种需要的利益或效用。例如，人们购买空调不是为了获取装有某些电器零部件的物体，而是为了在炎热的夏季满足凉爽的需要，在寒冷的冬季满足温暖的需要。顾客购买的不是物质实体，而是购买最有效的利益，因此，营销人员向顾客销售的任何产品都必须具有反映顾客核心需求的基本效用或利益。

（2）形式产品。形式产品是指核心产品借以实现的形式，或目标市场对某一需求的特定满足形式。形式产品由5个特征所构成，即品质、式样、特色、品牌及包装。即使是纯粹的劳务产品，也具有类似的形式上的特点。产品的基本效用必须通过特定形式才能实现，市场营销人员应努力寻求更加完善的外在形式以满足顾客的需要。

（3）期望产品。期望产品是指购买者在购买该产品时，期望得到的与产品密切相关的一整套属性和条件。例如，顾客购买电冰箱时期望该冰箱能在省电的情况下，保持食物的新鲜，使用安全可靠等。

（4）延伸产品。延伸产品是指顾客购买形式产品和期望产品时，附带获得的各种利益的总和，主要包括产品说明书、产品保证、送货、安装、调试、维修、零配件供应、技术培训等。

在竞争激烈的市场中，企业对延伸产品的精心管理是企业提高竞争力的保证。尤其是在产品的性能和外观相似的情况下，产品竞争力的高低往往取决于延伸产品。许多企业能够成功，在一定程度上应归功于他们更好地认识了服务在产品整体概念中所占的重要地位。许多情况表明，新的竞争并非凭借各公司在其工厂所生产的产品，而是取决于公司能否正确发展延伸产品，即依靠附加在产品上的包装、服务、广告、顾客咨询、资金融通、运送、仓储及其他具有价值的形式，能够正确发展延伸产品的公司必将在竞争中赢得主动权。

（5）潜在产品。潜在产品是指现有产品包括所有附加产品在内的，可能发展成为未来最终产品的潜在状态的产品，指出了现有产品的可能演变趋势和前景，如可穿戴设备可能会替代智能手机成为未来的终端等。

产品的5个层次非常清晰地体现了以消费者为中心的现代营销观念。这一概念的内涵与外延都是以消费者需求为标准的，由消费者的需求决定的。可以说，产品整体概念是建立在"需求＝产品"这样一个等式基础之上的。没有产品整体概念，就不可能真正贯彻现代营销观念。

二、产品组合

1. 产品组合及其相关概念

（1）产品组合的含义。产品组合（Product Mix）是指企业提供给市场的全部产品线和产品项目的组合或结构，即企业的业务经营范围。产品组合包括4个变量：产品组合的宽度、长度、深度和关联度。企业为了实现营销目标，充分有效地满足目标市场的需求，必须设计一个优化的产品组合。

产品线（Product Line）是指具有相同使用功能，能满足同类需求，但其型号、规格、款式、档次不同的一组密切相关的产品，亦称为产品系列或产品大类。例如，以类似的方式发挥功能，出售给相同的顾客群，通过同样的销售渠道出售，属于同样的价格范畴等。

产品项目（Product Item）是衡量产品组合各种变量的一个基本单位，指同一产品线或产品系列内的每一个具体的产品，它是产品目录中经特别设计的不同功能、尺寸、规格、型号、颜色、用途等特点的产品，如同一品种有3个品牌即为3个产品项目。例如，百货公司经营金银首饰、化妆品、服装鞋帽、家用电器、食品、文教用品等，这就是产品组合，其中"家电""鞋帽"等大类就是产品线，每一大类里包括的具体品牌、品种为产品项目。

（2）产品组合的因素。企业产品组合通常从宽度、长度、深度和关联度4个维度进行分析。

1）产品组合的宽度。产品组合的宽度（Product Mix Width）又称产品组合的广度，是指一个企业拥有的产品线的数量。产品线数量越多，说明企业产品组合的宽度越宽。产品组合的宽度反映了一个企业市场服务面的宽窄程度以及企业承担投资风险的能力。加大企业产品组合的宽度，可以扩大企业的经营范围，充分、合理地利用好企业的各项资源，提高经济效益，降低经营风险。在表7-1中我们可以看到，宝洁为我国市场提供许多产品，有秀发护理用品、皮肤和个人护理用品、女性护理用品、口腔护理用品、织物护理产品、男士理容用品、婴儿护理用品、居家护理用品和个人健康护理用品，共计9个系列。所以，宝洁的产品组合宽度为9。

2）产品组合的长度。产品组合的长度（Product Mix Length）是指企业产品线中的产品项目数量的总和。其中，总长度是所有产品线中的产品项目数量总和，而平均长度是平均每条产品线的产品项目数量总和。在表7-1中，宝洁在中国市场的产品组合的总长度是28，平均长度则是28/9≈3。增加产品组合的长度，可使产品线更加丰满，同时，也给每个产品系列增加更多的变化因素。

3）产品组合的深度。产品组合的深度（Product Mix Depth）是指产品线中每个产品项目所具有的花色、口味、规格等不同种类的数量。例如，佳洁士牙膏包括佳洁士茶爽牙膏、佳洁士双效洁白牙膏、佳洁士舒敏灵牙膏、佳洁士多合一牙膏、佳洁士防蛀薄荷牙膏、佳洁士清新牙膏、佳洁士盐白牙膏、佳洁士防蛀含氟牙膏以及佳洁士草本清新牙膏9个种类。不考虑规格的差异，佳洁士牙膏的深度为9。同样的办法，我们可以计算出所有产品项目的深度，累加在一起，就得到产品组合的总深度。总深度除以总长度就可以得到产品组合的平均深度。增加产品组合的深度，可使各产品线有更多的品种，适应顾客的不同需要，扩大总销售量；增加产品组合的深度，可适应不同顾客的需要，吸引更多的顾客。

4）产品组合的关联度。产品组合的关联度（Product Mix Consistency）又称产品组合的密度或相关性，是指产品组合的各个产品线在最终使用、生产条件、分销渠道或其他方面相关联的程度，这种相关联的程度越高，产品组合的相关性就越大。显然，相关性的高低同观察的角度不同有关：从生产的角度看相关性可能会很高，而从消费的角度看相关性很低。产品组合相关性的高低，可决定企业在多大领域内加强竞争地位和获得更高的声誉。增加产品组合的相关性，可以充分发挥企业现有的生产、技术、分销渠道和其他方面的能力，提高企业的竞争力，增强其市场地位，提高经营的安全性。

必须注意的是，企业所面对的市场环境因素是动态多变的，各种因素的变化必然会对企业产品的营销产生正负不同的影响。因此，企业要经常对自己的产品组合进行分析、评估和调整，力求保持最适当、合理的产品组合。

相关链接7-1

宝洁公司的产品组合

宝洁公司的产品组合见表7-1。

表7-1 宝洁（中国）公司的产品组合

产品线	产品项目
秀发护理	飘柔、潘婷、海飞丝、沙宣、澳丝、发之食谱、植感哲学
皮肤和个人护理	aio护肤品、FirstAidBeauty皮肤护理、玉兰油皮肤护理、玉兰油身体护理系列、SK-Ⅱ皮肤护理、舒肤佳个人护理

（续）

产品线	产品项目
女性护理	护舒宝、丹碧丝
口腔护理	佳洁士、欧乐B
织物护理	碧浪、当妮、汰渍洗衣产品
男士理容	吉列、博朗、维纳斯剃须刀和剃须膏
婴儿护理	帮宝适纸尿裤
居家护理	风倍清除臭剂、洗悦洗涤剂
个人健康护理	伊维安、新章

（资料来源：http://www.pg.com.cn/brands/#）

2. 产品组合调整策略

对企业现行产品组合进行分析和评估之后，找出存在的问题，就要采取相应措施，调整产品组合，以求达到最佳组合。产品组合的调整策略有以下几种。

（1）扩大产品组合。扩大产品组合即扩展产品组合的宽度或深度，增加产品系列或项目，扩大经营范围，生产经营更多的产品以满足市场的需要。当市场需求不断扩大，营销环境有利，企业资源条件优化时，就需要扩大企业产品组合以争取更大发展；当企业预测到现有产品线的销售额和利润率在未来可能下降时，就必须及时考虑在现有产品组合中增加新的产品线或加强具有发展潜力的产品线。

（2）缩减产品组合。缩减产品组合即降低产品组合的宽度或深度，剔除那些不获利或获利能力小的产品线或产品项目，集中力量生产经营一个系列的产品或少数产品项目，提高专业化水平，力争从生产经营较少的产品中获得较多的利润。当市场不景气或原材料、能源供给紧张，企业费用水平太高时，缩减产品线反而能使企业的总利润增加。

营销5.0实战7-1

千亿蒙牛，闯入运动营养赛道

2023年2月28日，蒙牛通过其官方微信公众号宣布，进军专业运动营养赛道，并同步推出了两款迈胜运动蛋白饮。据蒙牛介绍，迈胜运动蛋白饮是专为国人定制研发各类运动场景下的营养补充产品，随时随地补充身体所需的全面营养。迈胜运动蛋白饮瞄准的是运动后30分钟黄金时间的蛋白质补充，蛋白质含量分别为15g、25g，包括了乳清蛋白、酪蛋白和胶原蛋白肽。两款产品均添加了14种维生素和矿物质，能够为人体提供必要的营养；低糖、低脂、低乳糖的配方，也减轻了运动健身人群的饮用负担。

蒙牛此举进军运动营养赛道，无论是专业性还是国民性，都在推动中国运动营养市场的进一步升级，同时弥补了从前行业内没有国民品牌即饮蛋白营养产品的空缺。根据GrandView Research预测，到2025年，全球运动营养市场价值将以9.7%的年复合增长率增至244.3亿美元。而在中国市场上，2018年，中国运动营养市场整体规模为3.29亿美元，在过去的五年中，产业零售额的复合年均增长率高达40%，未来五年，这一数据仍可达到24%，远高于全球运动营养行业的11%。目前，中国的运动营养市场还处于起步

> 阶段，随着人们对健康的意识逐步提高，未来参与运动的人会越来越多，运动营养品类的消费市场会不断扩大。
>
> 过去 20 年，蒙牛和伊利在进行一场持续的乳业两强争霸赛，但如今双方都面临同样的挑战：在主营业务液态奶之外找到新的增长点。过度依赖液态奶的产品结构，让蒙牛在和竞争对手对抗的过程中逐渐落于下风。为了摆脱对单一品类的过度依赖，蒙牛积极探索第二增长曲线，运动营养品能否成为蒙牛新的发展驱动力？时间将给出答案。
>
> （资料来源：饮料行业网 2023-03-02，有删改）

第二节 新产品开发

新产品开发是企业生命的源泉。在现代社会，消费者的需求不断变化，技术也在迅速发展和传播，产品生命周期则相应缩短。不仅顾客需要新产品，为了保持或提高销量，企业也需要积极寻找、发展新产品。习近平总书记在党的二十大报告中指出"教育、科技、人才是全面建设社会主义现代化国家的基础性、战略性支撑。必须坚持科技是第一生产力、人才是第一资源、创新是第一动力，深入实施科教兴国战略、人才强国战略、创新驱动发展战略，开辟发展新领域新赛道，不断塑造发展新动能新优势。"强调要坚持创新在我国现代化建设全局中的核心地位。培育创新文化，弘扬科学家精神，涵养优良学风，营造创新氛围。

一、新产品的概念及种类

市场营销学使用的新产品概念，不是从纯技术角度理解的。一种产品只要在功能或形态上得到改进，与原有产品产生差异，并为顾客带来新的利益，即可视为新产品，它包括以下 4 种基本类型。

1. 全新产品

全新产品即应用科技新理论、新原理、新技术、新结构、新材料等制造的前所未有的全新产品。

2. 换代新产品

换代新产品又称革新产品，是为适合新用途，满足新需要，在原有产品的基础上采用新技术而制造出来的、性能有显著提高的新产品。例如，黑白电视机革新为彩色电视机，3G 手机革新为 4G 手机。

3. 改进新产品

改进新产品是采用各种新技术，对现有产品的性能、质量、规格、型号、款式等做一定的改进的新产品，如新款式的服装。

4. 仿制新产品

仿制新产品是指市场上已有的，企业为了竞争的需要而仿制的新产品，又称为企业新产品。

企业在其内部的环节获得新产品的过程就是新产品开发的过程。企业的新产品开发活动必须根据市场需求变化和市场供求关系的新特点来进行，并采用市场细分化的营销新策略。企业新产品开发要按照市场需求和购买行为的差异性，努力发现新的需要、新的用户、新的机会，主动开拓新市场，从而保证企业市场经营的成功。

二、新产品开发的必要性

企业之所以要大力开发新产品，主要有以下原因。

1. 产品生命周期的现实要求企业不断开发新产品

企业和产品一样也存在着生命周期。如果不开发新产品，当产品走向衰落时，企业也同样走到了生命周期的终点。若企业能够不断开发新产品，就可以在原有产品退出市场时，利用新产品占领市场。一般来说，当一种产品投放市场时，企业就应当设计新产品，任何时期都有不同的产品处在周期的各个阶段，从而保证企业利润的稳定增长。

2. 消费需求的变化需要不断开发新产品

随着生产的发展和人们生活水平的提高，需求也发生了很大变化，方便、健康、轻巧、快捷的产品越来越受到消费者的欢迎。消费结构的变化加快、消费选择更加多样化、产品生命周期日益缩短，一方面给企业带来了威胁，企业不得不淘汰难以适应消费需求的老产品；另一方面也给企业提供了开发新产品以适应市场变化的机会。

3. 科学技术的发展推动着企业不断开发新产品

科学技术的迅速发展导致许多高科技新型产品的出现，并加快了产品更新换代的速度。科技的进步有利于企业淘汰过时的产品，生产性能更优越的产品，并把新产品推向市场。企业只有不断运用新的科学技术改造自己的产品，开发新产品，才不至于被排挤出市场。

4. 市场竞争的加剧迫使企业不断开发新产品

现代市场上企业之间的竞争日趋激烈，要想保持竞争优势只有不断创新、开发新产品，才能在市场上占据领先地位。没有疲软的市场，只有疲软的产品。定期推出新产品可以提高企业在市场上的信誉和地位，提高竞争力，并扩大市场份额。

营销5.0实战7-2

可口可乐首款AI共创概念产品——"未来3000年"

未来3000年的世界是什么样子？未来3000年的饮料是什么味道？可口可乐或许能给你一个答案。2023年9月12日，可口可乐全球创意平台"乐创无界"再度推出全新限定产品——首款联合人工智能（AI）打造的无糖可口可乐"未来3000年"，期待以这款充满未来感的产品开启人们对未来世界的无限畅想。

在产品口味研发和包装设计方面，可口可乐均借助了AI的力量，最终打造出这款充满未来感的限定产品。

在产品研发方面，可口可乐根据市场数据分析消费者口味偏好，以了解他们对未来饮料口味的畅想，并结合AI的推荐，在无糖可口可乐经典美味的基础上添加了充满创意、层次丰富的味道，最终打造出这款拥有独特"未来3000年"口味的限定产品。在包装设计上，AI也发挥了重要作用。可口可乐将极具未来感的风格引入AI图像生成器，为

> 主视觉设计提供了灵感。从外观看，整体色调轻松明快，动感十足的气泡组成了可口可乐"乐创无界"标志，而带有流动点簇的可口可乐标志性斯宾塞字体则象征着未来人与人之间的联系。包装上不断流变的液体形态及颜色变化为消费者描绘出一个美轮美奂的未来图景，与"未来3000年"的概念相呼应。在与消费者的交互方面，可口可乐携手国内智能科技品牌小度，打造了别具匠心的AI体验，为消费者解锁"开启畅爽，尽释美妙"的独特旅程。双方将可口可乐品牌理念与生成式人工智能（AIGC）技术巧妙结合，创造了具有"未来3000年视觉"的专属模型。消费者通过扫描瓶身或罐身二维码，进入"可口可乐吧"小程序，登陆"未来畅想平台"，即可开启AIGC体验。消费者可使用定制的"未来3000年"AI镜头上传照片，尽情畅想自己在未来3000年世界的模样。同时，依托小度灵机大模型的多模态识别技术，消费者还能以对话方式对画面进行修改，并转化为视觉艺术作品，沉浸式体验3000年世界的未来感与科技感。
>
> "我们希望可口可乐'乐创无界'平台能够为粉丝们创造出意想不到的美妙时刻。以可口可乐的永恒经典为灵感，我们期待发掘消费者对未来的不同畅想。"可口可乐公司全球战略高级总监 Oana Vlad 表示，"在 AI 的赋能下，可口可乐'未来3000年'将激发消费者畅想未来的味道，探索未来的创新体验。"
>
> （资料来源：https://www.coca-cola.com/cn/zh/media-center/coca-AI，有删改）

三、新产品开发的程序

为了提高新产品开发的成功率，必须建立科学的新产品开发管理程序。不同行业的生产条件与产品项目不同，管理程序也有所差异，但一般企业研制新产品的程序如图 7-2 所示。

1. 新产品构思

构思是为满足一种新需求而提出的设想。在产品构思阶段，营销部门的主要责任有：寻找，积极地在不同环境中寻找好的产品构思；激励，积极地鼓励公司内外人员发展产品构思；提高，将所汇集的产品构思转送公司内部有关部门，征求修正意见，使其内容更加充实。最高管理层是新产品构思的主要来源。新产品构思的其他各种来源包括发明家、专利代理人、大学和商业性的研究机构、营销研究公司等。

2. 筛选

筛选的主要目的是选出那些符合本企业发展目标和长远利益，并与企业资源相协调的产品构思，摒弃那些可行性小或获利较少的产品构思。筛选应遵循以下标准：

（1）市场成功的条件。它包括产品的潜在市场成长率、竞争程度及前景、企业能否获得较高的收益。

（2）企业内部条件。企业内部条件主要衡量企业的人、财、物资源，企业的技术条件及管理水平是否适合生产这种产品。

（3）销售条件。销售条件是指企业现有的销售结构是否适合销售这种产品。

（4）利润收益条件。它是指产品是否符合企业的营销目标，其获利水平及新产品对企业原有产品销售的影响。

这一阶段的任务是剔除那些明显不适当的产品构思。筛选新产品构思可通过新产品构思评审表进行。

在筛选阶段，应力求避免两种偏差：第一种是漏选好的产品构思，对其潜在价值估价不足，失去发展机会；第二种是采纳了错误的产品构思，仓促投产，造成失败。

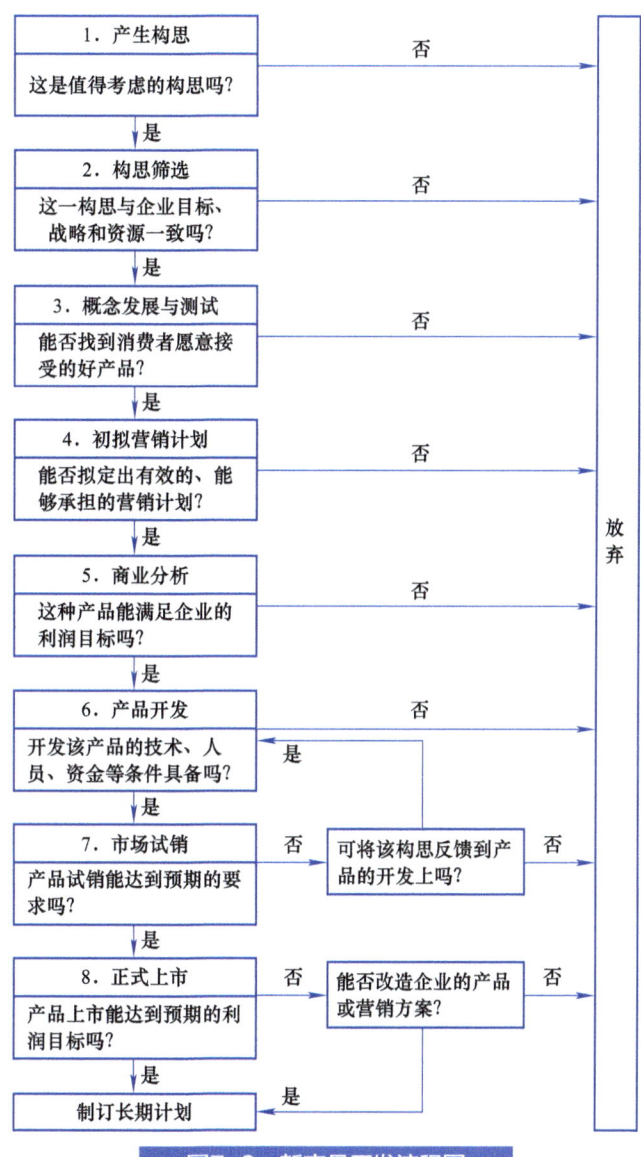

```
1. 产生构思
这是值得考虑的构思吗？
    ↓ 是
2. 构思筛选
这一构思与企业目标、战略和资源一致吗？
    ↓ 是
3. 概念发展与测试
能否找到消费者愿意接受的好产品？
    ↓ 是
4. 初拟营销计划
能否拟定出有效的、能够承担的营销计划？
    ↓ 是
5. 商业分析
这种产品能满足企业的利润目标吗？
    ↓ 是
6. 产品开发
开发该产品的技术、人员、资金等条件具备吗？
    ↓ 是
7. 市场试销
产品试销能达到预期的要求吗？
    ↓ 是
8. 正式上市
产品上市能达到预期的利润目标吗？
    ↓ 是
制订长期计划
```

每个"否"分支均流向"放弃"。市场试销"否"→"可将该构思反馈到产品的开发上吗？"；正式上市"否"→"能否改造企业的产品或营销方案？"

图7-2 新产品开发流程图

3. 产品概念的形成与测试

新产品构思经筛选后，需进一步发展更具体、明确的产品概念。产品概念是指已经成型的产品构思，即用文字、图像、模型等予以清晰阐述，使之在顾客心目中形成一种潜在的产品形象。

一个产品构思能够转化为若干个产品概念。每一个产品概念都要进行定位，以了解同类产品的竞争状况，优选最佳的产品概念。选择的依据是未来市场的潜在容量、投资收益率、销售成长率、生产能力以及对企业设备、资源的充分利用等，可采取问卷方式将产品概念提交给目标市场有代表性的消费者群进行测试、评估。产品概念的问卷可以包括以下问题：你认为这种产品与一般产品相比有什么优点？该产品是否能够满足你的需求？与同类产品比较，你是否偏好此产品？你能否对产品属性提供某些改进的建议？你认为价格是否合理？产品投入市场后，你是否会购买（肯定买、可能买、可能不买、肯定不买）？问卷调查可帮助企业确立吸引力最强的产品概念。

4．初拟营销规划

企业选择了最佳的产品概念之后，必须制订把这种产品引入市场的初步市场营销计划，并在未来的发展阶段中不断完善。初拟的营销计划包括3个部分：①描述目标市场的规模、结构、消费者的购买行为、产品的市场定位以及短期（如3个月）的销售量、市场占有率、利润率预期等。②概述产品预期价格、分销渠道及第一年的营销预算。③分别阐述较长时期（如3～5年）的销售额和投资收益率以及不同时期的市场营销组合等。

5．商业分析

商业分析即从经济效益的角度分析新产品概念是否符合企业目标，它包括两个具体步骤：预测销售额和推算成本与利润。

预测新产品销售额可参照市场上类似产品的销售发展历史，并考虑各种竞争因素，分析新产品的市场地位、市场占有率等。这时，公司可能会用到一些运筹学中的决策理论。例如，在一个假设的营销环境下，对几种不同销量和产量下的盈利率进行估计，运用不同的准则（如乐观准则、悲观准则和最可能准则）模拟计算出可能的报酬率及其概率分布。对那些为全球市场开发的新产品来说，做这些工作更加复杂，因为需要考虑的潜在顾客和市场范围更大。

6．新产品研制

新产品研制主要是将通过商业分析后的新产品概念交送研发部门或技术工艺部门试制成为产品模型或样品，同时进行包装的研制和品牌的设计。这是新产品开发的一个重要步骤，只有通过产品试制，投入资金、设备和劳力，才能使产品概念实体化，并发现不足与问题，再经过改进设计，才能证明这种产品概念在技术、商业上的可行性如何。应当强调，新产品的研制必须使模型或样品具有产品概念所规定的所有特征。

7．市场试销

新产品试销应对以下问题做出决策。

（1）试销的地区范围。试销市场应是企业目标市场的缩影。

（2）试销时间。试销时间的长短一般应根据该产品的平均重复购买率决定，重复购买率高的新产品，试销的时间应当长一些，因为只有重复购买才能真正说明消费者喜欢新产品。

（3）试销中所要取得的资料。一般应了解首次购买情况（试用率）和重复购买情况。

（4）试销所需要的费用开支。

（5）试销的营销策略及试销成功后应进一步采取的战略行动。

8．商业性投放

新产品试销成功后，就可以正式批量生产，全面推向市场。这时，企业要支付大量费用，而新产品投放市场的初期往往利润微小，甚至会亏损。因此，企业在此阶段应对产品投放市场的时机、区域、目标市场的选择和最初的营销组合等方面做出慎重决策。

四、新产品的采用与扩散

1. 消费者采用新产品的程序

人们对新产品的采用过程,客观上存在着一定的规律性。美国学者罗吉斯调查了数百人接受新产品的实例,总结归纳出人们接受新产品的程序和一般规律,认为消费者接受新产品一般表现为以下 5 个重要阶段。

(1)认知。这是个人获得新产品信息的初始阶段。新产品信息情报的主要来源是广告或者其他间接的渠道(如商品说明书、技术资料等)。人们在此阶段获得的情报还不够系统,只是一般性了解。

(2)兴趣。在此阶段,消费者不仅认识了新产品,并且发生了兴趣。在此阶段,消费者会积极地寻找有关资料进行对比分析,研究新产品的具体功能、用途、使用等问题。如果满意,消费者将会产生初步的购买动机。

(3)评价。在这一阶段,消费者主要权衡采用新产品的边际价值,如采用新产品获得的利益和可能承担的风险,从而对新产品的吸引力做出判断。

(4)试用。试用是指顾客开始小规模、少量地试用新产品。通过试用,顾客评价自己对新产品的认识及购买决策的正确性。企业应尽量降低失误率,详细介绍产品的性质、使用和保养方法。

(5)采用。采用是指顾客通过试用得到了理想的效果,放弃原有的产品,完全接受新产品,并开始正式购买、重复购买。

2. 顾客对新产品的反应差异与市场扩散

在新产品的市场扩散过程中,由于社会地位、消费心理、产品价值观、个人性格等多种因素的影响,不同顾客对新产品的反应具有很大的差异。

(1)创新采用者。创新采用者也被称为"消费先驱",通常勇于革新、喜欢冒险、性格活跃,其消费行为很少听取他人意见;他们经济条件较好,社会地位较高,受过高等教育,易受广告等促销手段的影响,是企业投放新产品时的极好目标。

(2)早期采用者。早期采用者一般是年轻消费者,他们乐于探索,对新事物比较敏感并有较强的适应性,经济状况良好,对早期采用新产品具有自豪感。这类消费者对广告及其他渠道传播的新产品信息很少有成见,促销媒体对他们有较大的影响力,但与创新采用者比较,他们持较为谨慎的态度。

(3)早期大众。这部分消费者一般很少有保守思想,并接受过一定的教育,有较好的工作环境和固定的收入;对社会中有影响的人物,特别是自己所崇拜的"舆论领袖"的消费行为具有较强的模仿心理;不甘落后于潮流,但受经济条件所限,购买高档产品时会持非常谨慎的态度,他们经常是在征询了早期采用者的意见之后才采纳新产品。研究他们的心理状态、消费习惯,对提高产品的市场份额具有很大的意义。

(4)晚期大众。晚期大众是指比较晚地跟上消费潮流的人。他们的工作岗位、受教育水平及收入状况往往比早期大众略差,对新事物、新环境多持怀疑态度或观望态度,往往在产品成熟阶段才加入购买。

(5)落后的购买者。这些人受传统思想束缚很深,思想非常保守,怀疑任何变化,对新事物、新变化多持反对态度，固守传统消费行为方式，在产品进入成熟期后期以至衰退期才能接受。

新产品的整个市场扩散过程，从创新采用者至落后购买者，形成了完整的"正态分布曲线"，这与产品生命周期曲线极为相似，为企业规划产品生命周期各阶段的营销战略提供了有利的依据。

第三节　产品生命周期

一、产品生命周期的概念及其阶段划分

产品生命周期（Product Life Cycle）是产品从投放市场开始，经过投入期、成长期、成熟期和衰退期直至退出市场的整个过程。由于产品在产品寿命周期的不同阶段，具有不同的特点及市场状况，企业必须根据实际情况调整、安排自己的营销策略。

1. 产品生命周期的不同阶段

根据产品市场状况的变化，通常将产品生命周期分为4个阶段，即产品投入期、成长期、成熟期和衰退期。如果以产品在市场上的销售收入及利润的变化来反映产品的寿命周期过程，可以得到产品寿命周期曲线，如图7-3所示。

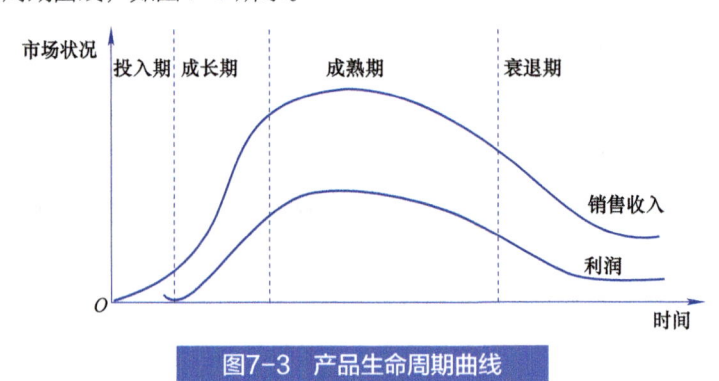

图7-3　产品生命周期曲线

（1）投入期。投入期又叫发生期、介绍期，是新产品投入市场的初期阶段。由于新产品刚投放市场，市场对新产品不了解，需求量很少，所以这一阶段销量很少。同时，由于生产、技术方面的原因，生产规模也相对较小，产品质量有可能不稳定，生产成本高；加上企业要加大投入、进行广告宣传、铺设渠道网络等，导致企业在这一阶段可能会出现亏损。

（2）成长期。成长期又称发展期。如果新产品可以成功渡过投入期，便进入成长期。成长期是产品销售量（额）和利润迅速增长的阶段。在这一阶段，越来越多的消费者开始熟悉并接受新产品。同时，由于产量扩大并形成规模，企业单位生产成本和销售成本都在下降，利润大幅增长。进入成长期，特别是在成长期后期，由于看到新产品市场迅速扩展并有利可图，越来越多的竞争者也开始加入进来。

（3）成熟期。成熟期又叫饱和期、稳定期。进入这一阶段，产品绝对销量达到最大。但由于市场需求趋于饱和，销售的增长速度缓慢并开始下降。产品已经是标准化生产。同时，竞争者利用各种手段争夺消费者，竞争不断激化，降价成为非常普遍的选择。因为企业在增加促销等费用的同时，还必须降低价格，所以导致企业利润不断下降。

（4）衰退期。经过成熟期，产品很快进入衰退期。这时，由于新产品或替代产品的不断出现，产品已经逐渐被人遗忘，市场需求不断变小，产品的销售量（额）以及利润迅速下降，利润到后来可能成为零或负值，产品也将由此退出市场。

2. 划分产品生命周期的方法

在实际生活中，并不是所有的产品都有产品生命周期，且产品生命周期各阶段的划分也并无一定的标准。所以，为了使产品生命周期理论有实际运用价值，通常按以下几种方法对产品生命周期的不同阶段做大致的划分。

（1）类比法。类比法即根据类似产品的产品生命周期情况，进行对比、分析和判断。例如，可以参照黑白电视机的产品生命周期情况来判断、分析彩色电视机的产品生命周期发展阶段。

（2）按销售增长率进行划分。按销售增长率进行划分即通过预测销售增长率的数据，利用一定的标准来区分产品寿命周期的各个阶段。例如，当预测销售增长率达到10%以上时，可以认为产品已经进入成长期。

（3）按产品普及率进行划分。一般情况下，当产品普及率≤4%时，产品应在投入期；而成长期的产品普及率为5%～50%；普及率为51%～90%是成熟期；普及率为91%以上时则进入衰退期。通常，这种方法特别适于判断家用电器产品所处的寿命周期阶段。

二、产品生命周期各阶段的营销策略

由于产品在不同阶段具有不同特点，所以企业必须由此确定不同的营销目标，并设计不同的营销对策（见表7-2）。

表7-2　产品生命周期不同阶段的营销目标与对策

		投入期	成长期	成熟期	衰退期
特点	销售	低	迅速增加	高峰	减少
	成本（单位顾客）	高	平均	低	低
	利润	亏损	增加	高	减少
	顾客	创新采用者	早期采用者	早期大众和晚期大众	落后的购买者
	竞争者	极少	逐渐增加	多，逐渐减少	减少
营销目标		迅速让市场接受，打开销量	最大限度地占有市场份额	稳定市场份额，获取最大利润	减少支出，榨取最后收益
营销对策	产品	提供基本产品	提供产品的扩展品、服务及保证	品牌和式样的多样化	逐步淘汰衰退产品
	价格	成本加成定价	市场渗透价格	可以与竞争者抗衡或战胜竞争者的价格	降价
	渠道	选择性分销	密集型分销	更密集广泛的分销	有选择地减少无利的分销网点
	促销	加强促销，吸引试用	适当减少促销	增加促销、鼓励品牌转换	将促销降低到最低水平

1. 投入期的营销对策

产品在投入期的营销策略应该以帮助企业迅速度过这一阶段为基本目的。

在这一阶段，企业可以综合考虑自己的产品、价格、渠道及促销策略。通常，企业可以先为市场提供一种基本产品，通过特定的渠道向高收入顾客促销，使市场尽快出现第一批购买者。站在价格与促销策略制定的角度，就价格、促销分成高低两个不同水平，企业可以有 4 种不同选择，如图 7-4 所示。

	高	低
价格 高	快速撇脂	缓慢撇脂
价格 低	快速渗透	缓慢渗透

图7-4 投入期的4种营销对策

（1）快速撇脂。采用这种对策，企业可以以高价格及高强度的促销，迅速推出新产品，以求迅速打开市场、尽快扩大市场销量，取得较高的市场份额。这种对策主要适用于知名度不高、但确有特点因此市场潜在规模大的新产品，它面对的顾客应该具有较高的购买能力且愿意按价购买。另外，由于面对竞争者的潜在威胁，企业必须迅速建立顾客的品牌偏好。

（2）缓慢撇脂。采用这种对策，企业用高价格及少量的促销推出新产品，以求用尽可能少的支出获得尽可能大的收益。这种对策通常适用于市场规模小、已经有一定知名度的新产品，同时，企业面对的顾客愿意支付高价，而潜在的竞争威胁不太大。

（3）快速渗透。企业用低价格及大量的促销推出新产品，以求迅速占领市场，取得较大的市场份额。这种对策通常适用于市场规模大、顾客对其不太了解的新产品，同时，企业面对的顾客对价格十分敏感，而潜在的竞争威胁非常严重。企业希望通过取得高的市场占有率拥有大的销售规模，并以规模的扩大和生产经验的积累而大幅降低成本。

（4）缓慢渗透。采用这种对策的企业会采用低价格及少量的促销推出新产品，以求通过低价提升销量，通过少量促销节省成本。这种对策通常适用于市场规模很大、已经有一定知名度的新产品，同时，企业面对的顾客对价格敏感，而潜在的竞争威胁不太大。

2. 成长期的营销对策

进入成长期，企业的营销对策以维持其市场增长并尽可能大地拥有市场份额为主要目的，主要采取以下对策。

（1）不断完善产品质量，增加新的产品功能、款式及特色，并保证产品品质不下降。

（2）积极寻找新的市场，并尽可能多地迅速进入新的细分市场。

（3）通过各种促销手段，有效地对目标顾客建立有利于自己的品牌偏好。

（4）如果需要，可以通过适当地降价来吸引对价格敏感的购买者。

（5）在成长期后期，慎重扩大生产规模及新增投资。

3. 成熟期的营销对策

成熟期具有"既大又长"的显著特征，即进入成熟期后，产品销售将达到最大规模且经历的时间跨度最长。因此，企业在成熟期的基本营销对策应该以保持高的销售水平并尽可能延长这一时期为主要目的。

（1）调整市场。企业通过各种方式寻找新的细分市场和营销机会，尽量为企业获得新的销售来源。例如，企业可以通过发掘没有用过本产品的新顾客、设法提升现有顾客的产品使用量与使用频率、为产品重新定位以吸引更多的顾客群以及设法争夺竞争者的顾客等方式来调整自己的市场，从而有效地延长成熟期。

（2）调整产品。企业通过调整自己的产品来满足更多顾客的需要，从而扩大产品销售。主要的做法有提高产品质量、增加产品功能以及改进产品款式等。

（3）调整营销组合。除产品调整以外，企业还可以通过调整营销组合的其他环节来满足不同顾客的需要，从而达到扩大销售、延长成熟期的目的。

4. 衰退期的营销对策

进入衰退期，产品已成"明日黄花"，被大多数顾客放弃。产品的市场销量急速下降、企业利润不断减少，并有可能无以为继，最终退出市场。进入这一阶段，企业的正常选择应该是"有计划地撤离"，即有计划地主动将衰退产品撤离市场，以"四世同堂"的方式保证企业有新产品替代旧产品来满足顾客需求，保证企业利润目标的有效实现。

第四节　品牌与包装策略

一、品牌及相关概念

1. 品牌

品牌是用以识别某个销售者或某群销售者的产品或服务，并使之与竞争对手的产品或服务区别开来的商业名称及其标志，通常由文字、标记、符号、图案和颜色等要素或这些要素的组合构成。就其实质来讲，它代表着销售者对交付给购买者的产品特征、利益和服务的一贯性的承诺。品牌包括品牌名称与品牌标志。

品牌名称是指品牌中可以用语言称谓表达的部分，如李宁、耐克等。

品牌标志是指品牌中可被认出、易于记忆但不能用言语称呼的部分。

一个品牌可从以下 6 个方面透视。

（1）属性。属性是品牌最基本的含义，品牌首先代表着特定的商品属性，如"奔驰"代表着工艺精湛、制造优良、昂贵、耐用、速度快。公司可用一种或几种属性做广告，"奔驰"的广告一直强调"全世界无可比拟的工艺精良的汽车"。

（2）利益。品牌体现了特定的利益。顾客不是在买属性而是买利益，这就需要属性转化为功能性或情感性的利益。就"奔驰"而言，"工艺精湛、制造优良"可转化为"安全"的利益，"昂贵"可转化为"令人羡慕、受人尊重"的利益。

（3）价值。品牌体现了生产者的某些价值感。

（4）文化。品牌可能代表某种文化。"奔驰"蕴涵着"有组织、高效率、高品质"的工业文化。

（5）个性。不同的品牌会使人们产生不同的联想，这是由品牌个性所决定的。例如，"奔驰"让人想到一位严谨的老板，"红旗"让人想到一位严肃的领导。

（6）用户。品牌暗示了购买或使用产品的消费者类型。

当受众可识别品牌的 6 个方面时，称之为深度品牌，否则只是一个肤浅品牌。品牌最持久的含义是其价值、文化、个性，它们构成了品牌的实质。

2. 商标

商标是一个法律概念，是经过政府有关部门注册获得专用权而受法律保护的一个品牌或品牌的一部分。

现代商标作为一种产权，不但受到各个国家法律的保护，而且在国际上还受到以《保护工业产权巴黎公约》（1883 年）为基础的国际工业产权制度的保护。

3. 品牌资产

品牌资产是一种超越商品或服务本身利益以外的价值，它通常通过为消费者和企业提供附加利益来体现，并与某一特定的品牌联系在一起。若某种品牌能给消费者提供的超过商品或服务本身以外的附加利益越多，则该品牌对消费者的吸引力越大，因而品牌资产价值越高。如果该品牌的名称或标志发生变更，则附着在该品牌上的资产价值将全部或部分丧失。品牌给企业带来的附加利益最终源自对消费者的吸引力和感召力，即品牌的知名度、认知度、联想度、消费者忠诚度和品牌形象。

品牌资产作为企业财产的重要组成部分，具有以下特征。

（1）无形性。品牌资产与厂房、设备等有形资产不同，它不能使人通过感觉器官直接感受它的存在与大小，所以品牌资产是一种无形资产。这种无形性，一方面增加了人们对其直接把握的难度，这也是我国部分企业不重视品牌资产的原因，另一方面决定了其所有权的获得与转移也与有形资产存在差异。有形资产通过市场交换的方式取得所有权，而品牌资产通过品牌或商标的使用者申请注册，由法定注册机关予以确立。

（2）在利用中增值。就有形资产而言，投资会增加资产存量，利用则会减少资产存量。但品牌作为一种无形资产，其投资与利用往往交织在一起，品牌资产的利用并不一定会减少品牌资产，若利用得当，会增加资产。例如，品牌扩张，会提高品牌影响力。

（3）难以准确计量。品牌资产的计量较有形资产的计量相比难度较大，甚至无法准确计量。其原因一方面是由品牌资产构成的特殊性决定的，品牌资产需要通过消费者对品牌的认知度、联想度、忠诚度和品牌本身的品质形象来透视，而这些因素又是相互联系、影响，彼此交错的，难以截然分开；另一方面，反映品牌资产的品牌获利性受多种因素的影响，这也增加了计量的难度。

（4）波动性。由于品牌的知名度、联想度、消费者忠诚度和品牌形象并不是一开始就形成的，而是品牌经营者长期经营的结果，如果经营得法，其资产就会增加，否则就会减少，所以品牌资产会随着品牌经营状况而波动。

（5）品牌资产是评价营销绩效的重要指标。由于品牌反映了企业与消费者的关系，所以企业要开展积极的市场营销活动，履行企业对消费者的承诺。品牌资产的高低反映了企业市场营销的总体水平，是评价营销绩效的重要指标。

相关链接7-2

福布斯2023年全球最具价值品牌排名

2023年全球最具价值品牌排名见表7-3。2023年最具价值中国品牌排名前10名见表7-4。

表7-3 福布斯2023年全球最具价值品牌排名前10位

排名	英文品牌名	中文名	地区	行业	品牌价值（亿美元）	一年价值变动（%）
1	Amazon	亚马逊	美国	零售	2992.80	-14.6
2	Apple	苹果	美国	科技	2975.12	-16.2
3	Google	谷歌	美国	媒体	2813.82	6.8
4	Microsoft	微软	美国	科技	1915.74	4.0
5	Walmart	沃尔玛	美国	零售	1137.81	1.7
6	Samsung	三星	韩国	科技	996.59	-7.1
7	ICBC	中国工商银行	中国	银行	695.45	-7.4
8	Verizon	威瑞森	美国	电信	674.43	-3.2
9	Tesla	特斯拉	美国	汽车	662.07	43.9
10	TikTok/Douyin	抖音	中国	媒体	656.96	11.4

（资料来源：https://www.maigoo.com/news/655811.html，有删改）

表7-4 2023年最具价值中国品牌排名前10名

排名	品牌	品牌价值（亿美元）	排名	品牌	品牌价值（亿美元）
1	中国工商银行	695.45	6	微信	502.47
2	抖音	656.96	7	茅台	497.43
3	中国建设银行	626.81	8	中国银行	473.36
4	国家电网	588.46	9	中国平安	446.98
5	中国农业银行	576.91	10	华为	442.92

（资料来源：https://www.maigoo.com/news/655811.html，有删改）

4. 品牌设计

品牌设计要求如下。

（1）简洁醒目，易读易懂。使人在短时间内留下印象，易于理解记忆并产生联想。"美加净""佳洁士"，其品牌易记易理解，被誉为商品品牌的文字佳作。"M"这个普通的字母，对其施以不同的艺术加工，就可以形成表示不同商品的标志：棱角圆润、鲜艳金黄色拱门形的"M"是麦当劳的标记，给人以亲切之感；棱角分明、双峰突起的"M"是摩托罗拉产品的标志，突出了自己在无线电领域的科技形象。

（2）构思巧妙，暗示属性。品牌应是企业形象的典型概括，反映企业个性和风格，产生信任。Benz（本茨）先生作为汽车发明人，以其名字命名的奔驰车，100多年来赢得了顾客的信任，其品牌一直深入人心。那个构思巧妙、简洁明快、特点突出的圆形汽车方向盘似的特殊标志，已经成了豪华、优质、高档汽车的象征。

（3）富有内涵，情意浓重。品牌可引起顾客的强烈兴趣，诱发美好联想，产生购买动机。"红豆"是一种植物，是美好情感的象征，同时，"红豆"也是江苏红豆集团的服装品牌和企业名称，其英文是"The seed of love"（爱的种子）。提起它，人们就会想起王维的千古绝句和牵动人心的相思之情。红豆服装正是借助"红豆"这一富有中国传统文化内涵、情意浓重的品牌"红"起来的。

（4）避免雷同，超越时空。品牌运营的最终目标是不断提高品牌竞争力，超越竞争对手。如果品牌的设计与竞争对手雷同则将永远居于人后，达不到最终超越的目的。

在我国，大部分的企业的品牌意识还比较淡薄，品牌运营的经验还比较少，品牌雷同的现象依然严重。例如，许多公司使用"熊猫""海燕""天鹅"等词作为品牌名称。除重名以外，还有名称极其相似的品牌。

5. 品牌策略

品牌策略是产品策略的一个重要组成部分，企业品牌策略的主要内容如图7-5所示。

品牌化策略	品牌使用者策略	品牌名称策略
采用品牌 ------ 不采用品牌	生产者品牌 中间商品牌 混合品牌	个别品牌 统一（家族）品牌 品牌延伸 主副品牌 多品牌

图7-5 品牌策略流程图

（1）品牌化策略。企业首先要决定是否给产品建立一个品牌。并不是所有的产品都必须使用品牌，但市场上大多数产品都是使用品牌的。使用品牌，特别是运作比较成功的品牌，给企业带来的益处是不可低估的。可口可乐的老板曾宣称："即使我的工厂在一夜间烧光，只要我的品牌还在，我就能马上恢复生产。"此时企业的品牌价值大大超过了企业拥有的有形资产的价值。

（2）品牌使用者策略。品牌使用者策略就是品牌归属问题决策。对此，企业有以下3种可供选择的策略。

1）使用自己的品牌，这种品牌就称为制造商品牌或生产者品牌。

2）使用中间商品牌，也称私人品牌，即企业将产品售卖给中间商，由中间商使用他们自己的品牌将产品转卖出去。例如，我国的一些服装厂接受美国百货公司的订货，加工完成后再用该公司的品牌在美国销售。

3）使用混合品牌，即企业对部分产品使用自己的品牌，而对另一部分产品使用中间商品牌。

（3）品牌名称策略。产品走向市场必须有一个名字，企业如何为产品命名，一般有以下几种策略可供选择。

1）个别品牌策略，即不同的产品使用不同的品牌。例如，五粮液酒厂生产的白酒有"五粮液""五粮醇""尖庄""五粮春""浏阳河"等不同品牌。

2）统一品牌策略，即企业所有的产品都使用同一个品牌，如长虹、飞利浦等公司的产品都使用其各自公司的同一个品牌。

3）分类品牌，即在企业对所有产品进行分类的基础上，不同类别的产品使用不同的品牌。例如，法国欧莱雅集团拥有不同价位的产品线，兰蔻等品牌走高端路线，美宝莲、欧莱雅等品牌则走大众路线。

4）主副品牌策略。通常可以以名称作为主品牌，同时给各个产品打一个副品牌，以副品牌来突出产品的个性形象。例如，"海尔——小神童"洗衣机，副品牌"小神童"传神地表达了"体积小、计算机控制、全自动、智能型"等产品特点和优势，但消费者对它的认可，主要是基于对海尔品牌的信赖。

5）品牌延伸策略，也称品牌扩展，是指企业利用已经成功的品牌推出改良产品或新产品。耐克品牌最初从运动鞋起步，后来逐步扩大到运动服和其他运动产品；百事可乐公司在饮料市场获得成功后，又向市场推出了同一品牌的运动鞋、运动衣、牛仔裤等。这样做可以降低广告宣传费用，有利于新产品投入市场，也有利于企业创名牌。

6）多品牌策略，是指同一个企业在同一种产品上设立两个或多个相互竞争的品牌。例如，美国的宝洁公司，它在洗发水、清洁剂等产品上都同时使用多个品牌。多品牌策略可以使企业产品在商场中占有较大的货架空间，形成强有力的竞争态势；还可以满足消费者的不同需求，扩大企业销售；也有利于企业内部品牌之间的竞争，提高经营效率。但也可能导致每个品牌的市场份额较少而无利可图。

二、包装决策

包装（Packaging）是为产品提供容器或包裹物及其设计装潢的行为。大多数有形产品在从生产领域转移到消费领域的过程中都需要适当的包装。因此，包装是整个产品生产的重要组成部分。产品包装一般包括以下内容。

（1）首要包装。首要包装是产品的直接容器或包装物，它保证产品的正常存在及其功能的正常发挥。例如，饮料的瓶子、牙膏的软管等。

（2）次要包装。次要包装是保护首要包装的包装物。例如，装牙膏软管的纸盒等。

（3）运输包装。运输包装是为了便于储存、识别和运输产品所需要的装运包装。例如，装运牙膏的大纸板箱。

（4）标签。标签是打印或贴在包装上，随包装一起出现的说明产品的信息。一般情况下，标签上包括包装内容和产品所包含的主要成分、品牌标志、产品质量等级、生产厂家、生产日期和有效期、使用方法等内容，有些标签为了促销还印有相关的彩色图案或实物照片。

1. 包装的作用

（1）保护产品。良好的包装可以使产品在流通过程中以及在消费者保存产品期间不致损坏、变质、散落，从而保护产品的使用价值。例如，用复合铝箔袋抽氧充氮密封包装茶叶，可以有效防止茶叶香味散发和因接触空气而氧化变质。

（2）促进产品销售。设计良好的包装可以美化、宣传产品，吸引更多的消费者购买产品；并且，有效的包装可以帮助企业做好产品定位，开拓更多的市场范围。例如，正是由于小袋真空包装的出现，使川渝特产涪陵榨菜名扬四海，远销世界各国。

（3）增加产品价值。良好的包装不仅可以促进销售，还可以提升产品档次，提高产品附加价值。在可比较的情况下，市场上包装精美的产品可以卖出更好的价格。

（4）方便产品的经营和消费。有个性的产品包装可以成为产品特色的一个重要组成部分，并由此与竞争产品相区别，从而便于市场识别、选择；同时，良好的包装可以方便产品储运、陈列、买卖以及方便消费者选购、使用。

2. 包装设计的基本原则

企业在进行包装设计时，应注意以下原则。

（1）包装应与商品的价值或质量相适应。因为包装是产品营销的诸多要素之一，所以产品包装必须注意与其他产品要素相互呼应、协调。包装应能显示商品特有的特点或风格。"一等产品、二等包装"或者"二等产品、一等包装"都有可能不利于产品的销售。有学者通过调查分析认为包装成本应该控制在产品本身价值的13%~15%之间。

（2）包装美观大方，独具特色。包装有可能成为消费者实际接触产品的第一印象，所以设计时要充分考虑消费者的审美习惯，以美观大方的包装让消费者愉悦，并愿意购买产品。同时，包装还必须有自己的个性，独特的包装更容易吸引消费者的注意。

（3）包装要方便储运、陈列，方便消费者选购、携带和使用。包装的美学功能不能忽视，包装的实用价值更要被高度重视。通常，在保证安全的前提下，包装要尽可能小巧、适当。这样既节省储运费用，更便于储存、运输、陈列；同时，包装要尽可能提供不同的规格和分量以方便消费者选购，还要通过不断改进包装技术以方便消费者的使用。

（4）包装上提供的信息要准确、真实。包装上关于产品成分、性能、使用方法、分量、规格、有效期限等说明信息一定要符合实际，做到具体、真实、准确，不应使消费者由此发生误解。

（5）符合法律规定，尊重消费者的宗教信仰、风俗习惯。包装设计中，一定要注意不得违背国家的有关法律法规，要尊重不同人群的宗教信仰和风俗习惯，切忌运用有损消费者宗教感情和容易触及消费者忌讳的包装设计，可以用不同的包装满足不同目标市场的需要。

（6）保证安全。包装的安全性要求是包装的基础设计原则。从某种意义上说，没有包装的安全，其他原则就无从谈起。包装的安全性，首先表现在通过合理的包装设计及包装材料的使用，保证产品安全地储运、陈列以及安全地携带、使用；其次，安全的包装有利于环境保护，绿色无害、便于回收。

3. 包装的具体策略

（1）类似包装策略。类似包装策略即企业对其生产的各种产品，在包装上均采用相同或相似的图案、色彩，体现共同、一致的特征。类似包装策略可以帮助企业很好地树立整体形象，节约包装成本。这种策略比较适用于产品属性相近的产品，而当不同产品差异较大时不宜使用。

（2）差异包装策略。差异包装策略即企业对其生产的各种产品分别使用不同的包装，即在设计上采用不同的风格、色彩和包装材料。差异包装策略可以有效地突出不同产品的个性，使企业的产品丰富多彩，并且，由于产品之间的关联更弱，可以尽可能地避免某一商品失误对企业产品整体的负面影响。当然，这种策略也相应地会增加包装成本，加大包装难度。

（3）等级包装策略。等级包装策略即企业对不同等级的产品分别设计、使用不同的包装。企业采用这种策略，使包装水平与产品质量水平相对应、匹配，可以更好地适应不同的购买力水平，满足不同消费者的需要。

（4）配套包装策略。配套包装策略即企业将几种相关的产品配套放在同一包装物内的包装。这种策略可以使消费者更加便捷地选购、携带与使用商品，同时，也有利于更多、更广地销售企业的产品，特别有利于新产品的销售。但在实际运用时，要注意根据消费者的需求及购买能力合理、适当地搭配产品，切忌勉强行事。

（5）再使用包装策略。再使用包装策略又称复合用途包装策略。选择这种包装策略，消费者在使用完包装内的产品之后，还可以将包装物作其他用途。这种策略，由于包装的可再利用，可以更好地刺激、吸引消费者的购买，从而促进产品的销售。同时，包装的重复使用使产品形象有更长的时间与消费者接触，可以更好地宣传产品，加深消费者的印象。

（6）附赠品包装策略。附赠品包装策略即在包装上或包装内附有赠品吸引消费者购买或重复购买。这种策略，可以以奖券、实物等作为赠品来刺激消费者，比较适用于儿童食品与用品及一些日用品的销售。

（7）更新包装策略。更新包装策略即企业根据自己对市场的研究，通过改变包装设计、包装材料的方法，使用新的包装。更新包装策略可以使顾客产生新鲜感，甚至可以改变产品在消费者心中的形象、地位，从而提升消费者对产品的好感，扩大产品销售。

营销方法

1. 新产品构思评审表

新产品构思评审表见表7-5。

表7-5 新产品构思评审表

产品成功的必要条件	权重（A）	公司能力水平（B）											得分数（A×B）
		0.0	0.1	0.2	0.3	0.4	0.5	0.6	0.7	0.8	0.9	1.0	
公司信誉	0.20							★					0.120
市场营销	0.20										★		0.180
研究与开发	0.20								★				0.140
人员	0.15							★					0.090
财务	0.10										★		0.090
生产	0.05									★			0.040
销售地点	0.05					★							0.015
采购与供应	0.05										★		0.045
总计	1.00												0.720

注：分数等级：0.00～0.40为"劣"，0.41～0.75为"中"，0.76～1.00为"良"。目前可以接受的最低分数为0.70。

2. 波士顿矩阵

波士顿矩阵是美国波士顿咨询公司提出的一种模式（如图7-6所示）。市场增长率是指整个市场的增长率，我们以销售增长率大于10%为高，低于10%为低；相对市场占有率是指自身的市场占有率同最大竞争对手的占有率之比,我们以相对市场占有率大于1为高,低于1为低。

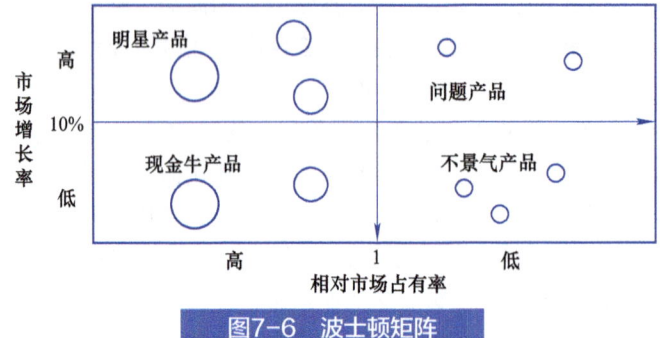

图7-6 波士顿矩阵

该矩阵有4个象限。每个企业的产品可分为4类。

(1)问题产品。问题产品即市场增长率较高,相对市场占有率低的产品。
(2)明星产品。明星产品即市场增长率较高,相对市场占有率也较高的产品。
(3)现金牛产品。现金牛产品即相对市场占有率较高,但是市场增长率低的产品。
(4)不景气产品。不景气产品即市场增长率及相对市场占有率都比较低的产品。

采用波士顿矩阵可以帮助企业分析现有产品组合是否合理,圆圈代表现有产品的位置,圆圈的大小代表销售量的大小。一般而言,明星产品与现金牛产品的数量多且销售量大,说明产品组合较合理。企业对各类产品可能采取不同的策略。要投入大量的资金扶持明星产品,促使其快速良好地发展,以便成为企业未来的主要利润来源。要保持现金牛产品的市场占有率,以便赚取更多的利润。对于衰退期的现金牛产品,可以以获取短期利润为目的进行榨取经营。对于有前途的问题产品,要勇于放弃短期利润,提高其市场占有率,使之转化为明星产品。对于无前途的问题产品和不景气产品,要及时放弃,以便有更多的资金集中有潜力产品的开发与经营。

[本章小结]

1. 产品的概念

产品的概念是一个整体概念。关于产品的整体概念、营销学界用5个层次来表述,即核心产品、形式产品、期望产品、延伸产品和潜在产品。

2. 产品组合

产品组合是指企业提供给市场的全部产品线和产品项目的组合或结构,即企业的业务经营范围。产品组合包括4个变量,即产品组合的宽度、长度、深度和关联度。

3. 新产品种类

新产品包括全新产品、换代新产品、改进新产品、仿制新产品4种。

4. 产品生命周期

产品生命周期是产品从投放市场开始,经过投入期、成长期、成熟期和衰退期直至退出市场的整个过程。

由于产品在产品寿命周期的不同阶段具有不同的特点及市场状况，企业必须根据实际情况调整、安排自己的营销策略。

5. 品牌与商标的概念

品牌是用以识别某个销售者或某群销售者的产品或服务，并使之与竞争对手的产品或服务区别开来的商业名称及其标志，通常由文字、标记、符号、图案和颜色等要素或这些要素的组合构成。

商标是一个法律概念，是经过政府有关部门注册获得专用权而受法律保护的一个品牌或品牌的一部分。品牌资产是一种超越商品或服务本身利益以外的价值。

6. 包装

包装是指对某产品提供容器或包裹物及其设计装潢的行为。

———————— 重要概念 ————————

整体产品　产品组合　全新产品　换代新产品　改进新产品　仿制新产品　新产品采用
新产品扩散　产品生命周期　品牌　品牌名称　品牌标志　商标　制造商品牌　中间商品牌
统一品牌　个别品牌　包装　标签　品牌战略　品牌资产　品牌拓展战略　多品牌战略

[案例分析]

"猫天天"是如何炼成的

品牌 IP 是基于品牌的价值输出，以个人或组织形象为核心，通过故事、人设等内容将品牌与用户连接，并可以进行交互的媒介。品牌 IP 的出现，使得用户可以通过自主传播，主动接收到更多的有价值的信息。而品牌 IP 也是品牌运营的核心内容之一。

国产品牌 IP 运营较为成功的天猫的"猫天天"，凭借鲜活的形象与消费者建立情感链接，为品牌注入年轻活力，加强了品牌的用户黏性。"猫天天"是天猫的形象 IP，天猫市场部工作人员表示，在调查 B 站年轻人喜好后，他们设计了"猫天天"的形象和人格特质——这是一只"萌宠"猫，很会玩，有点皮，又有点萌。与人们大多数场合看到的天猫 logo 形象不同，"猫天天"被赋予了十足的人格魅力。"它有时候可爱，有时候又很鬼畜，多种属性并存，具有一种反差感。"

"猫天天"自开启人格化塑造之路后，天猫有意弱化具体产品功能的生硬露出，而是进一步强化有趣的、潮流的、具有温暖正义的品牌价值属性。从故事设定来看，猫天天的身份也颇有认同度，不仅是一只猫，还是个"摸鱼党""打工人""尾款人"……这些符合当下社会情绪热点的人设打造，容易让用户产生共鸣，迅速拉近与当下年轻人的距离，在情感层面给消费者一个爱上"猫天天"的理由，从而进一步牢固对天猫的品牌认知。

比如在求职季"猫咪直聘"的营销策划中，"猫天天"以自己"作为吉祥物但不能说话"的人设痛点出发，引发"全网招聘猫咪声替"的互动话题，唤起了一众"铲屎官"们想让赋闲在家的猫"找个工作"的玩梗心理，进而引发了一场全网晒猫的趣味狂欢。更有创意的是，征集来的猫叫声会出现在今后天猫广告的结尾，成为品牌资产的一部分。

同时，"猫天天"还通过为社会议题积极发声，传达了品牌社会责任感，也为 IP 本身加持了更有价值的态度属性。比如与各大高校、宠物品牌与NGO组织联动、在开学季举办了"校园流浪猫救助"公益活动,让更多人在"猫天天"的引导下关注流浪猫的生存现状、最终真正地帮助了10所高校的流浪猫。在世界睡眠日,"猫天天"联动盒马、闲鱼、钉钉、小浣熊、蜜雪冰城等10个品牌IP,用一支洗脑的《不做夜猫子》MV,玩梗式展现了熬夜的各种危害,用一张张自带"犯困"魔力的闭眼海报,重新唤起大家想要立起"不熬夜,今晚早点睡"flag的决心,并提出"闭上眼,早点睡"的爱心倡议。

此外,天猫还为"猫天天"搭建了官方账号,针对不同平台打造不同调性的内容、更具人格化地与更广圈层用户交流互动。不管是b站上,以"猫天天"为主角紧跟热点发布各种二次元脑洞视频,还是微博上围绕话题"猫天天的一天天"上线的"反骨打工人"表情包、用漫画形式诙谐记录的"猫天天的工作日记",都让"猫天天"刷足存在感,让其对于大众来说不再是一个简单的符号,而是有灵魂、懂年轻人的具象化形象。

随着消费升级和年轻消费群体的崛起,品牌面临着年轻化和时尚化的挑战。而通过将品牌与IP结合,打造独特的品牌IP形象,可以让品牌更加贴近年轻消费群体,并通过不断的故事输出,打破行业壁垒、打破企业增长瓶颈,进行跨界生长。

(资料来源 http://k.sina.com.cn/article_2659261621_9e811cb500100yfle.html,有删改)

思考与分析

1．什么是品牌IP策略?品牌和品牌IP有什么不同?
2．结合案例,你认为企业应如何进行品牌IP推广?

[营销实训]

消费者对品牌延伸认知调查

【训练目的】了解消费者对品牌延伸的认知情况。

【训练方案】除了可口可乐跨界彩妆,还有哪些让人意想不到的跨界产品?以小组为单位进行一次市场调查,目的是了解消费者对于品牌延伸的看法,消费者对品牌跨界新的产品的态度及接受程度。

[复习与思考]

1．什么是产品整体概念?产品整体概念包括哪几个层次?它对企业营销有何现实意义?
2．什么是产品组合?产品组合可以从哪几个方面进行分析?产品组合对市场营销活动的意义是什么?
3．结合具体产品实例,说明产品生命周期不同阶段有哪些市场特征与营销策略?
4．什么是新产品?新产品有哪几种类型?
5．什么是品牌?品牌与商标有何区别?简述主要的品牌策略。
6．包装有哪些种类?有何作用?

第八章
定价策略

学习指导

学习目标

1. 了解影响价格决策的主要因素
2. 理解、掌握定价的基本方法
3. 掌握企业定价的基本策略

> **任务驱动**

"双11",低价之争

2023年"双11"落下帷幕,对比往年,这届"双11"的热闹并不在消费者的购买力,而是在各大电商平台的主打的低价口号。

10月中旬以来,国内主要电商平台纷纷公布了今年"双11"的营销策略——"低价"。其中,京东目标明确地提出了"真便宜"和百亿补贴概念;淘宝天猫则直接提出"全网最低价""全网动态比价"等概念,宣传"买贵必赔"。抖音选择提前了预售时间并提供亿级消费券,直接推出"直降"折扣,快手则提出平台补贴头部品牌及产品的"价格竞争力"和"大牌大补"等促销概念。小红书在买手销售模式基础上叠加平台优惠券,也提出"好货不贵"概念。

平台在努力强调低价以吸引消费者,但根据贝恩咨询公司发布的研究报告显示,与2022年相比,77%的消费者计划在今年"双11"减少消费支出或维持和去年一样的水平。贝恩公司某全球合伙人对此表示,在去年的调研中,消费者展现出同样的谨慎态度,今年结构性放缓的问题依然存在。消费者更理性、更认真地审视自己的消费需求,有意识地衡量消费行为。针对低价策略,多名消费者表示对低价体感不明显。今年"双11"和往年比,总体的套路和算法要简单一些,但大家的购买意愿并不高。有消费者对比了部分心仪商品的价格,发现与平时相差并不大,而且现在"双11"的时间拉长,低价逐渐成为常态,也是消费者不愿意"剁手"的原因。也有消费者认为,虽然对于价格更为敏感,但这并不意味着对于商品的品质和服务要求有所降低。

农文旅产业振兴研究院常务副院长认为,低价策略不是电商平台的可持续战略。虽然低价可以吸引消费者,但过度低价可能导致利润空间压缩,甚至出现亏损。电商平台需要根据自身的特点和定位,制定适合自己的价格策略和商品选择,以满足不同消费者的需求。

低价策略是否是扩大销量的不二选择?企业应如何合理定价?

(资料来源:http://www.cb.com.cn/index/show/gs5/cv/cv12539799179,有删减)

为了有效地开展市场营销、增加销售收入和提高利润,企业不仅要给产品制订基本价格,而且还需要对制订的基本价格适时地进行修改。价格是市场营销组合中十分敏感而又难以控制的因素,它直接关系到市场对产品的接受程度,影响市场需求和企业的利润,涉及生产者、经营者和消费者等多方利益。定价策略是市场营销组合策略中极其重要的组成部分。需要注意的是,在市场竞争中,经营者虽拥有自主定价权,但并不意味着其可以随意行使该权利,其权利行使仍受到法律约束。党的二十大报告强调,要"加强反垄断和反不正当竞争"。建设社会主义现代化的方向,"首要任务"是高质量发展。公平竞争是市场经济的核心,反垄断是完善社会主义市场经济体制、推动高质量发展的内在要求。

第一节 影响营销定价的因素

市场营销由4个基本要素组成,即产品、促销、分销和定价。企业通过前三个要素在市场中创造价值,通过定价从创造的价值中获取收益。在营销组合中,价格是唯一能产生收入的因素,其他因素表现为成本。价格也是营销组合中最灵活的因素,它与产品特征和渠道不同,它的变化是异常迅速的。因此，价格策略是企业营销组合的重要因素之一，它直接决定着企业市场份额的大小和盈利率的高低。随着营销环境的日益复杂，制订价格策略的难度越来越大，企业不仅要考虑成本补偿问题，还要考虑消费者的接受能力和竞争状况。

影响产品定价的因素很多，有企业内部因素，也有企业外部因素；有主观因素，也有客观因素；概括起来主要有成本因素、需求因素、竞争因素和其他因素4个方面。

1. 成本因素

成本是影响定价的一个重要因素。一般情况下，产品价格必须能够补偿产品生产及销售过程中的各项费用支出，并补偿产品的经营者为其所承担的风险，且有一定的盈利。因此，产品成本通常是定价的最低限度。在市场竞争中，产品成本低的企业对价格的制订拥有较大的灵活性，在竞争中处于有利的市场地位，能取得良好的经济效益；反之，在市场竞争中就会处于被动地位。因此企业必须加强管理，降低成本，以取得市场的竞争优势。

对成本可以从不同的角度做以下分类。

（1）固定成本（FC）。固定成本（Fixed Cost）是指短期内不随企业产量和销售量的变化而变化的费用支出，如设备折旧费、房租、地租、利息、办公费用、行政管理人员的薪酬等。

（2）变动成本（VC）。变动成本（Variable Cost）是指随企业产量的变动而变动的费用支出，如原材料费等。

（3）总成本（TC）。总成本（Total Cost）是在一定生产水平下的全部成本，即固定成本与变动成本之和，公式是TC=FC+VC。

以上三种成本与产量的关系如图8-1所示。

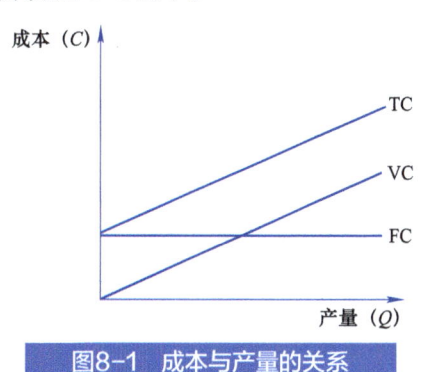

图8-1 成本与产量的关系

（4）平均成本（ATC）。平均成本的计算公式为

$$平均成本（ATC）= \frac{总成本（TC）}{产量（Q）} \qquad (8-1)$$

平均成本的含义是单位产品所分摊的总成本，因此，通常情况下，作为产品价格的最低限度的成本应该是平均成本。

2. 需求因素

产品价格除了受成本的影响外，还受市场需求的影响，即受商品供给与需求的相互关系的影响。当商品的市场需求大于供给时，价格应高一些；当商品的市场需求小于供给时，价格应低一些。反过来，价格变动影响市场需求总量，从而影响销售量，进而影响企业目标的实现。因此，企业制订价格就必须了解价格变动对市场需求的影响程度。反映这种影响程度的一个指标就是商品的需求价格弹性系数。

需求价格弹性是指在一定时期内，一种商品的需求量的相对变动对于该商品的价格的相对变动的反应程度，需求价格弹性系数公式为

$$E_d = \frac{\Delta Q/Q}{\Delta P/P} \tag{8-2}$$

式中　E_d——需求价格弹性系数，取绝对值；
　　　Q——需求量；
　　　ΔQ——需求的变化量；
　　　P——价格；
　　　ΔP——价格的变化量。

E_d 值主要有 3 种情况。

当 $E_d > 1$ 时，称为富有弹性，即一种商品的需求量变化幅度大于价格的变化幅度，这表明该种商品的需求对其价格变化较为敏感。非必需品、奢侈品以及一些替代品多、竞争性大的商品等多属于这种情况。

当 $E_d < 1$ 时，称为缺乏弹性，即一种商品的需求量变化幅度小于其价格变化的幅度，这表明该种商品的需求对其价格变化较为迟钝。基本生活用品、生产资料商品和替代品少的商品多属于这种情况。

当 $E_d = 1$ 时，称为单元弹性，即一种商品的需求量变化幅度与其价格变动幅度相等。

通过研究需求价格弹性系数，我们不难发现，在需求富有弹性时，由于需求对价格反应灵敏，企业在降低成本、保证质量的前提下，采用低价策略可吸引消费者、扩大销售，争取较多利润。而当需求缺乏弹性时，由于需求对价格变化反应迟钝，可适当提高价格以增加单位利润。当需求为单元弹性时，由于情况复杂，企业定价时应研究市场状况，找出影响需求变化的关键因素，据此选择相应的价格。

3. 竞争因素

市场竞争也是影响价格制订的重要因素。根据竞争的程度不同，企业定价策略会有所不同。按照市场竞争程度，可以分为以下 4 种情况。

（1）完全竞争。完全竞争也称自由竞争，它是一种理想化了的极端情况。在完全竞争条件下，购买者和销售者都大量存在，产品都是同质的，不存在质量与功能上的差异，企业自由地选择产品生产，买卖双方能充分地获得市场情报。在这种情况下，无论是买方还是卖方都不能对产品的价格进行影响，只能在市场既定价格下从事生产和交易。

（2）垄断竞争。在垄断竞争的情况下，市场由众多按照系列价格而不是单一价格进行交易的购买者和销售者组成。在这一市场类型中，因为购买者购买差异性产品时愿意支付不同的价格，故存在系列价格。这时，销售者已成为强有力的价格控制者，他们将力图使自己以更具特色的产品或服务来满足购买者的需要，并采取相应的控制价格的策略。

（3）寡头垄断。寡头垄断是指市场由少数几个彼此互相了解的销售者组成，且新的销售者难以加入。在寡头垄断市场中，又可细分为两类：一类是纯粹的寡头垄断市场，其产品可以是像钢材等金属材料一样的同质产品；第二类是差异性寡头垄断市场，其产品可以是像计算机、轿

车一样的非同质产品。在纯粹寡头垄断市场中，由于竞争者少、产品同质且互相非常在意对方的变化，任一竞争均不可能通过独自改变价格得到利益，因而整个市场价格相对稳定，但销售者在广告宣传等方面竞争较激烈。在差异性寡头垄断市场中，各销售者将致力于使自己成为差异性寡头，力求使自己的产品在购买者心目中有别人不可替代的特色，从而拥有更多的定价优势。

（4）完全垄断。完全垄断是完全竞争的反面，是指一种商品的供应完全由一家控制，形成独占市场的局面。在完全垄断的情况下，交易的数量与价格由垄断者单方面决定。完全垄断在现实中也很少见。

完全竞争与完全垄断是竞争的两个极端，中间状况是不完全竞争。在不完全竞争条件下，竞争的强度对企业的价格策略有重要影响。所以，企业首先要了解竞争的强度。竞争的强度主要取决于产品制作技术的难易，是否有专利保护，供求形势以及具体的竞争格局；其次，要了解竞争对手的价格策略以及竞争对手的实力；最后，要了解、分析本企业在竞争中的地位。

4. 其他因素

企业的定价策略除受成本、需求以及竞争状况的影响外，还受到其他多种因素的影响。这些因素包括政府或行业组织的干预、消费者心理和习惯、企业或产品的形象等。

第二节 定价的基本方法

成本、需求和竞争是影响企业定价行为的 3 个最主要的因素。在营销实践中，由于市场环境和产品特性的差异，不同类的产品往往对某一因素特别敏感，因而促使企业在决定产品价格时更多地侧重这一因素。这样也就形成了成本导向、需求导向和竞争导向 3 大类基本定价方法。

一、成本导向定价方法

1. 成本加成定价法

成本加成定价法是指在产品单位成本的基础上，加上一定比例的预期利润来制订产品的销售价格的定价方法。由于利润的多少是按一定的比例确定的，习惯上称之为"加成"，加成幅度通常用百分比来表示。成本加成定价法的计算公式为

$$单位产品价格 = 单位产品成本 \times (1 + 加成率) \tag{8-3}$$

式中 加成率——预期利润占产品成本的百分比。

例如，某服装厂生产某种服装的单位成本是 500 元，加成率是 20%，该服装的销售价格为 500×（1+20%）元 =600 元。

采用成本加成定价法的关键是确定合理的加成率。不同的产品应根据其不同的性质、特点、行业情况、流通环节和市场环境等制订不同的加成比例。

成本加成定价法是古老而传统的定价方法，在大工业机器时代之前就已开始应用，目前仍为许多小企业和零售行业采用。成本加成定价法有以下主要优点：

（1）简单易行、灵活可控。

（2）对补偿企业成本有直接的效果。

（3）缓和价格竞争。如果同行业普遍采用，并倾向采用相同的加成率，可以有效地减少价格竞争或避免发生价格战。

（4）买卖双方都感觉比较公平。

但是，成本加成定价法也有其不足之处，主要有以下几点：

（1）卖方导向定价。企业以自己的产品成本为定价的主要依据，以卖方利益为出发点，忽视了市场需求。

（2）没有考虑市场竞争因素，不能对竞争做出灵敏的反应。

（3）加成率是个估计值，缺乏科学性。

2. 盈亏平衡定价法

盈亏平衡定价法是企业按照生产某种产品的总成本和销售收入维持平衡的原则，制订产品保本价格的一种方法，其计算公式为

$$产品单价 = 单位变动成本 + \frac{固定成本}{销售量} \qquad (8-4)$$

显然，利用盈亏平衡定价的思路，我们也可以确定一个能够获得一定利润的价格。

3. 边际贡献定价法

边际贡献定价法又称边际成本定价法，即仅计算变动成本，不计算固定成本，而以预期的边际贡献补偿固定成本，从而获得收益的定价方法。边际贡献是指价格中超过变动成本的部分。当企业多品种生产而开工率不足时，企业按原价格已无法售出它的产品，只能采取降价策略，但这时的价格必须包含一部分边际贡献，以使企业在全部补偿了变动成本后还剩下一定的余额，用来补偿一部分固定成本，减少亏损。

例如，某企业 A 产品年产量为 1000 万件，全部变动成本为 600 万元，固定成本为 400 万元，每件产品的平均变动成本为 0.6 元，平均固定成本为 0.4 元，在正常情况下，企业的定价必须高于 1 元才会有利润，但现在的情况是即使保本价格为 1 元也难以实现销售。考虑到停产并不能减少企业的固定成本支出，企业可以采用边际贡献定价法，即如果产品能以大于 0.6 元的单价售出，企业就会获得一定的边际贡献，以补偿一部分固定成本支出，从而减少亏损。

二、需求导向定价方法

1. 认知价值定价法

认知价值定价法是指企业根据购买者对产品或服务的认知价值来制订价格。例如，同样的音响产品，若是由不知名的厂家生产的，在市场上的售价为每台 3000 元，而此厂家被日本索尼公司收购后，产品贴上"SONY"的品牌标志后定价为每台 4500 元，消费者仍然接受。因为消费者认为"SONY"的品牌价值更高，宁愿支付更高的价格。索尼公司显然是根据消费者对产品价值的认知程度对产品进行定价的。

认知价值定价法是伴随着现代营销观念而产生的一种新型定价方法。有关研究表明，随着时代的发展，顾客对产品价值的感知已经成为购买决策中的关键因素。在选购产品时，购买者是将感知价值作为一种权衡标准，它涉及产品或服务的感知利益和感知品质，以及获得和使用产品的感知成本或付出。现在，越来越多的企业在制订价格时考虑顾客对产品或服务的感知价值，

企业已经明白定价的关键不是卖方的成本而是买方对价值的认知。一些优秀的企业致力于向顾客提供尽可能高的价值。

> **营销5.0实战8-1**
>
> 星巴克小绿杯，减量不减价
>
> 　　2023年10月17日，星巴克中国推出"\浓/系列"咖啡饮品，同时打造出全新的杯型"小绿杯"，定价每杯33元，规格259mL/杯。比普通拿铁中杯（355ml）还要贵出3元。减量却不减价，这款新品一经推出，立刻在社交平台上引发了热议，许多消费者认为小绿杯外形惊艳，可爱时尚。但也有人认为259毫升太少，担心无法满足需求，而且每杯33元也高于部分咖啡品牌的小杯产品，因此不少人认为性价比一般。对于很多瑞幸用户来说，33元的客单价，可以买三杯瑞幸9块9了。
>
> 　　对于价格战浪潮中的中国咖啡市场，咖啡价格战打得如火如荼，有不少消费者期待能把星巴克的价格也打下来，但看来未能如愿。星巴克的定价，背后是数据的支持：在咖啡混战之下，星巴克中国第三季度净收入仍达8.219亿美元，同比增长60%，证明星巴克不必靠低价与其他品牌竞争。另外，也有对品牌定位的考量，因一时低价选择星巴克的用户，未必会成为品牌忠实的粉丝。
>
> 　　星巴克创始人霍华德·舒尔茨来华时表态："我们不会花很多的时间关注竞争对手在做什么，因为命运就把控在自己手中。"专注核心顾客，提高品质，这也恰好回应了星巴克面对价格战的态度。
>
> （资料来源：https://baijiahao.baidu.com/s?id=1780732975272210042&wfr=spider&for=pc，有删改）

2. 区分需求定价法

区分需求定价是同一产品面对不同的顾客需求采用不同价格的一种定价方法。在这里，同一产品的价格差异并不是因为成本的不同，而主要是由顾客需求的差异所决定的。因此，区分需求定价的真正基础是不同市场上对同一产品的需求价格弹性的差异。这种定价方法一般有以下几种形式：

（1）对不同的顾客给予不同的价格。对不同顾客可以采用不同价格的主要理由是因为消费群体事实上存在着购买能力、购买目的及购买数量等方面的差异，他们对同一产品的价格敏感程度是不同的。因此，对价格敏感的顾客或对企业贡献大的顾客就给予较低的价格，反之，价格则相应高些。例如，新、老顾客的价格差别，会员制下的会员与非会员的价格差别等。

（2）对式样不同的产品给予不同的价格。"式样不同的产品"在这里特指内在价值相同，但包装、样式有一定差异的同种产品。虽然式样不同会引起成本上的小小变化，但这里定价所考虑的真正因素是不同式样对消费者的吸引程度，因此价格制订出来后，我们会发现其价格并不是与成本成比例的，而是与购买目的和产品用途直接相关。

（3）对不同的地点给予不同的价格。同一产品在不同地点制订不同价格的策略也与成本不相关，而与需求及需求的满足程度相关。例如，不同地区由于消费者收入水平的差异可以制订不同的价格，同样的罐装可乐在超市卖2.5元，在餐馆卖5元，在酒店、酒吧卖10元。

（4）对不同的时间给予不同的价格。一些产品在不同时间的效用满足程度是不同的，如销售有淡、旺季的产品，旺季对人的满足程度高，淡季对人的满足程度低，因而在旺季制订高价，淡季制订低价。

区分需求定价法并不适用于所有的场合，在条件不成熟时强行实施会产生弄巧成拙的后果，因此必须谨慎采用。实施区分需求定价法的条件主要有：①市场能够细分，不同市场的需求要有明显的差异，具有不同的需求价格弹性。②细分市场的边界明确且能阻断逃离情况的出现。③差别定价不会因为有了细分市场而增加开支，超过高价所得，得不偿失；换言之，采用差别定价法的总收益应该大于一般意义上的市场"统一价"的收益。④差别定价必须能满足消费者的需求和愿望，定价行为本身不会引起消费者的反感而影响销售。

> **相关链接8-1**
>
> **当价格歧视遇上大数据**
>
> 在当前的数字经济环境下，算法与数据正逐渐变为一种新的、重要的生产要素，并将对传统的企业经营模式与竞争方式产生重大影响。此外，由于引入了大量的数据和算法，使得价格歧视对市场的影响更为复杂。最为熟知的是大数据"杀熟"，是算法价格歧视的一种表现形式，在日常生活中极为常见。从舆论看，大多数人对大数据"杀熟"持否定态度，很大程度上是受到"杀熟"这个带有强烈负面意味的词的影响，就如同不少人仅从字面上理解"价格歧视"一样，先入为主地赋予其贬义色彩。事实上，价格歧视是一个经济学术语，是一种常见的经济现象，反映的是经营者的定价策略。大数据"杀熟"，本质上就是价格歧视，是大数据下的价格歧视，即经营者通过掌握的数据信息对消费者进行分析，形成"画像"，据此对其实施弹性定价。
>
> 价格歧视在现实生活中很常见。比如景点门票对本地人半价或免费，而对外地人全价，这种依市场不同进行的差别定价被称为三级价格歧视；又如商家针对同一种商品或服务根据数量不同进行差别定价，如多买就赠、团购优惠等活动，这种价格不同被称为二级价格歧视；最高级别的一级价格歧视（也称完全价格歧视），即商家根据每一位消费者消费能力的不同，对同一种商品或服务采取不同的价格。一级价格歧视在互联网时代之前难以实现，但随着大数据等相关技术的迅猛发展，消费者的产品偏好、浏览轨迹、购买历史等信息能够不断被收集整理，再通过基于大数据的模型分析，做到"看人定价""千人千价"。
>
> 价格歧视正在改变着许多传统营销模式，也在开创一些新的营销模式。由于人工智能技术的不断进步，以及消费者行为大数据的不断丰富，产品/服务的定价策略将会更加多元化、动态化，消费过程中的"价格歧视"更加会成为常态。
>
> （资料来源：https://www.cqn.com.cn/qt/content/2023-01/11/content_8898573.htm，有删改）

3. 反向定价法

反向定价法是指企业依据消费者能够接受的最终价格，在计算自己经营的成本和利润后，逆向推算产品的批发价和零售价。这种方法不是以实际成本为主要依据，而是以市场需求为定价出发点，力求使价格为消费者所接受。反向定价法的特点有：价格能反映市场需求情况，有利于加强与中间商的良好关系，保证中间商的正常利润，使产品迅速向市场渗透，并可根据市场供求情况及时调整，定价比较灵活。在分销渠道中，批发商和零售商多采取这种定价方法。

三、竞争导向定价方法

竞争导向定价通常有两种方法，即随行就市定价法和密封投标定价法。

1. 随行就市定价法

这是最常见的一种竞争定价法,它是以本行业的平均价格水平作为企业的定价标准。这种方法适合那些近似完全竞争市场类型的商品。另外,如有些产品很难估计其价格与需求量之间的关系,"随行就市"集中了行业现有的经验,可以在很大程度上规避定价风险。同时,采用这一定价方法还可以避免行业内的互相竞争、排挤,这对竞争能力弱的中小企业十分有利。在现实经济环境里,竞争性市场的大宗商品,如大米、棉花、石油等,基本上会采用这一定价方法。

2. 密封投标定价法

密封投标定价法是指买方通过引导卖方之间的竞争以取得同类产品的最低价格的定价方法,它普遍应用于政府和公用事业的大宗采购,建筑工程项目、大型工业设备的招标采购。招投标过程一般是买主公开招标,公布所要购买的标的物及相关要求,并密封底价(也称标的),卖方则投标竞争。

在参加投标时,企业往往面对一种颇为矛盾的选择:如果报价低,容易中标得到合同,但所得利润很少;如果报价高,预期利润高,但得到合同的概率又很小。因此,投标竞价的关键是估计中标的可能性。这不仅需要精确测算企业的成本费用,考虑企业的需要,还要预测竞争者可能的报价。

计算期望值在确定投标时的报价是必要的。假设一个企业对一个招标工程给予不同报价,通过计算期望值,在不同的报价下可望得到预期利润和不同报价的中标概率,从中得到最佳选择。

第三节 定价策略与技巧

前面所提到的各种定价方法是依据成本、需求和竞争等因素决定产品基础价格的方法。基础价格是单位产品在生产地点或者经销地点的价格,尚未计入折扣、运费等对价格的影响。但在市场营销实践中,企业还需考虑或利用灵活多变的定价策略,修正或调整产品价格。

一、心理定价策略

心理定价是根据消费者的不同心理而灵活定价,以引导和刺激购买的价格策略,心理定价策略主要有以下几种。

1. 整数定价

整数定价即商品价格以整数结尾,给人以安全、质量好的感觉,多用于价值高的耐用品。对于那些无法明确显示其内在质量的商品,消费者往往通过其价格的高低来判断其质量的好坏。但是,价格的高并不是绝对的高,而只是凭借整数价格来给消费者造成高价的印象。整数定价常常以偶数,特别是"0"做尾数。例如,精品店的服装可以定价为1000元,而不必定为998元。

2. 尾数定价

尾数定价又称非整数定价,是指企业利用消费者求廉的心理,制订非整数价格,尽可能在价格上不进位。例如,把一种毛巾的价格定为2.97元,而不是3元;将台灯价格定为19.90元,而不是20元，可以在直观上给消费者一种便宜且精准的感觉，从而激起消费者的购买欲望，促进产品销售量的增加。

3. 声望定价

这是根据产品在消费者心中的声望、信任度和社会地位来确定价格的一种定价策略。声望定价可以满足某些消费者的特殊欲望，如地位、身份、财富、名望和自我形象等，还可以通过高价格显示名贵优质。因此，这一策略适用于一些传统的名优产品，具有历史地位的民族特色产品以及知名度高、有较大的市场影响、深受市场欢迎的驰名商品。

4. 习惯定价

习惯定价是指按照消费者的习惯性标准来定价。日常消费品价格一般采用习惯定价，因为这类商品一般易于在消费者心目中形成一种习惯性标准，符合其标准的价格容易被顾客接受，否则容易引起顾客的怀疑。高于习惯价格常被认为是变相涨价，低于习惯价格又会被认为是产品存在质量问题。因此，这类产品的价格力求稳定，在不得不提价时，应采取改换包装或品牌等措施，减少消费者的抵触心理，并引导消费者逐步接受新的习惯价格。

5. 招徕定价

招徕定价是指将某几种商品的价格定得非常高，或者非常低，在引起消费者的好奇心理和观望行为之后带动其他商品的销售。这一定价策略常为综合性百货商店、超级市场或者高档商品的专卖店所采用。

营销5.0实战8-2

周黑鸭：9.9元系列成为引流爆品

2023年上半年，三大鸭王之一的周黑鸭发布了业绩公告，业绩止跌回升，实现营收14.15亿元，净利润1.02亿元，是去年同期四倍有余。周黑鸭这次一扫往日阴霾，实现逆袭，靠的是什么呢？

除了在品牌年轻化方向上不断探索，口味上推陈出新之外，周黑鸭还拿出了一个诚意且劲爆的杀手锏——9.9元解馋引流系列单品。周黑鸭相关人士介绍，Z世代出行时喜爱携带休闲卤制食品解馋，并喜欢探索极具性价比的购物体验。受此启发，周黑鸭推出9.9元"解馋超自由"系列单品，荤素搭配，包含辣子鸡、小鸡腿、毛豆等，主打物美价廉和较大选购空间，以吸引消费者进店，同时，在门店推出39.9元3盒产品随心配活动，希望通过新价格带活动和全价格带布局实现拉新和提升复购。根据周黑鸭2023年半年报，9.9元甜辣小鸡腿上市2个月，总销量就突破96万盒。在天猫平台，有消费者在周黑鸭9.9元尝鲜专区留言，"当下酒菜正好""用实惠的价格尝到了满意的产品，超出期望"。

在成本压力下，周黑鸭推出惠价活动，必然会牺牲单品利润，但换来了销量增长，进而保证整体收入。"现在我们做的就是拉新和加强复购，无论是9.9元新品、39.9元随心配还是外卖优惠，都是组合拳中的一环，效果也很明显。"周黑鸭北京一区域负责人向新京报记者分析道。

（资料来源：https://baijiahao.baidu.com/s?id=1775191839381309995&wfr=spider&for=pc，有删改）

二、折扣定价策略

企业为了鼓励顾客及早付清货款、大量购买、淡季购买，可酌情降低基本价格，这种价格调整叫作价格折扣。常见的价格折扣有以下几类。

1. 现金折扣

现金折扣是对能在规定的时间提前或按时付清账款的购买者实行的一种价格折扣。一般规定购买后付清账款的时间期限，以此为据，如果提前付清，可以得到相应的价格优惠。如规定30天内需要付清全款，如果10天就付清了，给予2%的折扣。现金折扣可以加速资金周转，减少收账费用和坏账与呆账损失。

2. 数量折扣

数量折扣是卖方因为买方购买数量大而给予的一种价格折扣，可以分为一次性和累积性（多次）的数量折扣，目的是增加顾客购买数量，鼓励顾客多购买产品。销售数量的增加可以减少企业营销费用，减少成品资金占用，也有利于企业培养忠诚顾客。

3. 功能折扣

功能折扣也称贸易折扣，是制造商给渠道成员的一种额外折扣，促使他们愿意执行某种市场营销职能（如推销、储存、商品再包装、服务等）。例如，企业规定零售商如果在当地市场做产品的广告，且广告的质量符合规定，就对其进货价格给予折扣；如果经销商承担了顾客服务，可以在进货价格上给予一定的折扣。

4. 季节折扣

季节折扣是卖方给那些过季商品或服务的一种减价。例如，商场在夏季以折扣价销售羽绒服。季节折扣可以使企业对季节性消费品常年维持生产，或均衡淡、旺季的生产和供应，也可以在非消费季节将过多的存货尽快销售出去。

5. 价格折让

价格折让是指企业根据价目表，在顾客满足某种条件的情况下给予的价格折扣。例如，常见的以旧换新折让，一台电冰箱标价4000元，顾客以旧冰箱折价500元购买，只需付3500元；广告折让，让顾客手持企业某种形式的广告前来购买，就按一定的折扣购买产品；促销折让，在促销活动期间购买产品的顾客可以享受到价格优惠。

三、地区定价策略

一般来说，一个企业的产品不仅卖给当地，同时也可能卖到外地。如果卖给外地顾客，企业要把产品从产地运到顾客所在地，这时就需要进行装运。地区性定价策略就是在将产品卖给不同地区（包括当地和外地）的顾客时，是制订不同价格还是相同价格。也就是说，是否制订地区差价。

1. FOB原产地定价（FOB Origin Pricing）

FOB原产地定价是顾客（买方）按照出厂价购买某种产品，企业（卖方）负责将这种产品运到产地某种运输工具（如货车、火车、船舶、飞机等）上交货，交货后从产地到目的地的一切风险和费用概由顾客承担。这样定价对企业的不利之处是远地的顾客可能不愿意购买这个企业的产品，转而购买其附近企业的产品。

2. 统一交货定价

这种形式和前者相反。统一交货定价是企业将产品卖给不同地区的顾客，按照相同的出厂价加相同的运费（按平均运费计算）定价。不同地区的顾客不论远近都实行一个价格。这种定价又叫邮资定价。

3. 分区定价

这种形式介于前面两者之间。企业把整个市场（或某些地区）分为若干价格区，不同价格区分别制定不同的地区价格。距离较远的价格区定价较高，较近的价格区定价较低，同一价格区范围实行统一价格。

4. 基点定价

基点定价是企业选定某些城市作为定价基点，然后按一定的出厂价加从基点城市到顾客所在地的运费定价，而不管货物实际是从哪个城市起运。有些企业为了提高灵活性，选定多个基点城市，按照距离顾客最近的基点计算运费。基点定价的产品价格结构缺乏弹性，竞争者不易进入，利于避免价格竞争。顾客可在任何基点购买产品，企业也可将产品推向较远的市场，有利于市场扩展。

5. 运费免收定价

企业负担全部或部分运费。有些企业认为如果生意扩大，平均成本就会降低，足以补偿运费开支。运费免收定价可使企业加深市场渗透，并在竞争日益激烈的市场上站住脚。

四、产品组合定价策略

当产品只是产品组合的一部分时，必须对定价方法进行调整。企业要研究出一系列的价格使整个产品组合的利润最大化。由于各种产品之间存在需求和成本的联系，而且会带来不同程度的竞争，所以定价十分困难。

1. 产品大类定价

在定价时首先确定某种产品的最低价格，它在产品大类中充当领袖价格，以吸引消费者购买产品大类中的其他产品；其次，确定产品大类中某种商品的最高价格，它在产品大类中充当品牌质量标准和收回投资的角色；最后，产品大类中的其他产品也分别依据其在产品大类中的不同角色而制订不同的价格。

2. 选择品定价

许多企业在提供主产品的同时会附带一些可供选择的产品或服务，如汽车用户可订购电子开窗控制器、扫雾器和减光器等。但是对于选择品的定价，公司必须确定价格中应当包括哪些内容，又有哪些可作为选择对象。例如，饭店对酒水和饭菜的定价，顾客除了购买饭菜，也会购买酒水，许多饭店酒水价格高，饭菜价格相对低，饭菜收入可弥补食品成本和饭店其他成本，酒水收入可带来利润；也有饭店酒水价格定得较低，饭菜制订高价，以吸引饮酒的消费者。

3. 互补产品定价

互补产品也可称为连带产品，是指必须与主产品一同使用的配套产品，如喷墨打印机和墨盒、激光打印机和硒鼓等。对于这类互补的产品，企业可以有意识地降低购买频率低、需求弹性大的产品价格，同时提高与之相配套的购买频率高而需求弹性小的产品价格，这样会取得各种商品销售量同时增加的良好效果。例如，各品牌的喷墨打印机价格定得很低，甚至会作为购买品牌计算机时的赠品，而其互补产品墨盒却价格不菲。

4. 分部定价

服务性企业经常收取一笔固定费用，再加上可变的使用费，这种定价方式为分部定价。例如，电话用户每月要支付一笔最少的使用费，如果使用次数超过限制还要再交费；游乐园一般先收门票费，如果游玩的地方超过规定就要再交费。

服务性公司面临着与互补品定价同样的问题，即收多少基本服务费和可变使用费。固定成本较低，可以推动人们购买服务，利润则可以从使用费中获取。

5. 副产品定价

在生产加工肉类、石油产品和其他化工产品的过程中，经常产生副产品。如果副产品价值低、处置费用昂贵，就会影响主产品定价—— 其价格必须能弥补副产品处置费用。如果副产品能带来收入，则有助于企业在应对竞争时对主产品制订较低价格。

6. 产品系列定价

企业经常以一种价格出售一组产品或服务，如化妆品、计算机、度假旅游公司提供的系列活动方案等，这就是产品系列定价，也称价格捆绑，目标是刺激产品线的需求，充分利用整体运营的成本经济性，同时努力提高利润净贡献。

营销5.0实战8-3

> **麦当劳推出低价套餐**
>
> 自2022年夏季以来，麦当劳在原材料成本飙升的情况下提高了产品价格。在快餐市场竞争越来越强烈的欧洲，为了弥补这一涨价，麦当劳决定以推出低价套餐为手段，扩大其市场及影响力。目前麦当劳正在其英国部分门店试用新的价格的Savers Meals，该系列包括三种不同的汉堡，既有配菜也有饮料，总价格不到5英镑（约5.6欧元）。套餐将包括单一芝士汉堡、蛋黄酱鸡肉或双层芝士汉堡。单层芝士汉堡和蛋黄酱鸡肉特惠餐的价格为3.99英镑，双层芝士汉堡为4.79英镑。目前这些低价套餐在进行测试，如果成功的话将在英国推广。
>
> （资料来源 https://m.163.com/dy/article/HU2AFLNF0514BIA6.html，有删改）

五、新产品定价策略

新产品定价是企业定价策略中的一个重要内容，它关系到新产品能否顺利进入市场，并为占领市场打下良好的基础。新产品定价的难点在于无法确定消费者对于新产品的理解价值。如果定价过高，难以被消费者接受，影响新产品顺利进入市场；如果定价过低，则会影响企业效益。常见的新产品定价策略有3种截然不同的形式：撇脂定价、渗透定价和满意定价。

1. 撇脂定价

撇脂定价是让新产品的价格定在远远超过其成本的水平，以求在短期内获得高额利润的定价策略。如果新产品具有非常明显的"新、奇、特"特征，采用这种定价策略可以使企业在短期内获得巨大的市场利润回报。但是，这种策略会导致迅速、激烈的市场竞争，并使价格下降、高额利润消失。

> **营销5.0实战8-4**
>
> 苹果首款头显售价过高？
>
> 2023年，美国当地时间6月5日下午，苹果一年一度的全球开发者大会上，其首款MR（混合现实）头显Vision Pro如期亮相，定价3499美元（折合人民币约2.48万元），将于2024年初在美国正式发售，随后将在其他国家和地区陆续开售。MR头显作为苹果对布局元宇宙交出的第一份答卷，外界充满期待。不过也有泼冷水的声音，外界认为，首款MR设备定价超2万元，售价过高。
>
> 这款苹果Vision Pro由2000多名苹果设计师、工程师用了7年时间打造而成，被誉为20多年来技术难度最高的苹果产品。Vision Pro配备Micro OLED屏幕，拥有2300万像素，每只眼睛分配到的像素超越4K电视，可以实现100英寸屏幕的观看，支持3D视频观看，具有影院级视频观看体验，针对近视人群，苹果与蔡司合作设计了插片镜片。交互方面，Vision Pro没有配备手柄，而是通过语音、眼球追踪以及手势来操作。用户通过注视来浏览应用图标，轻点选择，轻扫滚动，或者发出语音指令。苹果方面表示，用户不会因为戴上头显而与周围的人隔绝，而是会通过EyeSight功能，在旁人靠近时显示用户的眼睛。大朋VR创始人评价该产品时说："过往的C端XR产品，由于技术限制，它的应用领域往往停留在游戏，而苹果将产品的应用领域拓展至办公""XR产品将不再是游戏机，而是一台个人空间计算电脑。"
>
> 苹果CEO库克说："正如Mac将我们带入个人计算时代，iPhone将我们带入移动计算时代，Apple Vision Pro将我们带入空间计算时代。"。
>
> （资料来源：http://www.cb.com.cn/index/show/bzyc/cv/cv135191161646，有删改）

2. 渗透定价

与撇脂定价相反，渗透定价通过将新产品价格定在略高于成本的水平，强调"薄利多销"。采用渗透定价的新产品应该有足够的市场购买规模，购买者对价格因素比较敏感。

3. 满意定价

满意定价介于撇脂定价与渗透定价之间，将新产品价格定在买卖双方都有利的适中水平。

[营销方法]

价格确定表

价格确定表见表8-1。

表8-1 价格确定表

价格下降	年总固定成本	
	年总变动成本	
	预计利润	
	单位变动成本	
	单位产品售价预计	
	盈亏平衡点	
价格上升	产品是否具有独特性	
	替代品种类及价格	
	性价比如何	
	客户对价格敏感度如何	
	产品市场地位、声誉	
	单位产品价格占客户收入比重	
	企业的生产能力	
价格确定	在该产品开发生产中的投资额	
	预期总收益	
	收益实现期限	
	预期销售额	
	是否以获取市场份额为主要目标	
	单位售价	

说明：在确定产品价格时，首先考虑影响价格下降和上升的各要素，如年总固定成本下降、单位变动成本下降，企业产品价格会相应下降；而当产品具有较高独特性，或产品声誉很好或替代品种类较少时则提价是可行的；在综合考虑降价和提价各影响要素后，最后确定产品价格时，还应考虑在该产品开发过程中产生的投资、预期总收益等因素，以最终确定单位售价。

本章小结

1. 影响定价的因素

影响定价的因素包括成本、需求、竞争以及其他。

2. 企业定价方法

企业定价有3种导向，即成本导向、需求导向和竞争导向。成本导向定价法包括成本加成定价法、盈亏平衡定价法和边际贡献定价法；需求导向定价法包括认知价值定价法、区分需求定价法和反向定价法；竞争导向定价法包括随行就市定价法和密封投标定价法。

3. 企业定价策略

企业定价策略包括心理定价策略、折扣定价策略、地区定价策略、产品组合定价策略和新产品定价策略。

心理定价策略包括整数定价、尾数定价、声望定价、习惯定价、招徕定价。

折扣定价策略包括现金折扣、数量折扣、功能折扣、季节折扣和价格折让。

地区定价策略包括 FOB 原产地定价、统一交货定价、分区定价、基点定价和运费免收定价。

产品组合定价策略包括产品大类定价、选择品定价、互补产品定价、分部定价、副产品定价、产品系列定价。

新产品定价策略包括撇脂定价、渗透定价和满意定价。

———— 重要概念 ————

需求价格弹性　　成本加成定价法　　盈亏平衡定价法　　边际贡献定价法　　认知价值定价法
区分需求定价法　　随行就市定价法　　密封投标定价法　　撇脂定价　　渗透定价
心理定价　　折扣定价

[案例分析]

特斯拉一个月内"五连涨"

特斯拉又又又涨价了！

2023 年 11 月 28 日消息，特斯拉官方宣布，Model Y 长续航版的价格又上调了 2000 元，当前的售价为 30.64 万元，这已经是特斯拉一个月内的第五次涨价。10 月 27 日，特斯拉将 Model Y 高性能版车型价格上调 1.4 万元；11 月 9 日，特斯拉中国宣布对 Model 3 及 Model Y 的长续航版售价进行上调，其中 Model 3 长续航焕新版上调售价 1500 元，调整后 29.74 万元起售；Model Y 长续航版上涨 2500 元，调整后起售价 30.24 万元；11 月 14 日，特斯拉中国官网显示，Model 3 及 Model Y 后轮驱动版起售价均进行上调，其中 Model 3 后轮驱动焕新版涨价 1500 元，调整后 26.14 万元起售，Model Y 后轮驱动版涨价 2500 元，调整后起售价为 26.64 万元。11 月 21 日，特斯拉中国官网上调 Model Y 长续航全轮驱动版售价，涨幅 2000 元，调整后为 30.44 万元起售。

对于涨价原因，11 月 14 日，特斯拉相关工作人员在接受《每日经济新闻》记者采访时回复称，这主要是因为特斯拉全球市场供不应求，公司基于基本市场规律对车型售价进行了调整。"买的人多了，自然就涨价，买的人少了，自然就降价。"

在第三季度财报电话会议上，特斯拉首席执行官埃隆·马斯克曾表示特斯拉将努力降低汽车价格，他说"成本的重要性再怎么强调都不为过……我们必须让我们的产品更实惠，这样人们才能买得起。"整体来看，降价虽然是特斯拉的"大方向"，但根据供需关系和成本灵活调整售价是特斯拉的一贯特性。

对于特斯拉工作人员对此次涨价给出的解释，某新能源汽车行业分析师认为，特斯拉对 Model 3 和 Model Y 全系车型涨价，更多是为了改善其毛利率低的现状。"目前，特斯拉毛利率太低，股价波动很大，它需要借此来提高毛利率，提振投资人信心。"也有网友认为特斯拉此举是欲通过多次涨价打破持币待购的消费者观望心理，并刺激车主尽快下单。还有分析人士表示，特斯拉凭借较强的品牌影响力与产品实力，通过其逆向涨价能够强调"自主定价权"，从而不受制于中国车市整体的布局方向。

在整个汽车行业大部分车企进行降价，冲刺年末销量的时候，特斯拉成为罕见逆向涨价的企业。但尽管连连涨价，却似乎并没有影响消费者买车的热情，从特斯拉公布的数据来看，11月的第一周，特斯拉周终端销量为1.27万辆，在国内排名第九，其中Model Y销量为9453辆，是单周国内销量最高的车型。涨价之后销量不降反升，这应该就是特斯拉敢于涨价的底气！

（资料来源：https://baijiahao.baidu.com/s?id=1782548438630732734&wfr=spider&for=pc，有删减）

思考与分析

1．你认为价格的制订要受到哪些因素的影响？特斯拉涨价的原因是什么？
2．根据该案例，说说企业提价时要注意的问题。

营销实训

定价方法训练

【**训练目的**】学会、掌握常用的营销定价方法。

【**训练方案**】通过解决下列问题，实践演练定价方法的运用。

1．红星电器有限公司生产智能型声控开关1000件，总固定成本为20000元，总变动成本为30000元。如果预期利润率为20%，试按成本加成定价法确定这种智能声控开关的单位销售价格。

2．美华电器行从彩电制造商处购进一批高清彩电，这批彩电进货的平均成本为2000元/台。如果电器行的彩电加成率为15%，电器行按照成本加成定价法确定的这批彩电的零售价格应该是多少？

3．企业的固定成本为50000元，单位变动成本为0.8元，预计产品销量100000件。请问保证企业盈亏平衡的产品售价应该是多少？若要保证20%的投资收益，产品售价又应该是多少？

4．企业生产B产品的生产能力可达300000件，但目前市场需求为200000件，且已趋于饱和。生产B产品的单位变动成本为1.2元/件，企业固定成本总额为100000元。请计算确定B产品的盈亏平衡价格；如果要保证60000元的利润，则应定价多少？如果这时有国外厂商向企业定购B产品50000件，但只愿出价1.5元/件，请问可否接受，并说明理由。

复习与思考

1．新产品有哪些定价策略？实行不同策略应具备哪些条件？
2．企业定价目标主要有哪些选择？
3．商品需求价格弹性对企业定价的影响如何？
4．企业定价主要有哪三类方法？
5．撇脂定价策略和渗透定价策略各自适用于什么情况？
6．折让价格策略主要有哪几种？心理定价策略主要有哪几种？
7．企业如何应对竞争对手的价格调整决策？

第九章
渠道策略

学习指导

学习目标

1. 理解分销渠道的概念，了解渠道的基本模式
2. 掌握分销渠道策略的原理及其应用
3. 了解中间商的类型及新型的销售平台

第九章　渠道策略

> **任务驱动**

小熊电器公司的全渠道销售模式

小熊电器公司是以自主品牌"小熊"为核心，运用互联网大数据进行创意小家电研发、设计、生产和销售，并在产品销售渠道与互联网深度融合的"创意小家电＋互联网"企业，近年发展势头广受关注。小熊电器作为"萌家电"的创造者，公司主要产品有酸奶机、电炖盅、养生壶、加湿器等，稳健占据小家电行业较高的市场份额。小熊电器（002959）2023年中报显示，公司主营收入23.41亿元，同比上升26.68%；归母净利润2.37亿元，同比上升59.66%；其中2023年第二季度，公司单季度主营收入10.9亿元，同比上升25.11%；单季度归母净利润7185.82万元，同比上升62.96%；投资收益306.64万元，毛利率37.71%。

小熊电器的成功与其全渠道销售模式密不可分。首先，线上销售渠道。小熊电器在天猫、京东、拼多多、苏宁易购等热门电商渠道进行线上销售，依托互联网大数据技术的帮助，在这些电商平台播出广告、参与直播或短视频、邀约明星代言等，小熊电器迅速提高了线上销售量。同时，还在努力推进与其他新兴起的电商平台（如抖音、小红书等）合作，开拓线上销售渠道。小熊电器以社群运营方式建立了一个名为"熊粉窝"的粉丝群，他们可以在这里进行沟通和交流，小熊电器与粉丝亲密无间的关系使得成员之间可以分享自己在美食上的收获，反映消费者的真实诉求，推动改进产品功能。不断激励着企业的创新和发展，公司大部分销售收入来源于线上渠道。此外，线下销售是小熊电器销量中占比较小的一部分。线下渠道作为线上销售的有力补充，线下销售市场实施双线路布局，一二三线城市市场以商场超市、百货渠道为主，三线以下市场形成以县城为主线，通过京东专卖店、天猫优品等进行县城与镇级市场销售覆盖。小熊电器已经做出了从传统销售模式向全渠道销售的巨大改变，稳健占据小家电行业较高的市场份额。

本案例中所提及的以互联网为平台进行的营销对你有什么启示？你认为有什么地方值得传统企业借鉴学习？

（资料来源：http://science.china.com.cn/2023-05/24/content_42380154.htm，有删改）

党的二十大报告指出，加快发展物联网，建设高效顺畅的流通体系，降低物流成本；优化基础设施布局、结构、功能和系统集成，构建现代化基础设施体系。渠道决策是建设高效顺畅的流通体系的关键。渠道决策是企业的重大营销决策之一，也是最复杂的营销决策。随着环境的日新月异，分销体系也正在发生急剧的变化。客观上，生产者与消费者之间在时间、空间、数量、质量、品种、信息、估价和所有权等方面存在着差异和矛盾。企业生产出来的产品，只有通过一定的销售渠道，才能在适当的时间和地点，以适当的价格供应给广大消费者，从而克服生产者和消费者、生产地和消费地之间的差异和矛盾，满足市场需要，实现企业的营销目标。渠道是企业最重要的无形资产，你的顾客在什么地方聚集，什么地方就有可能成为你的渠道。

第一节　分销渠道的基本模式

一、分销渠道的概念

分销渠道也称销售渠道、贸易渠道。菲利普·科特勒认为：分销渠道是指产品和服务在从制造商（生产者）向消费者或用户转移的过程中，取得这种产品和服务的所有权或帮助转移所有权的所有组织或个人。分销渠道的起点是制造商（生产者），终点是消费者或用户。中间环节包括商人中间商（取得所有权）和代理中间商（帮助转移所有权）。商人中间商包括批发商和零售商两类，代理中间商包括代理商和经纪商两类。商人中间商和代理中间商的区别在于以下几点。

1）商人中间商拥有所经营商品的所有权，而代理中间商只受生产者委托代理销售业务，并不拥有商品所有权。

2）商人中间商为了取得经营商品的所有权，在购进商品前必须预付商品资金，而代理中间商则不需要垫付资金。

3）商人中间商购进商品与销售商品之间存在着价格差，正是这种差价形成了企业利润；代理中间商的收入来自委托销售企业按规定支付的佣金。

二、分销渠道的作用

1. 产品的集中与再分配

作为中间商，最直接和最主要的作用就是将产品从制造商那里集中起来，再根据客户的具体要求将其进行重新包装、组合和分配。并不是所有的公司都有能力和资源进行直接营销，这就是中间商存在的价值。即便是那些有能力建立自己的分销渠道的厂家，也可以借助中间商的资源和高度专业化的优势扩大自己的市场覆盖率。

2. 市场信息的收集和反馈

在产品的流通过程中，各中间商可获取有关客户、市场和竞争者的信息，通过收集整理并反馈给公司。事实上，经销商和零售商对公司而言是极其重要的信息来源，他们最接近市场，可以和终端客户保持经常的联系，获取有关他们的各种信息。同时，许多经销商和零售商也销售竞争厂商的产品，有助于他们了解客户对各种产品的评价反馈。

3. 资金的流动

渠道的最后一个重要作用就是实现了资金在渠道中的滚动，这使得公司缓解了资金上的压力。在资金流动方面有以下作用。

（1）付款。付款是指货款通过分销渠道从最终客户流向公司。在产品流通中，由于中间商的存在，提供了多种多样的、灵活方便的付款方式。

（2）信用。经销商和零售商为公司提供了重要的信用。对购买产品的支付几乎都是以购买日为准，而不是以产品最终卖出去的时间为准。这一做法对公司和上一级经销商都具有重要意义，它使得他们能准确地估计现金流量。

（3）融资。企业通过分销渠道成员自己的实力和信用进行融资，扩大了产品流通过程所需的资金来源，使得渠道的资金雄厚，便于产品更广泛地推销。

4. 解决生产者和消费者或用户之间客观存在的矛盾

在现代市场经济条件下，之所以大多数产品都不是由生产者直接提供给最终消费者或用户的，是因为生产者和消费者或用户之间客观上存在一些矛盾，因此，在生产者和最终消费者或用户之间存在大量的执行不同功能和具有不同名称的商人中间商和代理中间商是必要的。

图 9-1 是使用中间商的经济效果图,从图中可以直观地感受到中间商的介入给制造商带来的好处。如图 9-1 所示,如果不存在中间商,3 个制造商和 3 个顾客之间将发生总共 9 次交易行为,而中间商的存在使得交易行为缩减为 6 次,其经济效益是显而易见的。

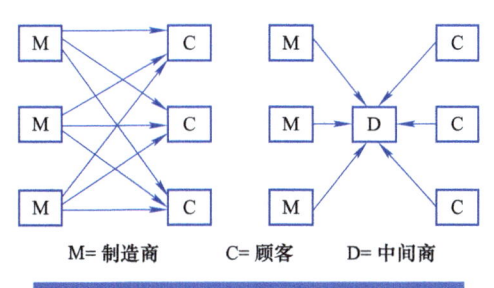

图9-1 使用中间商的经济效果图

在实际的交易行为中情况更为复杂,这是因为产品从制造商向最终顾客或用户流动的过程中存在着几种物质或非物质形式的运动"流",渠道则表现为这些"流"的载体。组成分销渠道的各种机构是由几种类型的流程联结起来的。按菲利普·科特勒的归纳分为实体流程、所有权流程、付款流程、信息流程和促销流程,它们各自的流程如图 9-2 所示。

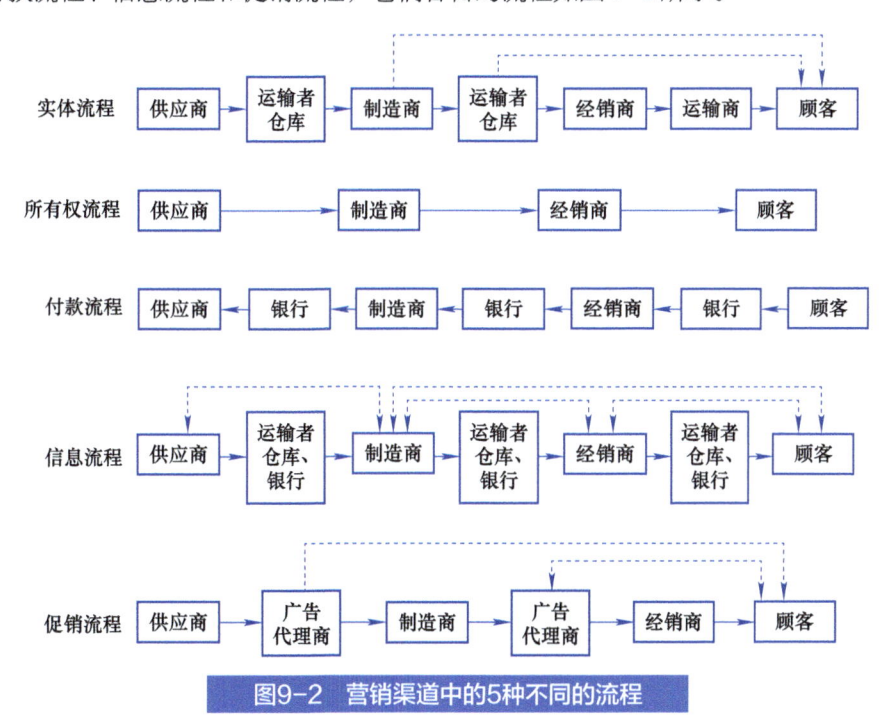

图9-2 营销渠道中的5种不同的流程

(1)实体流程。实体流程是指实体原料及成品从制造商转移到最终顾客的过程。例如,在汽车市场营销渠道中,原材料、零部件、发动机等从供应商处运送到仓储企业,然后被运送到制造商的工厂制成汽车,制成汽车后经过仓储环节,然后根据经销商的订单运交给经销商,再运交给顾客。如果遇到大笔订单,也可由仓库或工厂直接供应。

(2)所有权流程。所有权流程是指货物所有权从一个市场营销机构到另一个市场营销机构的转移过程。在前例中,原材料及零部件的所有权由供应商转移给制造商,汽车所有权则由制造商转移给经销商,最后到顾客。如果经销商以寄售的身份保存汽车,则不应列入图9-2中。

（3）付款流程。付款流程是指货款在各市场营销机构之间的流动过程。例如，顾客通过银行或其他金融机构向经销商支付账单，经销商扣除佣金后再将费用付给制造商，再由制造商付给各供应商，还须付给运输企业及独立仓库（图9-2中已省略）。

（4）信息流程。信息流程是指在市场营销渠道中，各市场营销中间机构相互传递信息的过程。通常，渠道中每一相邻机构间会进行双向的信息交流，而互不相邻的机构间也会有各自的信息流程。

（5）促销流程。促销流程是指广告、人员推销、宣传报道、促销等活动由某一方对另一方施加影响的过程。供应商向制造商推销其品牌及产品，还可能向最终顾客推销自己的名称及产品，以便影响制造商购买其零部件或原材料来装配产品。促销流程也可能从制造商流向经销商（贸易促销）或最终顾客（最终使用者促销）。

三、分销渠道的模式

1. 传统分销渠道

传统分销渠道是由各自独立的生产商、批发商、零售商和购买者组成的。在传统分销渠道中，各渠道成员之间的联系是松散的。传统分销渠道是在实际工作中被大多数企业采用的分销渠道模式，但随着营销环境的不断发展，传统分销渠道正面临着越来越大的挑战。如图9-3所示，可以看到消费者市场和生产者市场的传统分销渠道模式。

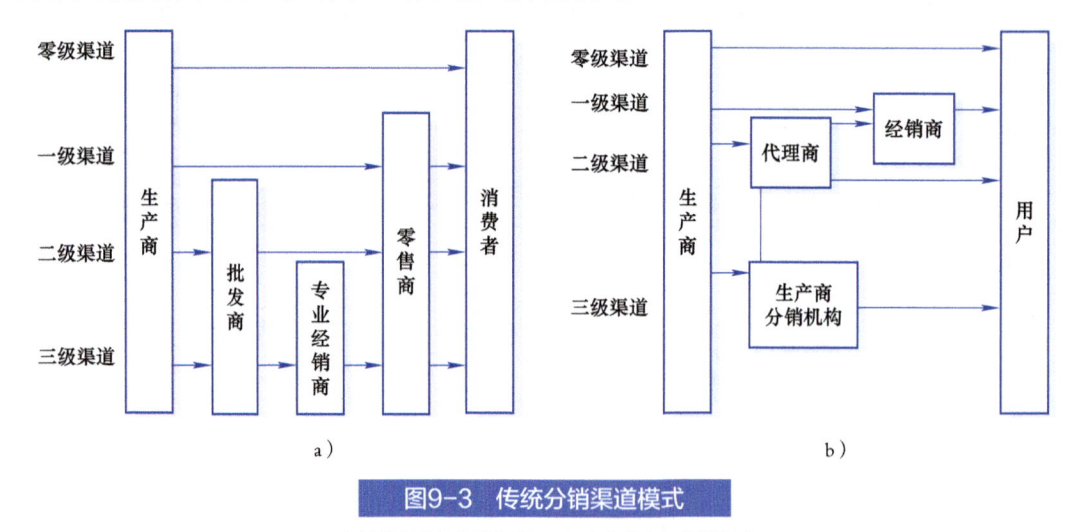

图9-3 传统分销渠道模式

a）消费者市场分销渠道　b）生产者市场分销渠道

2. 整合分销渠道

随着企业营销活动的不断变化更新，企业在实际的渠道运作中，出现了将渠道成员通过一体化整合后形成的整合分销渠道系统。整合分销渠道正被越来越多的企业采用。整合分销渠道主要包括垂直营销系统、水平营销系统和多渠道系统3种形式。

（1）垂直营销系统。垂直营销系统是近年来渠道发展中最重大的成果之一，它是为了挑战传统营销渠道而出现的。传统营销渠道由独立的生产商、批发商和零售商组成。每个成员都是作为一个独立的企业实体追求自己利润的最大化，即使是以损害系统整体利益为代价也在所不惜，没有一个渠道成员对于其他成员拥有全部的或者足够的控制权。麦克康门把传统渠道描述为"高度松散的网络,其中,制造商、批发商和零售商松散地联结在一起,相互之间进行不亲密的讨价还价,对于销售条件各执己见,互不相让,所以各自为政,各行其是"。

垂直营销系统则相反,它是由生产商、批发商和零售商所组成的一种统一的联合体。某个渠道成员拥有其他成员的产权,或者是一种特约代运营关系,或者这个渠道成员拥有相当实力,其他成员愿意合作。垂直营销系统可以由生产商支配,也可以由批发商或者零售商支配。垂直营销系统有利于控制渠道行动,消除渠道成员为追求各自利益而造成的冲突。它们能够通过其规模、谈判实力和重复服务的减少而提高效益。在消费品销售中,垂直营销系统已经成为一种占主导地位的分销形式,占全部市场的64%。传统分销渠道与垂直营销系统的对比如图9-4所示。

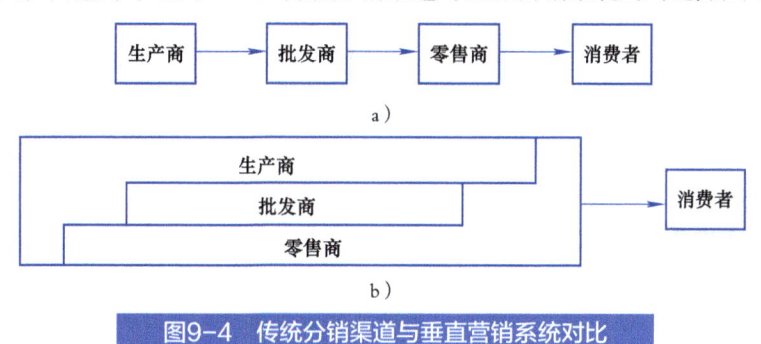

图9-4 传统分销渠道与垂直营销系统对比
a)传统分销渠道 b)垂直营销系统

垂直营销系统的3种主要类型如下。

1)公司式垂直营销系统。公司式垂直营销系统是指一家公司拥有并统一管理若干工厂、批发机构、零售机构等,控制分销渠道的若干层次,甚至控制整个分销渠道,综合经营生产、批发、零售业务。这种垂直渠道系统又分为两种:第一种是以大工业公司拥有和统一管理的,如海尔集团营销系统采用的就是公司式垂直营销模式,以产权为纽带把生产者与销售者紧密联系起来,我国的国企一般也都有类似结构。第二种是大型零售公司拥有和管理的,采取工商一体化方式。

营销5.0实战9-1

小米公司的全渠道策略

小米的成功,营销功不可没。小米按照雷军的思路,不会放过任何一个移动互联网时代发展的风口,通过数年的积累和摸索,小米最终形成了线上线下融合的全渠道模式。小米全渠道分为三层,分别是小米有品、小米商城和小米之家。小米有品和小米商城是线上电商,小米之家属于线下运营。

1. 线上渠道

自有官网渠道:小米采用线上销售模式在小米科技的官网上进行零售,线上直营小米商城有2000种商品,主要是小米自己和其生态链的产品,主打小米手机、平板等科技数码产品。小米还推出了"小米之家"App,如果消费者喜欢小米的产品,可以在线下单,直接通过手机完成购买。

电商平台渠道:小米在电商渠道上的销售额占整个市场的比例相当高,包括天猫旗舰店、京东旗舰店、苏宁易购旗舰店等多个平台,电商渠道能够提供更多的曝光机会和销售额。其精品生活电商平台——小米有品,采用多品牌合作的模式,除了小米和米家的产品,也有第三方独立品牌。这种模式的优点是可以节省渠道成本,提高销售效率。

社交媒体渠道：小米在社交媒体上的表现也相当优秀，包括微信、抖音、小红书等平台，小米在这些平台上设立官方旗舰店，直播推广销售自己的产品，并与用户互动，提高粉丝运营效果。通过社交媒体方式与用户建立直接联系，了解用户需求，进行产品改进。

2. 线下渠道

小米之家：小米之家是小米在全国各地开设的众多实体店，小米之家自建自营，线下直营，位于一二线城市，通常进驻大型商场，集形象展示、产品展示、消费者体验和购买、维修等服务为一体。在这个梯级全渠道中，小米之家有一个重要的工作，就是促进线下线上的相互引流，向用户介绍更丰富的小米产品系列。用户在小米之家购买商品时，店员会引导用户在手机上安装小米商城 App，线下体验、线上购买，实现购物的无缝衔接。小米之家这种实体店模式不仅可以为用户提供更加全面的购买体验，同时也可以提高品牌形象和用户忠诚度。

小米专卖店：专卖店模式系他建自营，经营权属于经销商，通常位于三四线城市。小米与各地优秀服务商、零售商合作，小米直供产品，直接管理运营。2023 年上半年，有一二线城市的部分小米之家直营门店转型为专卖店模式，旨在推动小米较大的合作商多开店，"做大做强"，发展为小米的忠实合作伙伴。

小米体验店：他建他营，小米指导，类似代理商模式，在四线城市以下主推，在产品库存单位选取上因地制宜，并对城市中心店和郊区店做出了区隔。

总的来说，小米从线上到线下，从官方到授权代理商以及第三方电子商品平台，小米拥有多样化的销售渠道，以满足不同消费者的需求和购买习惯。同时，小米通过全渠道运作，更大频次地加深与粉丝互动的关系，从互联网时代的粉丝模式，到移动互联网的社交电商，在营销模式不断发展中，小米与用户的关系不断升级，通过全渠道、全接触点建设，小米通过多种形式增加了和粉丝之间的情感维系，加深了粉丝的黏性，以及产品的销售转化和高频互动。

（资料来源：https://www.pridetour.com.cn/article/59dp7rl9n.html，有删改）

2）管理式垂直营销系统。管理式垂直营销系统是通过渠道中最有实力的成员来协调、管理整个渠道运作的垂直渠道系统。

在西方国家，许多制造商（即使是某些大制造商）无法耗费巨资，建立推销其产品所需要的全部商业机构，因此，有些素有盛誉的大制造商为了实现其战略计划，往往在销售促进、库存供应、定价、商品陈列、购销业务等问题上与零售商协商一致，或予以帮助和指导，与零售商建立协作关系。例如，美国卡夫（Kraft）食品公司积极改善产品包装，广泛开展销售促进活动对食品杂货商提供购销业务指导，帮助他们改进商品陈列。

3）合同式垂直营销系统。合同式垂直营销系统是由不同层次的生产商和中间商通过合同契约的形式整合组成的垂直渠道系统，主要包括批发商组织的自愿连锁店、零售商合作社以及特许经营系统。

① 批发商组织的自愿连锁店。这种自愿连锁店和西方国家零售商业中的一般连锁商店不同。首先，自愿连锁店（又叫契约连锁店）是若干独立的中小零售商为了和连锁商店这种大零售商竞争而自愿组成的联营组织，参加联营的各个中小零售商仍保持自己的独立性和经营

特点。而连锁商店是属于一家大零售公司所有的某种类型的零售商店（如百货商店、超级市场等）集团，这些零售商店是这家大零售公司的分店。其次，自愿连锁店的各个独立的中小零售商要在采购中心的管理下统一进货，但分别销售，即"联购分销"，此外，联营组织还为各个成员提供各种服务。而连锁商店的总公司虽设有批发机构中央采购处，但连锁商店本身是零售组织。再次，西方国家的自愿连锁店通常是由一个或一个以上的独立批发商倡办的。

②零售商合作社。这是一群独立的中小零售商为了和大零售商竞争而联合经营的批发机构（各个参加联营的独立中小零售商要缴纳一定的股金），各个成员通过这种联营组织，以共同名义统一采购一部分货物（向国内外制造商采购），统一进行宣传广告活动以及共同培训职工等，有时还进行某些生产活动。

③特许经营系统。这种渠道系统分为两种。一种是制造商或饮食公司、服务公司倡办的零售商特许经营系统。例如，福特汽车公司、麦当劳公司等大公司和一些独立零售商签订合同，授予独立零售商经营带有其流行商标的产品或服务项目的特许权。这是大制造商、大饮食公司、大服务公司与独立零售商联营。还有一种是制造商倡办的批发商特许经营系统。例如，美国可口可乐公司与某些批发商签订合同，授予其在某一地区分装和向广大零售商发运可口可乐的特许权。这是大制造商与独立批发商联营。

某些工商企业为了扩大销售，获得更多利润，在激烈竞争中求得生存和发展，不仅在渠道系统内采取垂直一体化经营或联合经营的方式，而且在同一层次的若干制造商之间、若干批发商之间、若干零售商之间采取横向联合经营的方式。

> **相关链接9-1**
>
> ### 直播带货成快销品营销重要渠道
>
> 《中国网络视听发展研究报告（2023）》显示，我国网络视听用户规模达10.40亿，超过即时通讯成为第一大互联网应用。网络视听网民使用率为97.4%，同比增长1.4个百分点，保持高位稳定增长，直播带货成为快销品营销重要渠道。
>
> 2022年泛网络视听产业市场规模为7274.4亿元，较2021年增长4.4%。其中，短视频领域市场规模为2928.3亿元，占比40.3%，是产业增量的主要来源；其次是网络直播领域，市场规模为1249.6亿元，占比17.2%，成为拉动网络视听行业市场规模的重要力量。
>
> 短视频成为吸引网民"触网"首要应用。近1/4新网民因短视频触网，短视频"纳新"能力远超即时通信。新入网的网民中，24.3%的人第一次上网时使用的是短视频应用。截至2022年12月，短视频用户规模达10.12亿人，同比增长7770万人，增长率8.3%，在整体网民中占比94.8%。
>
> 2022年网络直播用户规模为7.51亿人，成为仅次于短视频的网络视听第二大应用。网络直播已经深入娱乐、教育、商业等多个领域，未来发展前景广阔。
>
> 高学历、一线及新一线城市的中青年群体网络视听使用率更高，综合视频、网络直播、网络音频等网络视听类应用更多被这一群体使用。短视频用户的人均单日使用时长为168分钟（超过2.5个小时），遥遥领先于其他应用；综合视频的人均单日使用时长为120分钟，自2020年底开始超越即时通信排在第二位。
>
> 看新闻、学知识成为短视频用户的重要需求。获取新闻资讯及学习相关知识成为用户收看短视频的重要原因，短视频平台已经成为网民获取新闻资讯的首要渠道。

> 直播带货能力显著提升，成为日常生活快消品营销的重要渠道。有42.7%的用户在最近半年内因观看网络视频或网络直播而购买过商品，与2020年相比提升27.0个百分点。居住在二线及以上城市、具有中高学历的中青年女性是网络视频或直播带货最具潜力的目标人群。
>
> 微短剧受众规模大，19岁以下青少年用户占比最多。2021—2022年微短剧上线数量显著提升，最近半年内，一半以上的短视频用户看过3分钟以内的微短剧、微综艺，19岁及以下年龄用户的收看比例为57.9%。网络音频休闲和学习两不误，七成用户进行"深度阅读"；用户收听网络音频节目的两大主要目的为娱乐休闲和学习知识，分别占比47.9%和30.0%。33.2%的网络音频用户"认真听完整期节目"，24.5%的用户"能认真听一大半的内容"。
>
> （资料来源：http://www.ce.cn/cysc/newmain/yc/jsxw/202304/03/t20230403_38476963.shtml，有删改）

（2）水平营销系统。水平营销系统又称横向营销系统，是同一层次上的两家或两家以上的企业通过不同方式联合起来创造新营销机会的渠道系统。例如，海底捞、麻六记等餐饮店开进银泰中心和大悦城等一些大的商场，餐饮店和商场都从中获得了营销利益，餐饮店可以获得大商场的客流量，而大商场也为自己的顾客提供了更丰富的服务项目。

（3）多渠道系统。多渠道系统又称混合营销系统，是指企业为统一目标市场提供两种或两种以上的分销渠道。例如，很多的电器生产商都通过多渠道服务目标市场，你可以在大商场买到海尔、长虹彩电；同样，你也可以从大型综合性超市、专卖店、网上买到海尔、长虹彩电。

四、分销渠道的类型

企业的分销渠道可以按照不同的标志划分为不同的类型。

1. 直接渠道与间接渠道

直接渠道与间接渠道是按照企业的分销活动是否有中间商参与进行划分的。

直接渠道也就是零渠道，即制造商不通过任何中间商而直接将产品销售给消费者，这种分销渠道主要用于产业市场的产品销售。间接渠道是指产品在从制造商向消费者转移的过程中要经过一个或一个以上的中间商，这种分销渠道主要用于生活消费品的销售。

2. 长渠道和短渠道

这是按照流通环节或层次的多少进行划分的。一般把零级与一级的渠道称为短渠道，而将二级或二级以上的渠道称为长渠道。这种划分有利于营销人员集中考虑对某些中间环节的取舍，形成长或短甚至长短结合的多渠道策略。

3. 宽渠道和窄渠道

这两种类型是按照渠道中每个层次的同类中间商数目的多少进行划分的。如果一个层次上利用的中间商很多，通常就称之为宽渠道，反之则就称之为窄渠道。一般来说，生产资料和少部分专业性较强或较贵重的消费品适合窄渠道销售。

4. 单渠道和多渠道

这两种类型是按照制造商所采用的渠道类型的多少进行划分的。单渠道是指制造商采用同一类型的渠道分销企业的产品，渠道比较单一。多渠道是指制造商根据不同层次或地区消费者的情况，选用多种不同类型的分销渠道。

企业对分销渠道进行分析，目的在于选择有利于企业产品销售的分销渠道。

第二节　渠道的选择与管理

企业所选择的分销渠道将直接影响所有其他的营销决策。一个分销系统是一项关键性的外部资源，它的建立通常需要若干年，并且不是轻易可以改变的，而且它的重要性并不亚于其他关键性的内部资源，如制造部门、研发部门、工程部门和区域销售人员以及辅助设备等。对大量从事分销活动的独立公司以及它们为之服务的某一个特定的市场而言，分销系统代表着一种重要的、义务的承诺，同时，它也代表着构成这种基本组织的一系列政策和实践活动的承诺，这些政策和实践将编织成一个巨大的长期存在的关系网。

一、分销渠道的选择

1. 影响分销渠道选择的因素

企业在渠道选择中，要综合考虑渠道目标和各种限制因素或影响因素，主要的制约因素有以下几种。

（1）市场因素。

1）目标市场的大小。如果目标市场范围大，应采用长渠道；反之，则采用短渠道。

2）目标顾客的集中程度。如果顾客分散，宜采用长而宽的渠道；反之，宜采用短而窄的渠道。

（2）产品因素。

1）产品的易毁性或易腐性。如果产品易毁或易腐，应采用直接渠道或短渠道。

2）产品单价。如果产品单价高，可采用短渠道或直接渠道；反之，则可采用间接渠道。

3）产品的体积与重量。体积大而重的产品应选择短渠道，体积小而轻的产品可采用间接渠道。

4）产品的技术性。产品技术复杂、需要安装及维修服务的产品，可采用直接渠道；反之，则选择间接渠道。

（3）生产企业本身的因素。

1）企业实力的强弱。企业实力主要包括人力、物力、财力，如果企业实力强，可建立自己的分销网络，实行直接渠道；反之，则应选择间接渠道。

2）企业管理能力的强弱。如果企业管理能力强，又有丰富的营销经验，可选择直接渠道；反之，则应采用间接渠道。

3）企业控制渠道的能力。企业为了有效地控制分销渠道，多半选择短渠道；反之，如果企业不打算控制渠道，则可选择长渠道。

4）中间商特性。各中间商的实力、特点不同，如在广告、运输、储存、信用、人员培训、送货频率方面具有不同的优势和特点，都会影响生产企业对分销渠道的选择。

（4）竞争者因素。分销渠道的设计还会受到竞争者使用渠道的影响。有的企业可能会进入竞争者的分销渠道，欲与竞争者直接竞争，如商场中同类产品都在一起展示；有的企业可能会避开竞争者的渠道,另辟蹊径,如美国安利公司为避开和同类产品进入商场的竞争,选择了一条适合自己的直销方式。

(5)政府有关立法及政策规定。例如,专卖制度、反垄断法、进出口规定、税法等,还有税收政策、价格政策等因素都会影响企业对分销渠道的选择,又如烟酒实行专卖制度时,烟酒企业就应当依法选择分销渠道。

2. 评估选择分销方案

分销渠道方案确定后,生产厂家就要根据各种备选方案进行评价,找出最优的渠道路线,通常渠道评估的标准有3个,即经济性、可控性和适应性,其中最重要的是经济性。

(1)经济性标准评估。经济性标准评估主要是比较每个方案可能达到的销售额及费用水平。

(2)可控性标准评估。一般来说,采用中间商的可控性小,企业直接销售的可控性大。分销渠道长,控制难度大,分销渠道短,控制难度小,企业必须进行全面的比较、权衡,选择最优方案。

(3)适应性标准评估。如果生产企业同所选择的中间商的合约时间长,而在此期间企业发现其他分销渠道更有效,但又不能随便解除合同,这说明企业选择的分销渠道缺乏灵活性。因此,生产企业必须考虑所选策略的适应性,不宜签订时间过长的合约,除非在经济或控制方面具有十分优越的条件。

二、分销渠道的管理

公司在确定了分销渠道及相关政策之后,必须对每个中间商进行选择、激励和评估。同时,随着时间的推移,渠道也要做适当的调整。

1. 渠道成员的选择

公司必须为其所设定的分销渠道寻找合适的中间商。对合格中间商的鉴定包括经营年数、经营的其他产品、成长和盈利记录、偿付能力、信用等级、合作态度及声誉等。如果中间商是代理商,公司需要评价其所经销的其他产品的数量和特征及其推销力量的规模和素质。如果中间商是零售商,公司需要评价其店铺的位置、未来成长的潜力和客户类型。对于零售商而言,最重要的因素就是选址。

2. 渠道成员的激励

公司必须不断激励中间商,促使其尽全力开发市场。虽然公司在其渠道政策中已提供了若干激励因素,但是这些因素还必须通过公司的经常监督管理和再鼓励得到补充。要使中间商有出色的表现,公司应尽力了解各中间商的不同需求和期望。在处理与中间商的关系时,既要坚持政策,又要灵活,以此建立长期稳固的合作关系。处理与中间商的关系主要有以下3种方法。

(1)合作。生产企业应当得到中间商的合作。为此,生产企业应采用积极的激励手段,如给予较高利润、交易中获得特殊照顾、给予促销津贴等;偶尔应采用消极的制裁办法,如预告知要减少利润、推迟交货、终止合作等,但要对这种方法的负面影响加以重视。

(2)合伙。生产者与中间商在销售区域、产品供应、市场开发、财务要求、市场信息、技术指导、售后服务方面等彼此合作,按中间商遵守合同的程度给予激励。

（3）经销规划。经销规划是最先进的方法。这种方法应有计划地实行专业化管理的垂直市场营销系统，将生产者与中间商的需求结合起来，在企业营销部门内设一个分销规划部，同中间商共同规划营销目标、存货水平、场地及形象化管理计划、人员推销、广告及促销计划等。

3. 渠道成员的评估

公司必须定期按一定的标准衡量中间商的表现，如销售配额完成情况、平均存货水平、向客户交货的时间和速度、对损坏和遗失品的处理以及与公司促销和培训计划的合作情况。

4. 渠道调整

公司对分销渠道的管理不能仅限于设计一个良好的渠道系统并推动其运转，渠道系统还要定期地进行改进，以适应市场环境的变化。当客户的购买方式发生变化、市场扩大、新的竞争者进入以及产品进入其生命周期的最后一个阶段时，便有必要对渠道进行改进。

三、分销渠道的基本策略

企业分销渠道的选择，不仅要求保证产品及时到达目标市场，而且要求选择的分销渠道销售效率高，销售费用少，能取得最佳的经济效益。因此，企业在进行分销渠道选择前必须综合分析企业的战略目标、营销组合策略以及其他影响分销渠道选择的因素，然后再做出某些相关策略，如是否采用中间商，分销渠道的长短、宽窄，具体渠道成员等。

1. 直接渠道与间接渠道的选择

这个问题实质上就是可否采用中间商的策略。一方面，虽然中间商的介入对制造商以及社会带来很大的好处，但没有中间商介入的销售（即直接销售）也具有很多优点，如销售及时、节约费用、加强推销、提供服务、控制价格、了解市场等。另一方面，直接分销渠道使产品的整个销售只能完全落在生产企业身上，完成这些职能的费用也完全由生产企业负担。从渠道分析看，直接分销和间接分销各有利弊，各有其适用条件和范围。企业在选择时，必须对产品、市场、企业营销能力、控制渠道的要求、财务状况等方面进行综合分析。

一般情况是，大多数生产技术复杂、价格高、需要安装和经常维修服务的产品，或用户对产品规格、配套、技术性能有严格要求的产品，应采用直接分销；有的大宗原材料用户购买量很大，购买次数少，用户数量有限，宜采用直接分销；一些易变质的生活用品和时尚产品以及价格昂贵的高档消费品，也可采用直接分销。事实上，对于生产量大、销售面广、顾客分散的产品（如啤酒、香烟等），任何企业都没有能力将产品送到每一个消费者手中，即使能送到也是不经济的，因此这些企业只能选择间接分销渠道。除此之外，大多数生活资料以及一部分应用面广、购买量小的生产资料，均宜采用间接分销。

另外，在进行此类选择时，营销能力、财务、控制渠道的要求也必须考虑在内。例如，从产品特性与市场情况分析，有的企业产品应该采用直接分销，然而，因为其销售力量薄弱，或因财务困难，也不得不选用间接销售渠道。

> **营销5.0实战9-2**

卖车比造车更难，新能源车零售向渠道动刀

新能源汽车的崛起正对传统汽车零售渠道构成冲击。为了跟上Z世代的消费升级节奏，在渠道层面，车企和经销商正由聚焦单一渠道向构建多元渠道转型升级。

在燃油车时代，以4S门店为形态的经销商模式发展成为一种效率及成本兼顾的主流销售渠道。但随着新能源车时代到来，消费者购车习惯逐步发生变化，多种模式的销售渠道不断涌现，车企与消费者对传统4S门店经销商的依赖性开始降低。而且，由于新能源车部分售后服务需求减少，也对传统经销商的利润空间带来较大冲击。面对新能源汽车诱人商机，传统经销商渠道也开始积极建立与新能源汽车品牌的合作，获取独立新能源网点授权。

适应新时代新消费思路变化，新能源车时代零售模式渠道变革已是多触点的新网络格局，呈现以下几大特征：

首先，直营模式仍旧是新能源车企长期坚持发展的主模式。传统车企在4S门店、体验中心、维修中心、城市快修等多种模式都有探索和涉足，而新能源车企将其中之一的直营零售模式进行了重点拓展，以期待更加贴近车主，提供更有利的品牌形象和服务体验。同时，受制于城市下沉速度，以及在线获客费用飙升等原因，"直营+加盟模式"是新能源品牌扩大销售的必由之路。

其次，新能源车企的零售服务模式仍旧以三大业态为支柱，但有功能分离和持续细化趋势。销售体验中心、交付以及客户维修保养中心是新能源车企的主流三大基础服务业态，现状是很多商场招商时很青睐新能源车企业入驻。

同时，随着产品不可避免的趋同化，各个车企必然追求产品之上的品牌层面或者说消费者精神层面的认同。更多灵活便捷、可快速提升品牌和产品认知、能够深层触达消费者的方式将持续带来惊喜，在特定的文娱中心、商业中心、热门景点等地通过快闪店进行短期展示，提高品牌影响力、快速拓展客户和促进销售。

大数据在汽车零售中发挥越来越重要的价值。蔚来等新能源车企业开创了D2C（直销）模式。蔚来汽车从诞生之日起便放弃了传统4S店的渠道模式，自营自建了线上线下的服务系统，打造以追求用户体验为核心的新零售模式。蔚来汽车的线上服务体系是打造了一款超级App，用户可以通过App完成看车、购车、售后等基础服务，通过线上预约直营店体验、选购下单，任何出行问题可以通过App与服务中心建立联系解决，随时随地查询充电换点基点。除去基础服务以外，还创新性地加入了社交、媒体、商城等属性功能，成为连接用户群体与蔚来产品的关键节点。

渠道的核心是服务，最终判断渠道是否具有竞争力，就在于渠道的效率和消费者的体验满意度。伴随着新能源电动车热销，传统4S门店背后的各种服务功能并没有消失，它们是在持续重组进化而变得更加多样和高效，在"渠道、场景、驱动力"三个关键点上持续探索和拓展。中国汽车产品从计划经济时代的生产资料，到市场经济时代的耐用消费品，再到如今的智能出行设备，汽车零售背后的核心商业思路将由产品+物理零售展厅，转为更加丰富的用户交互以及品牌生活方式和价值传递。

（资料来源：https://auto.youth.cn/xw/202303/t20230331_14424281.htm，有删改）

> **相关链接9-2**
>
> 中国零售新趋势：围绕消费者构建"以人为本"的数字化运营模式
>
> 　　随着国家加快促进数字经济和实体经济深度融合，以及新一代数字技术的推动，零售行业的数字化逐渐步入"深水区"。企业的数字化转型需求，逐步从渠道拓展延伸到消费者价值挖掘、内部管理和人效提升、供应链降本提效、商品及经营的绿色可持续发展等多个领域。
>
> 　　微盟联合中国连锁经营协会、德勤中国共同发布的《2023零售连锁品牌数字化运营研究及策略报告》（以下简称《报告》）显示，在2020—2022年期间，零售品牌的云店数量年复合增长率达65.4%，云上活跃导购数量年复合增长率达57.9%；在2022年，老客（非首次下单的客户）客单价是新客的5.3倍。门店和导购作为品牌接触消费者的基本阵地和重要触点，正在进行数字化转型，并为品牌带来了用户价值的提升。数字化已经深入渗透至零售行业的方方面面，数字化对零售行业的运营模式产生了深刻影响，并显著提升零售效率。
>
> 　　过去几年，中国零售企业大多通过渠道和流量实现扩张，而如今以"人"为中心的运营成为零售企业的核心竞争力，而这也使得零售企业的数字化转型需求逐步从渠道拓展延伸到企业经营多个维度。导致上述原因除了数字化的深入，还源于零售行业的竞争格局变化。历经多年发展，零售行业已由"渠道为王"进入"以人为本"的发展阶段。
>
> 　　在消费端，围绕消费者构建的零售模式对企业数字化能力提出了新要求。在以用户为中心的新模式下，零售企业需要考量如何通过用户深度运营，实现人、货、场的协作配合。而零售业务操盘手则需要考虑"品牌能够触达多少客户？所触达的客户需要什么？以及如何引导客户成交？"对此，以人为本："用户深度运营和数字化经营"成零售数字化战略重心，品牌可以直连消费者实现对目标客户群体精准洞察，并通过围绕客户的渠道资源整合，以及围绕供应链的商品管理全面提效，来真正实现以消费者为中心的零售模式。
>
> 　　而在企业端，企业内部经营的数字化正在同步推进，其中一线导购成为转型重点。究其原因，零售数字化对导购学习新工具、接受新知识的要求提高。《报告》中约79%的受访导购认为客户的线上运营对工作"非常重要"，而产品理解（对产品和品牌的专业认知和讲解）、老客运营（客户维护、直播带货、社群运营等）以及客户洞察（了解客户核心需求和痛点）成为数字化时代优秀导购的重要胜任能力之一。
>
> 　　整体而言，数字化带动下的零售全新模式正在赋能全产业链，从而帮助零售行业实现高质量增长。一方面，零售数字化的能量已在终端零售的应用中得到验证，用户深度运营能够显著提高客户的全生命周期价值，为企业带来新的增量。另一方面，着眼于未来，零售数字化的应用可延伸至零售全产业链。在短期从内部管理、客户维护和导购发展三大角度为企业内部管理提效，在中期匹配消费者与导购、门店、商品，从而实现零售资源的整合和优化配置，甚至在中长期构建生产端和消费端的双向循环，实现供应链的降本增效。数字化正深刻影响零售行业运营模式，零售业的未来将更加智能化、个性化和高效化。
>
> （资料来源：https://baijiahao.baidu.com/s?id=1776708616104488312&wfr=spider&for=pc，有删改）

2. 分销渠道长度的选择

分销渠道的长度是指从产品生产者到最终用户所经历的环节的多少，也就是渠道层次的多少。当企业决定采用间接分销时，应对渠道的长短做出决定。越短的分销渠道，制造商承担的销售任务就越多，信息传递越快，销售越及时，就越能有效地控制渠道。越长的分销渠道，中间商就越要承担大部分销售渠道职能，信息传递就越慢，流通时间越长，制造商对渠道的控制就越弱。制造商在决定分销渠道长短时，应综合分析制造商的特点、产品的特点、中间商的特点以及竞争者的特点。

3. 分销渠道宽度的选择

分销渠道的宽度是指分销渠道中的不同层次使用中间商数目的多少。分销渠道的宽度主要取决于企业希望产品在目标市场上扩散范围的大小，对此，有3种可供选择的策略，如图9-5所示。

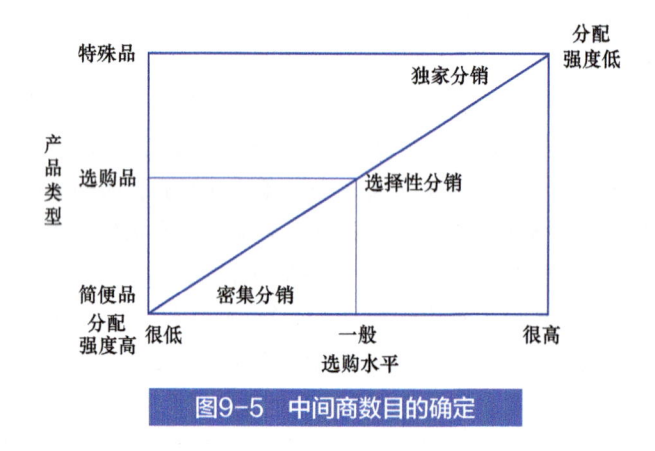

图9-5 中间商数目的确定

（1）广泛分销策略。广泛分销策略也叫密集分销策略，这里指制造商广泛利用大量的中间商经销自己的产品，这种策略的基本点就是充分利用场地，占领尽可能多的市场供应点，以使产品有充分发展的机会。该策略通常用于日用消费品和工业品中标准化、通用化程度较高的产品（如小件工具、标准件等）的分销。这类产品的消费者在购买使用时注重的是迅速和方便，而不太重视产品厂牌、商标等。其制造商则希望自己的产品能尽量扩大销路，使广大消费者能及时、方便地购买。这种策略的优点是产品与顾客接触机会多、广告的效果大，但制造商基本上无法控制这类渠道，与中间商的关系也较松散。采用这种策略时，制造商要与众多中间商发生业务关系，而中间商往往同时经销众多厂家的产品，就难以为某个制造商承担广告费用，或采取专门的推销措施。这样必然导致工商企业间的合作困难，也使制造商难以控制分销渠道。一般来讲，制造商要负担较高的促销费用，设法鼓励和刺激中间商积极推销本企业的产品。

（2）选择性分销策略。选择性分销策略是指制造商从愿意合作的中间商中选择一些条件较好的去销售本企业的产品。这种策略的特点是制造商只在一定的市场上选用少数几个有支付能力、有销售经验、有产品知识及推销知识、信誉较好的中间商，它适用于顾客需要在价格、质量、花色、款式等方面精心比较和挑选后才决定购买的产品。这种策略的优点是减少了制造商与中间商的接触，每个中间商可获得较大的销售量，有利于培养工商企业之间的合作关系，提高渠道的运转效率，而且还有利于保护产品在用户中的声誉，制造商对渠道也能有适度的控制。

（3）独家分销策略。独家分销策略是指制造商在一定的市场区域内仅选用一家经验丰富、信誉卓著的中间商推销本企业的产品。在这种情况下，双方一般都签订合同，规定双方的销售权限、利润分配比例、销售费用和广告宣传费用的分担比例等；规定在特定的区域内不准许制造商再找其他中间商经销其产品，也不准许所选定的中间商再经销其他企业生产的同类竞争性产品。这种策略主要适用于顾客挑选水平很高、十分重视品牌商标的特殊品以及需要现场操作表演和介绍使用方法的机械产品。独家分销策略的优点是：①易于控制市场的营销价格。②只有一家专营中间商与生产者签订协议，所以可以提高中间商的积极性和推销效率，更好地服务市场。③为了推销专营性商品，产销双方可以较好地互相支持和合作。其缺点是：①在该地区生产者过于依赖该中间商，容易受其支配。②在一个地区选择一个理想的中间商是十分困难的，如果选择不当或客观条件发生变化，可能会完全失去市场。③一个特定地区只有一家中间商，可能因为推销力量不足而失去许多潜在顾客。

营销5.0实战9-3

思念开拓数字营销渠道探索之路

无论是在重要节日还是日常生活中，思念的产品都可能出现在普通人家的餐桌上，不少人兴许是吃着思念的水饺、汤圆长大的。思念食品成立于1997年，是中国最大的专业速冻食品生产企业之一，主营业务包括速冻水饺、汤圆、面点、粽子、馄饨、休闲食品6大品类产品的研发、生产、销售，年生产能力超过70万吨，员工数量超过10000人。由3000多家经销商组成的营销网络遍及全国，并率先进入美国、英国等近20个国家和70多个地区的市场。2022年，品牌价值达365.73亿元，品牌渗透率达36.7%，触及消费者多达1.7亿。

传统上，速冻食品企业的终端销售场景以实体零售渠道为主，但近年来，实体零售渠道被高速发展的网络零售快速蚕食，挤压利润空间。2019年，思念食品开始布局线上零售，先后与京东、淘宝天猫、美团、抖音、小红书、多多买菜等各类电商平台合作。2021年还推出"鲜饺鲜吃"项目，通过线下门店提供生鲜水饺。但进入2023年，消费者囤货意愿降低，线下销量大幅下降。思念意识到，要保持行业领军地位，必须尽快打通线上渠道，推动线上线下渠道融合。

然而与大多数快消企业相同，思念食品的线上业务主要通过平台或渠道商实现，无法追踪量化第三方平台的引流转化数据，而线下业务高度依赖数字化尚未普及的经销商，始终缺乏直面C端消费者的机会，无从掌握足够数据以更好洞察消费者购买行为，支撑业务拓展需求。

作为传统速冻食品企业的掌舵者，思念食品CEO用"乌卡时代"来定义企业所处的当下。乌卡（VUCA）指易变性（Volatility）、不确定性（Uncertainty）、复杂性（Complexity）以及模糊性（Ambiguity）。这种焦虑感促使思念不断向外拓宽边界，寻找任何能为企业带来增长的突破口。

数据是数字化转型的基础。思念在数字零售渠道的布局虽然为企业提供了新的增长点，但依然面临着数据缺乏的巨大难关。线下业务为主的速冻食品企业往往需要通过经销商获取数据，它们数量庞大，大多数字化程度不高，往往还存在数据滞后、数据质量不一、线上线下客群差异、个人隐私等诸多问题，数据可用性存在很强的不确定性。同时，线上渠道的数据信息大都储存在平台方，企业无法有效追踪到购买产品的消费者信息，获取有效的消费者画像，也无法掌握某家具体店面的流量变化。

为推动全渠道数字化营销，思念在早前成立的数字营销部基础上，按照购物场景以现场零售（线下实体门店）、远场零售（京东、淘宝天猫、拼多多等传统电商平台）、

> 近场零售（对时效性敏感、本地化属性较强）进行划分，构建了其新零售渠道布局。思念数字营销团队也通过数字化导购、打通平台与思念企微的后台、"思念福利社"小程序链接线下大卖场掌握经销商信息等方法突破数据困境，开始尝试从0到1搭建私域流量。
>
> 　　数字化转型是传统线下企业不被未来抛弃的唯一选择，但也需要承担较高的成本投入与巨大的风险。思念食品在小心尝试取得一定成果后，准备开始加速前进，推动全渠道数字营销构建。
>
> 　　　　（资料来源：https://www.163.com/dy/article/IA3T8MUV0516D6NK.html，有删改）

第三节　中间商的主要类型

一、商人中间商

商人中间商也称经销商，是指从事商品交易业务，在商品买卖过程中拥有商品所有权的中间商。也正因为他们拥有商品所有权，所以在买卖过程中，他们要承担经营风险。商人中间商又可分为批发商和零售商。

1. 批发商

批发商是指自己进货，取得商品所有权后再批发售出的商业单位，也就是人们通常所说的独立批发商。

批发商按经营商品的范围来分类，可分为3种类型。

（1）一般批发商。一般批发商是指经营一般货品，而且经营商品的范围很广、种类繁多的商品批发商。其销售对象主要是普通商店、五金商店、药房、电器商店和小百货商店等。产业用品的一般批发商是工厂供应商，这种批发商经营品种规格繁多的附件和供应品。

（2）单一种类或整类商品批发商。这种批发商所经营的商品仅限于某一类商品，而且这一类商品的花色、品种、规格、厂牌等齐全，同时还经营一些与这类商品密切关联的商品。

（3）专业批发商。专业批发商是指专业化程度较高，专门经营某一类商品中的某种商品的批发商。专业批发商的顾客主要是专业商店。产业用品的专业批发商一般都专门从事需要有技术知识或服务的产业用品批发业务。

批发商按职能和提供的服务是否完全来分类，又可分为2种类型。

（1）完全职能或完全服务批发商。它是指执行批发商全部职能的批发商。

（2）有限职能或有限服务批发商。它是指为了减少成本费用，降低批发价格，只执行批发商的一部分职能和提供一部分服务的商品批发商。

2. 零售商

零售商是指把商品直接销售给最终消费者，以供应消费者个人或家庭消费的中间商。零售商处在商品流通的最终环节，直接为广大消费者服务。零售商的交易对象是最终消费者，交易结束后，商品脱离了流通领域进入消费领域。零售商数量多、分布广，其销售商品的数量比较少，但销售频率高。目前国内外的零售商根据其经营特征可分为以下几种类型。

（1）专业商店。专业商店是专业化程度较高的零售商店，这种商店专门经营某一类商品或某一类商品中的某种商品。例如，纺织品商店、服装商店、家具商店、书店、花店等，这些是经营单一种类商品的商店；男子服装店、妇女服装店等，这些是经营有限种类商品的商店；男子订制内衣商店、特殊尺码服装店（如上海"胖子"服装商店），这些是超专业商店。

（2）百货商店。百货商店通常指规模很大，经营范围较宽，包括若干条产品线，各条产品线分别经营相对独立的商店，它们可为顾客提供种类繁多、花色齐全的商品和优良的设施与服务。关于百货商店的起源，说法不一。例如，法国巴黎的"好市场（Le Bon Marché）"是公认的全世界第一家百货商店，此后世界上许多城市相继效法，20世纪20~30年代百货商店的发展达到高峰，成为都市中心商业区主要的零售和游览场所。但第二次世界大战后的一段时间内，百货商店的销售量和获利能力大大降低，有些人认为它已达到零售生命周期的衰退阶段，其原因有：竞争的激化造成费用增加，售价上升，无力与折扣商店竞争；市中心区交通堵塞，停车困难，加以市郊购物中心的兴起，顾客的兴趣转移。针对这种情况，百货商店为求生存采取了许多应变措施，如在市郊开设分店、售货方式多样化（邮购、电话购物、电视购物、增设廉价产品等）等。目前百货商店的组织形式有以下3种。

1）独立百货商店（Independent Department Store），即一家百货商店独立经营，别无分号。

2）连锁百货商店（Chain Department Stores），即一家大百货公司在各地开设若干个百货商店，这些百货商店都属于这家大百货公司所有，是总公司的分号或联号，由总公司集中管理。

3）百货商店所有权集团（Department-Store Group），即原来若干独立的百货商店联合组成百货商店集团，由一个最高管理层统一管理。例如，王府井百货就是一个百货商店所有权集团。许多独立百货商店之所以参加百货商店所有权集团，是因为这些百货商店的大多数股份已掌握在股权公司手中，它们实际上已成为股权公司的附属企业。有些百货商店参加所有权集团后，就改用股权公司的名称，有些仍沿用原来的名称，甚至保持以前的经营特点。

（3）超级市场。超级市场也叫自选商场，其特点是定量包装、预先标价，由顾客自取自选、自我服务，顾客出门时一次交款，因而可以节约售货时间，节约商店人力和费用，避免或减少顾客与售货员的矛盾。

沃尔玛就是典型的超级市场，它属于规模大、成本低、毛利低、销售量大的自我服务的经营机构，分设在人口集中的城市市区，按经营品种可分为综合超级市场和专门经营纺织品、服装、日常家用商品的专业超级市场。

（4）廉价（折扣）商店。廉价商店在自助式和设备最少的基础上经营（不做豪华装修，商品最简化陈列），以经营普通商品为主，也有少数的专门商店，以比传统商店低的价格销售标准商品，或采取折扣的方式出售商品。它的经营特点有：①场地宽广、摊点密布、四通八达、进出方便；②品种齐全，挑选性强，在同一品种内，规格、款式、花色一应俱全。

（5）购物中心。这是一种由多家商店组合而成的大型商品服务中心，一般设在公共建筑物内，以一家或数家百货商店、超级市场为骨干，由各类专业商店、书店、餐馆、旅馆、银行、影院等组合而成，融购物、服务和娱乐、休闲于一体。

（6）连锁店。它是由多家出售同类商品的零售商店组成的一种规模较大的联合经营组织。其特点是由公司总部统一向生产者进货（选购商品），以较大的订购批量获得最大的价格优待；采取薄利多销的策略争取顾客；商品价格经常浮动，有竞争对手时便减价争取顾客，无竞争对手时则提价争取多盈利。

（7）网上商店。它是通过互联网、邮寄等方式向顾客销售商品或服务。这种新型零售形式随着科技的发展而不断涌现，为消费者提供了更加便捷和多样化的购物选择。

（8）完全自助零售商。这类零售商提供极少的服务，顾客主要通过自我选择和服务来完成购物过程，如自动售货机、无人便利店等。

二、代理中间商

代理中间商（以下简称代理商）是指受生产者委托从事销售业务，但不拥有商品所有权的中间商。代理商的收益主要是从委托方获得佣金或者按销售收入的一定比例的提成。代理商一般不承担经营风险。代理商按其和生产者业务联系的特点，又可分为企业代理商、销售代理商、寄售商、经纪商和采购代理商。

1. 企业代理商

企业代理商是指受生产企业委托签订销售协议，在一定区域内负责代理销售生产企业产品的中间商。企业代理商和生产企业之间是委托代理关系，代理商负责推销产品，履行销售商品业务手续，生产企业按销售额的一定比例付给企业代理商酬金。

2. 销售代理商

这种代理商也和许多生产企业签订长期合同，替这些生产企业代销产品，但他们与企业代理商有显著不同的特点，即每一个生产企业只能使用一个销售代理商，而且生产企业将其全部销售工作委托给某一个销售代理商以后，不得再委托其他代理商代理其产品，甚至也不能再派推销员去推销产品。销售代理商替委托人代销全部产品，而且不限定在一定的地区内代销，在规定销售价格和其他销售条件方面也有较大的权力，因此销售代理商实际上是委托人的独家全权企业代理商。

3. 寄售商

这是经营现货代销业务的中间商。生产企业根据协议向寄售商交付产品，寄售商销售后所得货款扣除佣金及有关销售费用后，再支付给生产企业。寄售商要自设仓库或铺面，以便储存、陈列商品，使顾客能及时购得现货。

4. 经纪商

经纪商俗称掮客，是指既不拥有产品所有权，又不控制产品实物价格以及销售条件，只是在买卖双方交易洽谈中起媒介作用的中间商。经纪商的作用是沟通买卖双方，促成交易，其主要任务是安排买卖双方的接触与谈判，交易完成后，从交易额中提取佣金，他们与买卖双方没有固定的关系。

5. 采购代理商

采购代理商是指与买主建立了较长期的关系，为买主采购商品，并提供收货、验货、储存、送货等服务的机构，如大规模服装市场上有一种常驻买客，专门物色适合小城镇的一些小零售商经营的服装。采购代理商知识丰富，可向其委托人提供有益的市场信息，并为买主采购适宜的优良商品。

第九章 渠道策略

营销方法

1. 分销渠道选择的加权计分表

分销渠道选择的加权计分表见表9-1。

表9-1 分销渠道选择的加权计分表

评价标准及其细则	权数（w）	计分（s）				加权计分（w×s）
		1	2	3	4	
1. 销售业绩						
销售总额						
销售增长率						
……						
小计						
2. 存货						
存货率						
……						
……						
小计						
3. ……						
总计						

（1）对渠道策略的影响因素加以明确表示，尽可能将所有我们认为对营销渠道产生影响的因素进行分类罗列。

（2）根据重要性尽可能地给每个因素一个精确的权数。

（3）对每个影响因素进行评分，分数越高表明企业在这方面做得越好或该因素对企业越有利。

（4）对所有方案加权计分，得到最终评分。

（5）从中选取分值最高的一个渠道作为该地区的最优渠道。

2. 分销商评价表

分销商评价表见表9-2。

表9-2 分销商评价表

评价因素	权数	候选分销商1		候选分销商2	
		打分	加权分	打分	加权分
1. 市场覆盖范围	0.10				
2. 声誉	0.15				
3. 产品组合情况	0.05				
4. 区域优势	0.15				
……	…				
总计	1				

就分销商从事商品分销的能力和条件进行打分评价。根据不同因素对分销渠道功能建设的重要性程度分别赋予其一定的权数，然后计算总分，选择最高分者作为此区域的分销商。

〔本章小结〕

1. 分销渠道的概念与作用

分销渠道是指某种产品和服务在从生产者向消费者转移过程中，取得这种产品和服务的所有权或帮助所有权转移的所有企业和个人。

分销渠道的作用有产品的集中与再分配、市场信息的收集和反馈、资金的流动及解决生产者和消费者或用户之间客观上存在着的矛盾。

2. 分销渠道的模式

分销渠道分为传统分销渠道和整合分销渠道。整合分销渠道主要包括垂直营销系统、水平营销系统和多渠道系统3种形式。其中，垂直营销系统包括公司式垂直营销系统、管理式垂直营销系统、合同式垂直营销系统。

3. 渠道的选择与管理

影响分销渠道选择的因素主要包括市场因素、产品因素、生产企业自身因素、中间商特性、竞争者因素、政府有关政策规定等。

分销渠道的管理主要是进行对中间商的选择、激励和评估工作。

分销渠道宽度的选择分为密集性分销、选择性分销和独家分销3种类型。

4. 中间商的主要类型

中间商的主要类型有商人中间商和代理中间商。

商人中间商是指从事商品交易业务，在商品买卖过程中拥有商品所有权的中间商。商人中间商可分为批发商和零售商。批发商是指自己进货，取得商品所有权后再批发售出的商业单位，也就是人们通常所说的独立批发商。零售商是指把商品直接销售给最终消费者，以供应消费者个人或家庭消费的中间商。

代理中间商是指受生产者委托从事销售业务，但不拥有商品所有权的中间商，可分为企业代理商、销售代理商、寄售商、经纪商和采购代理商。

——— 重要概念 ———

分销渠道　垂直营销系统　水平营销系统　多渠道系统　密集分销
选择性分销　独家分销　批发商　零售商

[案例分析]

格力电器新渠道变革

格力电器成立于1991年,发展至今已经历了企业初创、高速发展、转型升级三个阶段。进入2023年以来,格力电器的新零售渠道变革正式进入多轮并驱、内外交互的转型新阶段。

简单来说,格力电器的渠道变革在完成1.0阶段的厂商共识后,向2.0阶段的探索突破。即从企业内部主导的"代理分销"扁平化变革,进入到企业与外部平台型商业巨头的"协同探索"阶段。

当前,格力电器线下经销体系包括区域销售公司、代理商等多个环节,格力电器根据区域销售公司每年销量分配提货任务,再由区域销售公司统一管理,之后线下经销商打款提货。由于区域销售公司、代理商等多个环节存在加价行为,致使格力电器线下产品价格较高。

格力的新零售渠道变革,始于去掉层层代理和分销的低效率,意在减少渠道层级,提升渠道的盈利空间,并解决线上电商与线下实体店的经营矛盾,从而更好地利用线上电商,也要更好地让线下实体店有利润、有活力。

具体来看,格力电器的新零售变革呈现两种状态:一是,原有格力专卖店老板们,经历新零售变革之后,拿货通道变多了,既可以从省级销售公司打款提货,也可以直接在格力董明珠店线上平台提货,最终结果就是过去由格力区域销售公司层层分销模式被基本削减,零售终端的格力专卖店老板们可以直接与工厂或省级销售公司对接。与过去相比,整个渠道分销体系大大减少,但是与其他同行的数字化、新零售渠道变革对比,格力经销商们现阶段还存在着面对多个山头并存的局面。二是,格力现阶段新零售变革已跳出原有格力区域销售公司和格力专卖店的体系,积极拥抱新零售和新业态。包括从2022年开始,京东家电与格力电器一直在推动京格联合门店的业务落地,简单来说就是京东在下沉市场面向所有渠道商开放格力全品类家电专卖店经营落地,由京东统一供货、管理和运营,初期格力给予的政策也比较好。不少过去在下沉市场上没有经营格力空调资格的乡镇经销商,参与热度高涨。

随着格力电器的渠道变革进入调整期和磨合期,整个企业对于渠道的认知、价值,也在发生新的变化。格力的渠道变革最终目标,并不是简单地赋能商家,而是通过赋能商家激活家电多品类、多业态、全渠道的发展与协同。未来格力的渠道变革不会停止,格力将会以渠道变革为手段,解决多品类扩张的阻力问题之际,还要通过渠道更多地贴近市场上的年轻用户,特别是大量的00后、10后用户,与格力接触、了解格力更多的家电品类,感受格力变化最直观的窗口和平台,就是各个渠道。

(资料来源:https://finance.sina.com.cn/wm/2023-08-17-doc-imzhpikc6820640.shtml,有删改)

思考与分析

1. 格力电器为什么进行渠道变革?
2. 在渠道变革中,格力电器应如何优化渠道结构,加强渠道管理?

营销实训

分销渠道实践

【训练目的】通过访问一个企业，了解其渠道中有关理论是如何在企业产品销售中应用的。

【训练方案】

1. 人员

以 10 人左右为一组进行演习。

2. 时间

与本章教学时间同步。

3. 方式

（1）通过对一个企业的走访，了解该企业所应用的渠道模式以及该模式是如何沟通生产企业和最终消费者的。

（2）访问中间商，考察其渠道模式的实际效果，并了解企业对渠道如何管理以及中间商对企业渠道管理的态度。

（3）写出访问报告或小结（内容包括实践项目、实践目的、实践内容、本人实际完成情况、实践小结等），与其他同学进行交流。

复习与思考

1. 试述建设分销渠道有何重要意义？
2. 结合实际，分析营销渠道的发展趋势。
3. 从影响渠道设计的因素谈如何为产品选择适宜的渠道？
4. 通常渠道评估的标准有哪三个？
5. 通过各种途径搜寻资料，以实例介绍、分析你身边的不同类型的批发商和零售商。

第十章

促销策略

学习指导

学习目标

1. 了解促销及促销组合的含义
2. 理解促销组合选择的依据
3. 掌握不同促销方式的特点
4. 了解人员推销、广告、营业推广和公共关系的基本操作策略

任务驱动

重庆整合营销 带热入境游

据2023年7月携程数据显示，重庆位列全国热门旅游目的地第二。重庆为何成为游客出行热门目的地。除了因山城重庆特殊的地势、起伏的建筑走红网络外，这座近来被称作"8D魔幻城市"的城市，用了哪些魔法使得重庆作为首日整体旅游目的地订单量同比增长246%，更是成为新晋崛起的入境游目的地？

相比我国其他的传统旅游城市，地处内陆的重庆为何在重启入境游短短几个月内，市场一片向好，甚至有"超车"的趋势？这与重庆前段时间海外营销——花式"种草"密不可分。

现代旅游业又被称为"注意力"产业、"点子"产业、"创新"产业，营销、策划、管理等无形能力越来越重要，决定着一个区域旅游目的地或景区的成败。2023年以来，重庆进行了全方位、多举措、创新性的海外营销。

重庆国际文旅之窗在3月份举行了"中新（重庆）文化和旅游产业联盟2023旅游产品发布暨交流对接会"，通过展示展销、交流酒会、实地考察、学习培训、信息交流等形式，进一步增进了重庆、新加坡两地的文旅交流和务实合作，更好地满足了两地互联互通、合作共赢的市场需求。

重庆市文旅委与法国巴黎中国文化中心5月份共同策划的"茶和天下·雅集"活动在法国巴黎举办。活动融合观展、品茗、听琴、赏花等多重传统雅文化体验，吸引大量法国市民参加，并同步举行了巴黎"重庆之窗"系列交流推广活动，较好提升了重庆文旅的国际吸引力、影响力、关注度。

7月初重庆市参展第十一届澳门国际旅游（产业）博览会，并举办了"你好·重庆"2023重庆旅游澳门推介会等，将重庆文旅的"草"种在越来越多海外潜在游客的心里。

同时，重庆市还在分类打造政府间交流交往、出境游服务、国际研学等多元交流交往载体，构建"国家（部委）+市级+区县+企业"四级联动推广模式，加强与世界旅游城市联合会等系列国际文化旅游组织合作，支持各类协会、文艺院团、文博机构、景区等与世界同类机构、景区开展交流与合作，不断提升重庆文旅知名度、美誉度和国际影响力。

重庆市通过创新促销组合与整合营销传播，不仅加强了国际传播能力建设，还"讲好重庆故事，传播好中国声音"，为拥有迷人的风景、诱人中国美食的重庆市在愈发激烈的全球旅游目的地竞争中插上了美丽翅膀。

（资料来源：http://cq.people.com.cn/n2/2023/0717/c367698-40496123.html，有删改）

结合此案例，谈谈你对现代促销沟通方式的理解？

现代营销不仅要求企业提供适销对路的产品，制订有吸引力的价格，便利目标顾客获得他们所需要的产品，还要求企业展示和维护市场上的形象，打造并传播有关产品的外观、价值、购买条件以及给目标顾客带来的利好等方面的信息。因此企业必须非常重视和中间商、客户等公众进行沟通，通过多种媒介进行有效的信息交流，创造消费和使用产品的和谐市场条件，从而促进销售的提升。

第一节　促销与促销组合

促销在各行各业中都起着非常重要的作用，因此可以说促销是营销 4 要素中最受重视的一个要素，甚至有许多人误将促销等同于营销。

一、促销的基本概念

促销是促进销售的简称，是指企业通过人员或非人员的方式，向目标顾客传递商品或劳务的有关信息，影响和帮助消费者认识购买某一产品或劳务带给他们的利益或价值；或者使顾客对企业及其产品产生信任与好感，从而引起消费者的兴趣，激发其购买欲望，促使其采取购买行为的相关活动的总称。促销的实质是在企业与现实和潜在的顾客之间进行有关交换的信息沟通。

二、促销组合

促销组合（Promotion Mix）是指企业根据促销工作的需要，对广告、人员推销、营业推广和公共关系等促销手段的有机结合、综合运用。

由于公众促销工具具有不同的特点，企业应针对不同的产品、不同的目标顾客、不同的竞争环境等，选择不同的促销手段，并将它们加以整合运用，以达到在一定成本下的促销效率最大化或者是在一定促销目的下的成本最小化。

1. 人员推销

人员推销大致有 3 种方式：①派出推销人员深入到客户或消费者中间面对面地沟通信息，直接洽谈交易。②企业设立销售门市部，由营业员与购买者沟通信息，推销产品。③会议推销，该促销方式具有直接、准确和双向沟通的特点。

2. 广告

广告是通过报纸、杂志、广播、电视、网络等大众传媒和交通工具、空中气球、路牌、包装物等传统媒体向目标顾客传递信息，使广大消费者和客户对企业的产品、商标、服务、构想有所认识，并产生好感。广告是一种高度大众化的信息传播方式，渗透力强，通过多次的信息重复，加深受众的印象，但在受众心目中有可信度低的固有弱点，是单向的信息灌输。

3. 营业推广

企业为了从正面刺激消费者的需求而采取的各种销售措施，如有奖销售、直接邮寄、赠送或试用样品、减价或折价销售等，其特点是可以有效地吸引顾客，刺激顾客的购买欲望，能在短期内收到显著的促销效果。

4. 公共关系

企业为了使公众理解企业的经营方针和策略，有计划地加强与公众的联系，建立和谐的关系，树立企业信誉而开展的记者招待会、周年纪念会、研讨会、表演会、赞助、捐赠捐助等信息沟通活动。其特点是不以直接的短期促销效果为目标，而是致力于企业形象的塑造。公共关系与广告的传播媒体有些相似，但它以客观报道的形式出现，因而能取得广告所不可替代的效果。

表10-1列出了4种促销手段的基本特点。

表10-1　4种促销手段的基本特点

促销手段	基本特点			
人员推销	直接的人际接触	人际关系培养	及时反映和反馈	针对性强
广告	公共性	普及性	表现力强	非强制性
营业推广	引起受众注意	利益诱惑	刺激性强	
公共关系	高可信度	减少受众戒备		

三、影响促销组合决策的因素

企业促销组合的确定，首先会受到投入预算的限制，此外还会受到以下因素的影响。

1. 促销目标

企业确定最佳促销组合，尚需考虑促销目标。相同的促销工具在实现不同的促销目标上，其成本收益会有所不同。广告、公关、营业推广比人员推销在扩大知名度上的效果要好，其中广告的效果最好；在促进购买者对企业及其产品的理解方面，广告的效果最好，人员推销居其次。购买者对企业及其产品的信任，在很大程度上受人员推销的影响，其次才是广告；购买者订货与否以及订货多少主要受人员推销的影响，其次则受营业推广的影响。

2. 产品类型

各种沟通方式对不同产品的促销效果有所不同。拿消费品来说，最重要的促销方式一般是广告，其次是营业推广，然后才是人员推销；而对工业品来说，企业分配促销预算的次序，首先是人员推销，其次是营业推广，然后才是广告。换言之，广告比较适用于价格较低、技术不那么复杂、买主多而分散的消费品市场；人员推销比较适用于价格较高、技术性强、买主少而集中的产业市场和中间商市场；营业推广和公共关系是相对次要的促销方式，在消费品与工业产品的适用性方面差异不大。图10-1反映了两类产品在促销手段运用上的差异性。

图10-1　不同类型产品促销组合的差异

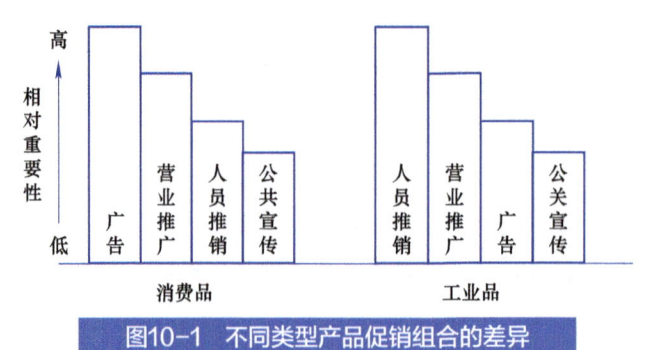

3. 促销策略

企业促销活动有"推动"和"拉引"两种策略。选择推动策略还是选择拉引策略来创造销售，对促销组合也具有重要影响。

（1）推动策略。推动策略侧重运用人员推销的方式，把产品推向市场，即从生产企业向中间商，再由中间商推给消费者。推动策略一般适合单位价值较高、性能复杂和需要示范的产品，根据用户需求特点设计的产品，流通环节较少、流通渠道较短、市场比较集中的产品。工业用品在促销过程中常常运用这种策略，如图10-2a所示。

（2）拉引策略。拉引策略是指企业主要运用非人员推销的方式把消费者"拉"过来，使消费者对本企业的产品产生需求，消费者向中间商寻购商品，中间商向制造商进货，以扩大销售。对单位价值较低的日常用品，流通环节较多、流通渠道较长的产品，市场范围较广、市场需求较大的产品，常采用拉引策略。因此在消费品的促销过程中，往往是制造商向广大的目标顾客或者公众以广告的形式传达商品的信息，吸引消费者主动购买；或者在销售过程中，中间商配合制造商向消费者采取促销方式吸引消费者购买，这样就起到了拉引策略的效果，如图10-2b所示。

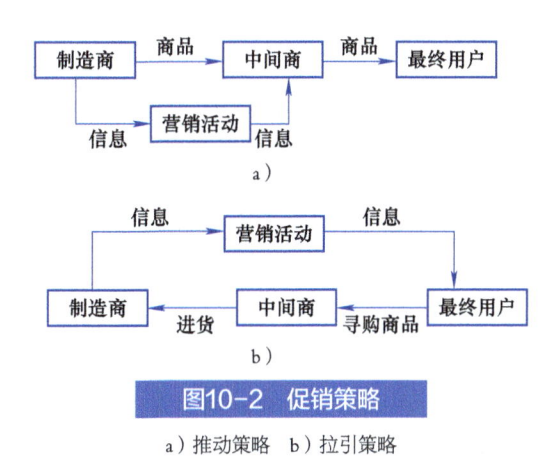

图10-2 促销策略

a）推动策略　b）拉引策略

在通常情况下，企业也可以把上述两种策略结合起来运用，在向中间商进行大力促销的同时，通过广告刺激市场需求。

4. 产品生命周期阶段

对处在产品生命周期不同阶段的产品，企业的营销目标不同，所采用的促销方式亦有所不同。在投入期，广告与营业推广的配合使用能促进消费者认识、了解企业产品。在成长期，社交渠道的沟通方式开始产生明显效果，口头传播变得越来越重要。如果企业想继续提高市场占有率，就必须加强原来的促销工作；如果企业想取得更多利润，则适合用人员推销来取代广告和营业推广的主导地位，以降低成本费用。在成熟期，竞争对手日益增多，为了与竞争对手抗衡，保持住已有的市场占有率，企业必须加强营业推广方式的应用。这一阶段可能发现了现有产品的新用途，或推出了改进产品，在这种情况下，加强宣传能促使顾客了解产品，诱发购买兴趣；运用赠品等促销工具比单纯的广告活动更为有效，因为这时的顾客只需提醒式广告即可。在衰退期，企业应把促销规模降到最低限度，以保证足够的利润收入。在这一阶段，只用少量广告活动来保持顾客的记忆即可，公共关系活动可以全面停止，人员推销也可减至最小规模。

5. 营销环境

从理论上讲，一个国家或地区的居民接触信息传播媒体频率的高低（如报刊覆盖情况、电视机、收音机、网络的发达程度等），会极大地影响广告宣传的效果。某地区在近期内开展的某项群众性活动（如体育运动会、节日盛典、展览会等）为人员推销、营业推广、公共关系和广告促销等创造了条件。某些法规对促销手段的应用有明显的促进或限制作用，如许多国家禁止或限制香烟广告，从而对产品促销组合决策产生影响。

第二节 人员推销

一、人员推销的概念

人员推销是人类社会最古老的促销手段。随着商品经济的发展，人员推销的内容不断扩充，成为现代营销的一种重要的传播促销方式。同其他非人员传播促销方式相比较，人员推销最大的特点就是直接与目标受众接触，能及时得到信息反馈并据此做出相应的调整。

美国营销协会（AMA）认为，所谓人员推销是指企业通过派出销售人员与一个或一个以上可能成为购买者的人交谈，做口头陈述或书面介绍以推销产品，促进和扩大产品销售。人员推销是销售人员帮助和说服购买者购买某种商品或服务的过程。

推销人员通过销售向市场提供商品，通过宣传展示商品来引起顾客的兴趣，激发顾客的需求，通过销售商品及提供信息服务、技术服务来满足顾客的需求。从这一过程中可以看出，人员推销活动是一个商品转移的过程，也是一个信息沟通的过程。同时，它还是一个技术服务的过程。

人员推销主要包括两种组织形式：一种是建立自己的销售队伍，使用本企业的推销人员来推销产品，如销售经理、销售代表；另一种是使用合同销售人员，如代理商、经销商等。

不同的产品，人员推销的方法也不相同。常用的有3种方法：上门推销、柜台推销以及会议推销。

二、人员推销的特点

人员推销与其他非人员推销相比，有以下显著的特点。

1. 方式灵活

推销人员在推销过程中与潜在消费者进行的是面对面的交谈。通过交谈和观察，推销人员可根据顾客的态度和反应，及时发现问题，掌握顾客的购买动机，然后有针对性地根据顾客的情绪和心理变化，灵活地采取必要的协调措施，从不同的层面满足顾客的需要，从而促进交易的达成。

2. 注重人际关系

推销人员既是企业利益的代表，同时也是消费者利益的代表。推销人员应该清醒地认识到，满足顾客需求才是促成交易成功的保证。所以，推销人员在与顾客的直接接触中，愿意为顾客提供多方面的帮助，以利于增强双方的了解，在企业与顾客中间建立良好的关系。

3. 针对性强

相比较而言，人员推销更具有针对性，因为人员推销在推销前总要对顾客进行调研，选择有较大购买可能的潜在消费者，直接带有一定倾向性，目标较为明确地走访，这样有利于提高成交率。这是广告所不能及的。

4. 促成及时购买

人员推销的直接性，缩短了顾客从接受促销信息到发生购买行为之间的时间间隔。人员推销活动，可以及时对顾客提出的问题进行解决，通过面对面的讲解和说服，促使顾客立即发生购买行为。

5. 信息的双向沟通

一方面，推销人员推销产品，必须把产品的质量、功能、用途、售后服务等情况介绍给顾客；另一方面，推销人员还必须通过与顾客的交谈，了解顾客对本产品的意见和态度，上报给决策层，以利于更好地满足消费者的要求。通过双向沟通，有利于企业更好地发展。

6. 可兼任其他营销功能

推销人员除了担任多项产品（服务）推销工作外，还可以兼做信息咨询服务，收集客户情报、市场调研、开发网点，帮助顾客解决商业性事项等工作。

人员推销的优点固然很多，但在使用时应该注意人员推销占用人数较多、费用大、接触面窄，而且优秀的推销人员非常难得等问题。因此，企业除了致力于推销人员的挑选与培训外，还可以用其他推销方式作为有效的补充。

三、人员推销的步骤

1. 做好推销前的准备

推销人员如果想成功地推销产品，在推销前应该做充分的准备，这是推销工作的第一步。首先，推销人员要对自己的产品有深入的了解，这样才能在向顾客介绍产品时说明产品的特性与优点；其次，还要熟悉本行业内竞争者的情况；再次，掌握目标顾客的情况，如潜在购买者的收入水平年龄段等；最后，拟定好访问计划，包括访问的目的、对象、时间和地点，并且做好被拒绝的心理准备。推销人员准备得越充分，交易成功的可能性就越大。

2. 寻找顾客

推销人员在做好充分的准备后，就要开始寻找可能成为真正顾客的潜在顾客了。只有有了特定的对象，推销工作才能真正开始。寻找新顾客的方法很多，通常可以利用市场调研、查阅现有的信息资料、广告宣传等手段进行。另外，推销人员还可以请现有顾客推荐、介绍新的顾客。值得注意的是，寻找到潜在顾客后，不可盲目访问，要先对他们进行排查，确认值得开发后再访问，以免资源浪费。

3. 接近顾客

通过对寻找到的潜在顾客的排查，推销人员应把精力放在那些最有潜力的顾客（准顾客）身上，想方设法接近他们。只有接近到准顾客，推销才有成功的可能。通常采取的方法有介绍接近、赠送样品接近、通过关系接近、以调查的方式接近和通过锲而不舍的"软磨硬泡"接近等。

4. 激发顾客的兴趣

推销人员接近顾客后，首先要取得顾客的信任，从感情上与之缩小距离。然后通过交谈时对顾客的观察，把握顾客的心理，投其所好，针对顾客的需求加以适当引导，激发其对本企业产品的兴趣。

5. 推销洽谈

这是推销过程中的重要一步，洽谈的成败决定着此次人员推销的成败。在此阶段，推销人员要向顾客生动地描述相关产品的特征和优点，并且能够提供具有说服力的证据，证明产品的确能更好地满足顾客的需要。推销人员在推销洽谈过程中一定要努力营造融洽的气氛。

6. 异议处理

推销人员要随时准备解决顾客的一切问题。例如，顾客可能在与推销人员洽谈的过程中针对产品的质量、作用、价值等提出意见，推销人员此时要有耐心，不要争辩；在给予顾客充分尊重的同时，有针对性地进行解释或说明，以消除顾客疑虑，坚定其购买信心。

7. 推销成交

推销人员的最终目的就是使产品或服务成交。接近与成交是推销过程中最困难的两个步骤。在与顾客洽谈的过程中，推销人员一旦发现顾客流露出要购买的意思，就要善于把握成交的机会，尽快促成交易，结束销售访问。

8. 建立联系

一个好的推销人员会把一笔生意的结束看作另一笔生意的开始。这就意味着推销人员要与顾客建立长期的联系，对每位顾客做好售后服务工作，了解他们的满意度，听取他们的意见并及时解决他们的不满。良好的售后服务一方面有利于忠诚顾客的形成；另一方面有利于传播企业及产品的好名声，树立良好的企业形象。

四、人员推销的管理

1. 推销人员的挑选

推销人员素质的高低直接影响职工的工作效率和企业经济效益。因此，企业必须严格确定推销人员的选拔标准，然后按照标准进行人员招聘。

企业招聘推销人员主要有以下两个途径：①从企业内部选拔，即把企业内品行端正、业务能力较强的人员选拔到销售部门工作。这样可以减少培训时间和费用，迅速充实推销人员队伍。②对外公开招聘，经过严格的考试，择优录用；通过笔试和面试，了解其工作态度、语言表达能力、仪表风度、反应速度、理解能力、分析能力、应变能力以及知识的深度和广度。

一般来说，推销人员应具备以下几个方面的素质：①热爱自己的企业，有强烈的敬业精神。②具有良好的业务素养和业务能力。③善于进行沟通，能够不断提高自己的工作能力与业绩。④健康的体魄和良好的气质。

2. 推销人员的培训

在顾客自由选择度日益增大和产品复杂程度越来越高的今天，推销人员不经过系统的专业训练就不能很好地与顾客沟通，也就很难完成销售任务。因此，企业招聘到推销人员后，应先对其进行培训，再委派他们工作。对企业原有的推销人员也应每隔一段时间进行一次轮训，以便提高业务水平，适应企业发展与市场变化的需要。

企业培训推销人员的方式一般有在职培训、个别会议培训、小组会议培训、销售会议培训、定期设班培训和函授培训等。通常采用的方法有课堂培训、模拟试验、现场训练等。各企业可根据实际情况选择适宜的方式和方法。

企业对推销人员培训后，通常要求推销人员达到以下要求：①了解本企业的基本背景，如企业的发展历史、经营宗旨、战略目标等。②熟悉本企业产品情况，了解市场上同类产品的基本情况并能正确地进行比较和鉴别。③了解本企业的目标顾客及其基本特征。④清楚自己的本职工作的职责与程序。⑤掌握基本的销售工作方法和技巧。

3. 推销人员的激励

优秀的推销人员难得，企业要想留住优秀的推销人才，就应该建立一套具有吸引力的激励制度，以提高推销人员的积极性和主动性，取得好的推销效果。企业通常采取的激励手段主要有 2 种方式：①物质激励，如工资或奖金的增加、实物奖励、职位提升等。②精神激励，如表扬、关心等辅助手段。

4. 推销人员的评价

对推销人员的工作表现与工作业绩做出合理的评价，是企业分配报酬、调整促销战略、改善人员推销工作的重要依据。进行评价的主要指标有：销售量增长情况、毛利、每天平均访问次数及每次访问的平均时间、每次访问的平均费用、每百次访问收到订单的百分比、一定时期内新增加的顾客数和失去的顾客数目以及销售费用占总成本的百分比等。

企业通常采取 2 种评价方式：①横向比较，即将各个推销人员的业绩进行比较。②纵向比较，也就是说把推销人员目前的绩效同过去的绩效相比较，这样做有利于全面、客观地评价推销人员的过去，也有助于更好地规划未来。

第三节　广　　告

一、广告的概念

"广告"一词的原意是"我大喊大叫"，后演变为"一个人注意到某件事"，再以后演变为"引起别人的注意，通知别人某件事"。广告的定义可以分为广义和狭义两种。广义广告就是泛指一切营利性的和非营利性的广告。美国广告学家克劳德·霍普金斯（Claude Hopkins）将广告定义为"将各种高度精炼的信息，采用艺术的手法，通过各种媒介传播给大众，以加强或改变人们的观念，最终引导人们行动的事物和活动"，即指一切面向大众的广告告知活动。狭义广告是指营利性的经济广告，即商业广告，它是在付款方式下，由特定的广告主（企业）通过大众传播媒体进行的商品或服务信息的非人员展示和传播活动。其目的是为了促使消费者认知、偏爱直至购买本企业的产品。广告是当代社会最重要的促销方式之一，它深入我们的生活，甚至成为评价经济繁荣的一个指标。对大多数企业来说，广告是产品进入市场的敲门砖和入场券。

一个完整的广告由广告主、信息、广告媒体、广告费用和广告对象 5 个方面的内容构成。

> **相关链接10-1**
>
> **高铁广告真流量，引爆品牌破圈增长！**
>
> CTR媒介智讯数据显示，2023年上半年广告市场同比上涨4.8%，其中火车/高铁站上半年广告花费同比上涨21.5%。高铁媒体作为融合于消费者"在途"场景并能深度触达场景内消费者的媒介形式，成为品牌沟通海量真实受众的重要渠道，高铁广告已成为众多广告主品牌行销力争夺的最重要媒体资源。
>
> 1．覆盖量大
>
> 高铁在一众出行交通工具选择中占比78.1%，高铁媒体的聚客效应尤为突显，每年有上亿的中高端人群进入这一密闭的空间环境，使其广告具有较高到达率，且相比线上更能精准触达消费者，因为乘坐高铁的人群主要是精英出差人士以及外出旅游的游客，年轻群体居多，同时高铁运送客流能覆盖沿线周边城市群，辐射范围可触达多个市场的消费人群。
>
> 2．曝光时间长
>
> 正常乘客乘坐高铁时，一般候车时间都在20分钟以上，在站台等待的时间一般为10分钟，虽然很多用户会选择玩手机，但在进站上下车的时候，依旧会受到广告牌影响，形成了稳定且高效的曝光时间，所以这些广告到达率通常都比其他广告形式更高。
>
> 3．视觉震撼强
>
> 在车站不同点位，通过不同展现样式，提供不同视觉冲击画面，通过车站静态展示画面能够充分体现品牌的创意和品位，不论是传播理念或者是促销信息，都能够在大幅画面中将信息传达给用户。
>
> 4．有针对性
>
> 商业、文化、旅游类客户特征决定了高铁用户不同的商务特性，所以在投放广告的时候，可以对站点的人群流量结构进行具体分析，就能更有效地触达受众，优化广告效果。除了固定站点投放，也可以根据某特定站台特定位置进行更具有针对性推广。
>
> 5．具有场聚效应
>
> 高铁广告处于封闭式环境中，在旅客长时间的候车过程中，形成了低干扰强制性的浏览方式。高铁广告从进站到安检、候车、检票、乘车、出站各个环节，品牌场景行销力效果显著。具有强大的客群聚集效应和场景行销力效应，能为品牌搭建起具有抗干扰、强背书、高触达的传播阵地，其广告促销价值凸显。以汽车、家电、家居建材、快消、旅游、金融、酒类等成为高铁广告投放的热门行业，越来越多的超一流品牌投放高铁广告。
>
> 被称为"中国名片"的高铁，以其舒适安全、低碳快捷的特点，成为人们出行的首要选择，聚集了极大的客流量。高铁具备高度、速度、广度、深度、宽度、长度、温度、精度、真实度、信任度等媒体属性。高铁媒体的场景优势、独特媒介属性、高针对性、高权威性等，成为众多品牌投放的心智之选。
>
> （资料来源：http://www.sohu.com/a/734118080-120833180，有删改）

二、广告的特点

1．有偿服务

任何一项广告，在通过媒体传播的过程中，广告主都要支付一定的费用，这是与宣传有明显区别的。

2. 传播面广

广告是一种渗透性的信息传递方式，它可以大量复制，多次广泛传播，覆盖面广。

3. 信息单向沟通

广告主以自己所拥有的经营管理目标构成自己的信息系统，并且把这些特定信息通过整合而定位，向自己所针对的目标市场进行传播。广告主对于广告信息的定位是以特定目标市场为标准的。广告就是围绕目标市场而进行的信息定位传播。

4. 方式灵活多样，艺术性强

广告的形式多种多样，媒体的种类也很多。不论是听到还是看到的广告，都经过了艺术加工，生动形象、趣味性浓、感染力强。

5. 媒体效应

媒体本身的声誉、吸引力及其接触的可能性都会对广告信息的传播效果产生影响。因此，广告必须正确选用媒体，以发挥广告应有的作用。

三、确定广告的目标

广告的最终目标无疑是要增加产品销量和企业利润，但它们不能笼统地被确定为企业每一个具体广告计划的目标。广告目标不仅取决于企业整体的营销组合战略，还取决于企业面对的客观市场情况，如目标顾客处于购买准备过程的哪个阶段。换言之，企业在实现其整体营销目标时，需要分若干阶段一步一步往前走，在每一个阶段，广告都起着不同的作用，有着不同的目标。广告的目标可以归纳为以下3个方面。

1. 告知

这类广告主要用于产品的市场开拓阶段，其目的在于激发初级需求，即通过广告使消费者了解有关信息，如通告有关新产品的情况，某一产品的新用途，市场价格变化情况，产品的使用、维护、保养方法，企业能提供的各项服务等，还可以树立企业的良好形象。

2. 说服

这类广告在竞争阶段十分重要，其目的在于建立对某一特定品牌的选择性需求，使消费者购买和偏爱企业的产品，它主要适用于：①帮助消费者认识本企业产品的特色，促使消费者对本企业产品产生品牌偏好。②鼓励消费者转向购买本企业的产品。③说服顾客购买。④转变顾客对某些产品特性的感觉等。

3. 提示

这类广告在产品的成熟期十分重要，目的是保持顾客对产品的记忆，即通过广告提醒消费者采取行动，如提示消费者在不同的时间、需要不同的产品，提示消费者购买某种产品的地点。即使在某些产品的销售淡季也要提示消费者不要忘记该产品。

广告目标制约着广告预算、广告信息内容和媒体的选择，不同目标的广告有着不同的要求，需要投入的成本也不同。

四、制订广告预算

在广告预算中,广告费用一般由以下 3 部分构成。

1. 媒介费用

这是支付给媒体的费用,是广告费用中最大的一部分费用。若是将广告业务外包给广告公司,则还包括广告公司的佣金。

2. 制作费用

无论采用哪种媒体,都要根据广告创意和方案进行制作,这涉及各种物质要素投入和人员投入,如创作人员、制作人员的报酬,印刷广告的费用,电视广告的拍摄费用等。

3. 其他费用

其他费用包括管理费、广告部门的人员费用、相关的调研费用等。

五、广告信息决策

广告信息决策的核心是怎样设计一个有效的广告信息。信息应能有效地引起顾客注意,提起他们的兴趣,引导他们采取行动。广告信息决策一般包括 3 个步骤。

1. 广告信息的产生

广告信息可通过多种途径获得,通常消费者是有效广告信息的最重要来源,同时广告创作人员也要注重从与中间商、专家和竞争对手的交谈中寻找灵感。创作者通常要设计多个可供选择的信息,然后从中选择最好的。

2. 广告信息的评价和选择

理想的广告信息应具备以下 3 个特色:
(1)趣味性——指出能使消费者渴望或感兴趣的产品特点。
(2)独特性——提及此产品如何优于竞争品牌。
(3)可信性—— 消费者对广告的真实性是否怀疑,这是选择广告信息的一条极为重要的标准。

同时,广告信息的选择应该因经济发展水平、购买动机、生活方式和消费习惯的不同而不同。

3. 广告信息的设计与表达

在广告设计中,广告主题和广告创意是最为重要的两个要素。习近平总书记提出,讲好中国故事,传播好中国声音,展示真实、立体、全面的中国,是加强我国国际传播能力建设的重要任务。向世界阐释推介更多具有中国特色、体现中国精神、蕴藏中国智慧的优秀文化和产品。广告主题最重要的是突出产品能够给购买者带来的利益。但一种产品不可能满足所有顾客的意愿,因此一个广告最好只突出一种利益,强调一个主题,即使不止涵盖一种利益也必须分清主次。一个广告有了明确的主题后,如果缺少表现主题的创意,仍不会引人注目,自然也就难以取得良好而广泛的宣传与促销效果。

广告的影响效果不仅取决于它说什么,还取决于它怎么说。不同种类的产品,其表达方式也不同。例如，巧克力的广告往往与情感相联系，着重情感定位，而有关洗衣粉的广告，则更侧重于理性定位。特别是对那些差异性不大的产品，广告信息的表达方式显得更为重要，能在很大程度上决定广告效果。

广告制作中要特别强调创造性的作用。许多公司的广告预算相差不多，却只有少数公司的广告给消费者留下了深刻的印象，这就是广告制作的差异或创意的成功。在广告活动中，创意比资金投入更重要，只有给人以深刻印象的广告才能引起目标顾客的注意，进而增加产品销量。

在表达广告信息时，应注意运用适当的文字、语言和声调，广告标题尤其要醒目易记、新颖独特，以尽可能少的语言表达尽可能多的信息。此外，还应注意画面的大小和色彩、插图的运用，并将效果与成本加以权衡，然后做出适当的抉择。

> **营销5.0实战10-1**
>
> ### 货拉拉《拉货歌2023》
>
> 相较于温和的传播手段，魔音洗脑式的旋律和朗朗上口的歌谣具备更快速、高效的传播优势。
>
> 近期，货拉拉携手分众传媒上线了《拉货歌2023》广告宣传短片，以神秘生日派对和独特的内卷舞蹈画面为背景，妙用幽默方式解读了网络流行词"货拉拉和拉布拉多"，并以魔性的旋律和节奏感染人，展示了货拉拉新的愿望实现方式，进一步传达了"拉货就找货拉拉，啥车都有，运啥都快！"的品牌理念。

六、选择广告媒体

广告必须通过适当的媒体才能抵达目标顾客，而且广告媒体常常占用了大量预算，因此媒体的选择至关重要。

企业在选择广告媒体时，需要在以下几个方面做出决策。

1. 确定广告媒体的触及面、频率和效果

为了正确地选择媒体以达到广告目标，企业必须首先确定媒体的触及面、频率和效果。触及面是指在一定时期内，某一特定媒体一次最少能触及的不同个人和家庭数目。频率是指在一定时期内，平均每人或每个家庭见到广告信息的次数。效果是指使用某一特定媒体的展露质量。

2. 确定广告媒体种类

目前广告媒体主要包括传统媒体和新媒体。传统主要媒体如印刷媒体（报纸、杂志、宣传手册、书籍、传单、目录），广播媒体（广播和电视），展示媒体（广告牌、指示牌、海报、外包装、包装插页和店面展示）以及新媒体（网络在线和社交媒体）。

传统主要广告媒体在送达率、频率和影响价值方面各有特点。报纸的优点是弹性大、及时、对当地市场的覆盖率高、易被接受和被信任，其缺点是时效短、传阅者少。杂志的优点是可选择适当的地区和对象、可靠且有名气、时效长、传阅者多，其缺点是广告购买前置时间长、有些发行量是无效的。广播的优点是大量使用、可选择适当的地区和对象、成本低，其缺点是只有声音，不如电视吸引人，展露瞬间即逝。电视的优点是视、听紧密结合且引人注意，送达率高，其缺点是绝对成本高、展露瞬间即逝、对观众无选择性。直接邮寄的优点是沟通

对象经过选择、有灵活性、无同一媒体的广告竞争，其缺点是成本比较高、容易造成滥寄的现象。户外广告的优点是比较灵活、展露重复性强、成本低、竞争少，其缺点是不能选择对象、创造力受局限等。

新媒体包括在线和社交媒体，通过在线活动或分享文本、图像、音频和短视频方式吸引客户或潜在客户，直接或间接地提升品牌认知度和品牌形象，促进产品和服务的销售。常见新媒体形式有网站、搜索广告、展示广告、公众号、微信小程序，以及小红书、抖音和其他视频号等，可以利用其搜索广告、展示广告。新媒体的优点是信息的即时传播、很强的互动性、内容多样化、成本相对较低等，缺点是公信力、可靠性可能较低，网络欺诈难以避免。

相关链接10-2

借力体育赛事 家电品牌寻找营销新路径

2023年7月30日，第31届世界大学生夏季运动会在成都举行。各个家电品牌也借此展开新一轮营销。如今，无论是传统家电还是新兴家电，均十分依赖宣传推广，前者需要在同质化竞争中脱颖而出，后者需要普及产品理念，给消费者留下印象，当线上、线下的传统路径趋于饱和，重大赛事便成了新的"黄金节点"。

1．品牌赞助大型赛事

体育营销是长虹品牌营销的重要组成部分。成都大运会期间，全球媒体聚焦成都、聚焦四川，除了关注运动会本身，也关注四川的人文与经济，这是展示四川制造、四川品牌的良好机会。在成都大运会上，长虹围绕"青春长虹 大运有我"，策划了"青春拍拍""一拍即合""虹运联盟"等系列活动。此前，长虹还赞助了在成都举办的全国青少年棒球公开赛、中国飞盘联赛总决赛等活动。大运会后，长虹将继续参与在成都举办的各类体育赛事，并与成都凤凰山体育馆运营方进行深度合作。

2．签约官方合作伙伴

除了大运会，足球、篮球等热门领域也不乏家电品牌身影。TCL签约中国女篮官方合作伙伴，自2009年携手中国篮球以来，迄今合作已经15年，期间TCL与中国男篮、中国女篮、CBA联赛以及易建联杯等多方有过合作。此外，TCL还是FIBA国际篮联全球合作伙伴。无独有偶，vivo将再次携手世界顶级体育赛事欧洲杯，以2024欧洲杯官方合作伙伴的身份亮相欧洲杯赛场，以卓越产品助力比赛，传递体育之美和人文之悦。这并非vivo第一次与体育赛事"牵手"。从早期的苏迪曼杯、NBA、世界杯，到2023年的杭州亚运会上，都有vivo的身影。而vivo与欧洲杯的合作也不止一次，在2020欧洲杯上，vivo就作为官方合作伙伴，以卓越的影像技术和创新能力为欧洲杯提供了全方位的支持。

欧洲杯不仅是一场全民关注的体育赛事，也是vivo与球迷建立情感沟通的重要里程碑，更是vivo向全球用户传递"人文之悦"品牌主张的机会，与消费者建立深厚的情感纽带。vivo希望借助欧洲杯这一全球闻名的体育盛事，将自身对极致产品和极致体验的追求传达给广大用户，提升自身品牌在全球舞台上的知名度。希望通过欧洲杯继续拓展vivo在全球市场的影响力，为全世界更多消费者所熟知。

3．带来的不止流量

在消费电子领域中，由于产品价格普遍较高，消费者决策周期较长，需要品牌进行全方位、多角度的信息触达。品牌赞助大型赛事，其效果未必能在短期内显现，但长期来看，无疑会提升品牌自身在消费者购物选单中的优先级。

在人工智能时代，数据也印证了这一点，相比直播带货，消费者更愿意接受"种草"，前者是"货架场景"，后者是"内容场景"。在消费电子产品"推新卖贵"的背景下，除了借助赛事"种草"，捆绑赛事营销也是提升形象的绝佳机会。统计数据显示，截至2023年5月，电视领域中，10000～14000元产品占比已经连续三个年度同比上升。同样上升的还有空调，5000～8000元高端产品在整体品类中占比已经突破20%。品牌携手体育赛事，并不仅为提升短期销量，品牌需要通过赛事营销来打造自身的高端化名片。

（资料来源：https://cj.sina.com.cn/articles/view/1988645095/768850e7020016j9r?from=sports&subch=osport，有删改）

3. 媒体的选择

在选择媒体种类时，除了要考虑各种媒体的主要优缺点外，还须考虑以下因素。

（1）目标沟通对象的媒体习惯。例如，生产或销售玩具的企业，在把学龄前儿童作为目标沟通对象的情况下，绝不会在杂志上做广告，而只能在电视等媒体上做广告。

（2）产品特性。不同的媒体在展示、解释、可信度与色彩等各方面分别有不同的说服能力。例如，照相机之类的产品，最好通过视频媒体做活生生的实地广告说明；服装之类的产品，最好在有色彩的媒体上做广告。

（3）信息类型。例如，宣布某一天的销售活动，必须在网上或报纸上做广告，而如果广告信息中含有大量的技术资料，则须在专业杂志上做广告。

（4）成本。不同媒体的所需成本也是重要的决策因素。电视是昂贵的媒体，而报纸较便宜。不过最重要的不是绝对成本数字的差异，而是目标沟通对象的人数构成与成本之间的相对关系。如果用每千人成本来计算，可能在电视上做广告比在报纸上做广告更便宜。

（5）竞争对手的广告策略。企业在选择媒体时，必须充分了解竞争对手的广告策略，发挥自己的优势，以达到克敌制胜的效果。

七、广告效果测定

广告效果主要是指广告信息通过某种媒体传播后所产生的社会影响和效应，评价广告效果是企业制订广告决策的最后一个步骤。广告计划是否合理在很大程度上取决于对广告效果的衡量。

企业不惜重金不是为了一幅精美的广告画面，他们注重的是投入能带来多大的收益。因此测定广告效果已成为广告活动的重要组成部分，另外，它也是增强广告主信心的必不可少的保证。广告效果测定包括广告的传播效果测定和广告的销售效果测定。

广告的传播效果测定是测定广告对受众知晓、认识和偏好的影响。测定方法有消费者反馈法、组合测试法和实验测试法。

广告的销售效果测定，是测定广告对销售的影响，它可以通过测定广告费用份额产生的实际份额（指企业某产品广告占同种产品所有广告的百分比），来了解由此获得的注意度份额，并最终测定其决定的市场份额。

第四节 营业推广

一、营业推广的概念及适用性

营业推广也称为销售促进，是指企业在短期内为了提升销量或销售收入而采取的各种促销措施，如有奖销售、直接邮寄、赠送或试用"样品"、减价折扣销售等。通过这些措施，企业可以有效地吸引顾客，刺激顾客的购买欲望，并且能在短期内收到显著的促销效果。

实际上，营业推广一般是通过强有力的刺激来迅速增加眼前的销售收入。但必须注意的是，营业推广的最终目标仍然是实现企业的营销目标。所以，运用营业推广时需要通盘考虑。营业推广如果使用不当或操之过急，不但不会吸引顾客，反而会引起顾客的怀疑和反感，对企业及企业的品牌造成负面影响。

二、营业推广的过程

一般来讲，企业的营业推广过程包括确定目标、选择工具、制订计划方案、实施方案以及评价结果等内容。

1. 确立营业推广目标

企业市场营销的总目标决定着营业推广的目标，制订营业推广目标是营销总目标在推广环节具体化的过程。但是，由于目标市场存在差异，因此针对不同的目标市场，营业推广目标的确立也不相同。另外，由于推广对象的不同，营业推广也应该有性质不同的目标。具体来说，应该针对消费者、中间商和企业销售人员制订不同的推广目标。

不论针对哪种目标市场，营业推广目标的确立都要考虑两方面的内容：①营业推广的目标必须与企业总体的营销目标相匹配。②每一次营业推广的目标都应达到一定时间的营销目标所要求的任务。

2. 选择营业推广的工具

企业为了实现营业推广目标，往往会采取一系列的推广手段和方法。但是由于不同的方式有不同的特性，企业应根据营业推广的目标、市场的类型、推广的对象、企业希望达到的效果等要求，在综合考虑市场竞争情况以及每一种推广工具的适用性、成本效率等因素的基础上选择恰当的方法。

3. 制订营业推广计划方案

制订一个行之有效的营业推广计划，通常要涉及以下内容。

（1）刺激程度。它是指营业推广对推广对象的刺激程度。一般来说，刺激程度小时，销售反映也小，一定规模的刺激程度才足以使推广活动引起足够的注意。当刺激程度超过一定限度时，推广活动一方面可能会立竿见影，使销售量快速增长，但由于成本过高会导致产生的利润随销量的增长而降低；另一方面，过于激烈的刺激，可能不但不会引起注意，反而会引起推广对象的逆反心理，会产生诸如产品存在问题等不利于企业的猜疑。

（2）刺激的对象范围。企业需要对刺激的对象进行明确的规定。实际工作中，企业的推广对象可能必须具备一定的条件，如要有一定的购买金额等。制订营业推广方案时，企业必须根据推广目标确定推广活动的对象范围。

（3）持续的时间。营业推广通常是一个短期促销行为，所以推广活动的持续时间要恰当地控制。如果时间太短，一些顾客可能还未来得及重购或由于太忙而无法利用推广机会，从而降低了企业的利益，影响推广效果；如果时间太长，可能导致顾客认为这是长期行为，甚至使顾客对产品质量产生怀疑，从而使推广优惠失去吸引力。

（4）营业推广的途径。它是指营销部门决定如何将营业推广的信息传达给推广对象。因为不同途径的费用不同、效果不同，企业应根据自身的财力情况采取合适的途径组合。

（5）营业推广的预算。企业应该在营业推广活动开始之前对所需费用做好详细的预算。营业推广预算一般有两种方法：①按销售总额的百分比来确定预算，然后再根据预算总额来制订营业推广计划。②先制订营业推广计划，然后再根据计划需要做出总预算。

4．实施计划

推广计划制订以后，企业应该安排专人负责计划的实施，并按照营业推广计划的实施细则逐步进行。执行计划时要高度重视两个重要的时间概念：①准备时间，如营业推广工作的计划、修改、制作及传送等需要的时间。②延续时间，是从营业推广活动开始到推广活动结束的时间。相关时间的有效把握对营业推广活动进行的实际运作和管理，确保推广计划的顺利完成起着重要的作用。

5．评价营业推广的效果

企业可以采用多种方法对营业推广效果进行评价。常用的方法如对营业推广活动前后的销售量变化的情况分析、对顾客进行调查分析等。对推广效果进行全面的评价，对于企业及时总结经验、吸取教训，改进和提高企业的营销工作有着积极的意义。

三、营业推广的具体策略

营业推广的目标对象主要有3类，即最终消费者、中间商以及企业销售人员。因此，我们有必要针对这3类目标对象探讨采取何种营业推广方式。

1．对最终消费者的营业推广策略

针对消费者的营业推广策略灵活多样，它主要是通过对消费者的强烈刺激，以求其迅速采取购买行为。常见的策略包括以下几种。

（1）赠送样品。它是指在产品进入市场的初期，企业通过邮寄、挨家派送、店内发送或随其他成熟品牌销售附送的方式，免费向消费者赠送样品供其使用，目的在于宣传本企业的产品，刺激消费者的购买欲望。

（2）现场展示。它是指企业的销售人员在销售现场展示产品，特别是展示产品的独特功能，并可以邀请消费者现场试用。目的在于增强产品自身的说服力，使消费者通过自身的体验更加信服产品。

（3）优惠券。它是指当消费者购买某一商品达到一定的数量或金额时，按其购买数量或金额的比例提取赠送一定面值的优惠券，消费者凭此券在购买指定商品时可减少一部分金额。优

惠券可以有效地促使消费者大量购买或者再次购买。

（4）赠送礼品。它是指在消费者购物过程中提供一定的礼品，通过赠送礼品吸引消费者购买或更多地购买产品。

（5）消费信贷。它是指消费者不用支付现金，可以通过赊销或分期付款的形式购买产品。消费信贷可以降低消费者的购买门槛，使消费者可以更方便地购买产品。

（6）价格折扣。它是指通过不同方式，直接或间接地降低产品的销售价格，刺激消费者更多地购买产品。价格折扣是促销效果最直接的推广手段，很容易刺激目前销量提升，但操作不当也容易降低企业利润。

（7）有奖销售。它是指通过设置形式不同、程度不同的奖项，吸引消费者购买或更多地购买产品。有奖销售作为一种普遍使用的推广活动，已经为大家所熟悉，要想取得更好的效果，必须有新意、有足够的吸引力。

> **营销5.0实战10—2**
>
> **立马大动力电动车获2023中国国际广告节"广告主案例·整合营销大奖"**
>
> 2023年11月"第30届中国国际广告节"系列活动中，立马大动力电动车凭借《立马跃山河》这一出色的媒企合作案例以及创意营销模式，斩获2023中国国际广告节"广告主案例·整合营销大奖"。作为中国广告界历史最悠久、规模最浩大、影响最广泛的广告主奖评选，一年一度的"中国国际广告节"广告主盛典，已经成为国内广告行业发展的风向标。
>
> 结合自身从事的低碳出行产业特质，以时代的创造者为主线，3分钟品牌片《立马跃山河》向观众讲述了一个肩负中国智造使命，用科技创新力量改变命运，跨越时代山河的奋斗者故事。诠释了全新的"立马大动力电动车"品牌定位，2023年开启了立马在自身品牌上高质量发展的新纪元。
>
> 立马围绕"大传播、大战略、大效果"展开矩阵式传播攻势，《立马跃山河》在CCTV-1滚动播出，占制高点，树产业化，并陆续在全国超30个机场、近100个高铁站以及城市地标上霸屏，全面覆盖北京、天津、广东、湖南、江苏等26个省份和直辖市，超50个城市近千块电视媒体点位，再到微信、抖音等新媒体端，大小屏联动、融媒体共振，全面曝光夯实了立马科技智能、安全节能、品质生活、动力领先的大国品牌形象。
>
> 一方面凭借兼具策略创新性、执行专业性、效果确定性、资源整合型的传播策略，"大国立马"的形象实现了快速传播，成功实现"品效合一"，促成立马品牌与全国渠道销量的同步增长。另一方面围绕立马大动力电动车的品牌定位，立马持续强化自身"动力"基因与竞技体育的深度关联。签约篮球明星易建联为代言人，快速引爆体育流量，实现针对年轻用户的定向心智抢占，加速推进立马品牌年轻化、多元化、IP化，拉升品牌高度与认知度，更实现了对终端销量的长效赋能。
>
> 同时，作为杭州亚运会官方供应商，立马在亚运会期间连续高能曝光，向世界传递出新时代大国智造力量，点燃全民体育和低碳出行热情。在不断擦亮大国品牌光环的同时，也借势实现了在三季度旺季期间对立马全渠道销量的爆破式拉升。而为了进一步印证立马大动力电动车的卓越性能，立马也在全国各地陆续发起"立马大动力'一次充电500里'性能挑战赛"，通过在全国范围内发起用户见证、用户参与的实际骑行挑战，

以硬核挑战成绩充分证明了立马大动力电动车能够满足全场景、全地形出行的超强性能与品质领先，为立马抢占用户心智、促进销量增长奠定坚实基础。

立马此次荣获"广告主案例·整合营销大奖"，不仅充分展现了立马在营销领域的突出实力，也代表了业界权威对立马及合作伙伴，在品牌建设与传播、广告策划与创意等方面所做出的探索与努力的肯定。

（资料来源：https://www.163.com/dy/article/IJRSOKJ3055246LW.html，有删改）

2. 对中间商的推广模式

有些针对消费者营业推广的形式也适用于中间商。但是对中间商的营业推广还有一些针对性的策略。企业为取得批发商和零售商的合作，通常采用购买折让、促销资金、免费赠品等营业推广策略。

（1）购买折让。购买折让通常有2种形式：现金折让和数量折让。这2种购买折让都是企业为吸引中间商所采取的变相降价形式。现金折让是企业为了鼓励中间商现金购买而给予中间商的一种优惠。这种折让一般会规定具体的时间，如规定客户必须在30天内付款，若在20天内付款，则可优惠2%。这样做有利于企业迅速收回资金，加速资金周转，扩大商品经营。数量折让则是企业为刺激中间商大量购买而给予一定的优惠折扣。一方面企业可根据中间商的一次性购买数量进行折扣，另一方面也可以根据中间商在一定时间内的销货量进行返利。

（2）促销资金。企业向中间商提供资金供其在销售区域内开展广告宣传活动。目的在于促进中间商增购本企业的产品，鼓励其对最终消费者开展促销活动，扩大企业产品的影响力。

（3）免费赠品。中间商在购货时，企业提供一些额外的赠品，给予一定的销售支持。

3. 对企业销售人员的营业推广模式

为了调动企业推销人员的积极性，企业一般也会采取一定的激励措施，鼓励自己的销售人员积极开展销售活动，开拓潜在市场。常用的营业推广模式有红利提成、销售竞赛、特别推销金等。

相关链接10-3

2023"双11"开启"超低价"大战

一年一度的"双11"如期而至，作为线上最大的消费购物节，市场对"双11"拉动消费充满了期待。相较往年，2023年各电商平台摩拳擦掌，不约而同地将大促瞄准一个方向——低价。

10月20日，拼多多、抖音"双11"大促开启，主打"单件立减""不凑单"；10月23日，京东启售，喊出将"真便宜"进行到底的口号；10月24日晚8点，天猫"双11"预售开启，将"全网最低价"定为核心目标……

曾经"熬夜领券、凑满减"的"双11"或许将一去不复返了。今年，多个电商平台摒弃"算术题"套路，用"官方直降""单件立减"等方式直达"低价"。此外，平台预售制的变化和全面保障消费者的"买贵赔付"也备受关注。

今年的"双11"大促活动明显更加注重"简单明了"的降价促销策略。天猫把"全网最低价"定为今年"双11"核心KPI，放出史上最大力度的红包和优惠券。天猫"双11"在跨店"满300减50"的基础之上，首次大规模推出官方直降、立减，不用凑单，一件就打折，约有超过 8000 万元的商品降至全年最低价，是天猫"双 11"有史以来的最大规模。

京东则直接把"真便宜"作为今年"双 11"的主题，"现货开卖"，消费者即买即得、不用等。还首次推出了"'双 11'超级星夜"活动，将百个大品牌"双 11"全程的价格进行到底。京东零售部责任人表示，"拿出最具诚意的价格、最有吸引力的商品，以及最贴心的服务，用实打实的真低价，为消费者带来'真便宜、闭眼买'的消费体验。"

拼多多等其他电商平台也在今年"双 11"大促中主打低价促销策略，力图以简单直接的方式吸引消费者。目的就是让消费者无须费心研究复杂的促销规则，无须凑单，单件商品即可享受优惠。同时，部分商品还提供保价服务，买贵可退差价，进一步消除了消费者对价格的疑虑。

可见，折扣和低价促销策略依然有吸引力。在竞争激烈的电商市场中，通过简化购物流程和提供直接的优惠，可以更有效地吸引和满足消费者。

（资料来源：https://finance.sina.com.cn/jjxw/2023-10-26/doc-imzsktuw1807208.shtml，有删改）

第五节　公　共　关　系

一、公共关系的概念

公共关系即组织以公众利益为出发点，通过有效的信息传播及沟通，在内、外部公众中树立良好的形象和信誉，以赢得其理解、信任、支持和合作，为组织的发展创造一个良好的环境，实现组织的既定目标。当我们着眼于公共关系在企业促进销售方面的影响时，公共关系就成了促销的一种形式。因此，在企业的经营活动范畴里，公共关系是旨在塑造企业形象、沟通企业内外关系的企业营销活动。公共关系的促销效果并不是直接的，它把企业良好形象的塑造和企业信誉的提高作为无形的推销方式来实现企业销售额的提高。

二、公共关系在营销活动中的作用

公共关系在现代市场营销中扮演着重要的角色，随着科技的发展和社交媒体的普及，消费者对企业的期望也越来越高，他们更加关注企业的社会责任，产品质量以及沟通透明度。公共关系的运用能够帮助企业建立自己的品牌形象，增加消费者的忠诚度，并在激烈的市场竞争中脱颖而出。作为促销的主要手段之一，公共关系的作用，主要表现在以下几个方面。

1. 收集信息，提供决策支持

借助公共关系，企业可采集大量相关信息，这不仅可以帮助企业密切关注环境变化，而且能够引导企业有针对性地调整各项营销决策，改善营销工作。

2. 对外宣传，塑造良好形象

作为企业的宣传手段，公共关系通过将有关信息向公众传递，加深公众对企业的理解和认识，为企业赢得舆论支持，塑造良好形象。企业可以通过社交网络建立和维护自己专属的数字平台与目标受众进行交流和互动，这将为企业提供更多的机会传递品牌信息和促进产品销售。

3. 协调关系，加强情感交流

交际、沟通是理解和信赖的基础，而公共关系正是企业与公众沟通的桥梁。由于公共关系强调与公众的平等对话，给予公众充分的尊重，使得公众可以与企业进行深入的情感交流，企业可由此获得公众的深度支持。

4. 服务社会，追求社会效益

公共关系活动通过服务社会、造福公众来实现企业的社会价值，从而提升企业的无形资产。

三、公共关系的主要方式

公共关系是一种长期的促销方式，它的工作核心是树立企业形象。在促销活动中，公共关系通常采用的方法有以下几种。

1. 策划新闻事件，进行公共关系报道

这是营销公关中最重要的活动方式。它主要是通过制造"热点新闻"事件，由新闻工作者撰写或报道有关企业的公共关系材料，吸引新闻媒介和社会公众的注意与兴趣，以达到提高社会知名度和塑造企业良好形象的目的。例如，邀请某些新闻人士参加企业的活动，以某些新奇的方式开展企业的活动，在社会公众普遍关心的问题上采取某些姿态或行为等。这一做法不仅可以节约广告费用，而且由于新闻媒介的权威性和广泛性，使得它比广告更为有效。

2. 举办主题活动

企业可围绕某一主题，通过一些特殊事件来吸引公众对企业的注意。这些主题活动与事件包括各种记者招待会、讨论会、开幕式、庆典、比赛、论证会、郊游、展览会、运动会、文化赞助、演讲等。由于公众能够通过上述活动亲身感受企业的状况与形象，所以影响力较强。例如，腾讯公司举办电竞比赛、音乐节等体育赛事和娱乐活动，来扩大品牌影响力并促进相关产品的销售。

3. 编辑出版物，建设企业文化

这里的出版物是指企业编辑出版的视听材料，如各种印刷品、音像资料等。企业通过大量的沟通材料去接近和影响其目标市场，这些材料包括企业报刊、情况简报、内部通信、新品介绍、年度报告、专题文章、企业介绍、生产过程的展现、环境说明等。企业根据不同的公众对象，有选择地赠送上述材料，促进公众对企业的了解。

4. 宴请与参观游览，加强企业内部员工与外部公众的联系

在企业某个会议、纪念活动、主题活动之后，在庆祝、答谢协作者，接待来访客人等情况下，宴请对于关系营销导向的企业来讲尤其重要。它既能联络感情，又能开发各种业务工作，而参观游览对于树立企业形象十分有利。无论是内部人员到外面企业参观游览，还是邀请外部人员到本企业参观、进行调查研究，都能产生较好的口碑效应。

5. 参与公益活动，树立企业形象

企业可以通过赞助、向公益事业捐赠的方式来提高其公众信誉。例如，支持企业所在地的一些社区活动，向希望工程、孤寡老人、残疾人员、受灾地区的灾民、失业人员、无力救治的危重病患者、见义勇为者捐赠；为改善生活环境、提高生活质量向社会有关团体、部门的捐赠等。通过这些活动的开展，可以赢得公众的好评和称赞，建立良好的企业形象。

营销5.0实战10-3

深圳建行探索文体营销初见成效

2023年深圳建行拉开了以文体营销开启传统营销"第二发展曲线"探索的大幕。

2022年12月，深圳建行成立文体中心，除负责重大体育活动的筹办与组织外，更是探索该行以文体营销助力业务转型发展之路，进一步拓宽新金融内涵和外延。截至2023年6月底，深圳建行资产总额14093.62亿元，比年初新增1667亿元，增速13.4%；负债总额14002.20亿元，比年初新增1709亿元，增速13.9%。资产和负债增幅均为去年同期增幅的1.5倍。同时，该行存款和贷款新增分别在上半年出现历史新高，多项主要业务指标位列当地四行第一。

业务的良好发展是文体营销见成效的最好印证。开展文体营销，拓展客户，深圳建行点、线、面立体式推进。

把握重大体育赛事热点。深圳建行深度参与"中国杯"帆船赛、盐田山海马拉松赛、"深工杯"网球比赛等大型体育活动。作为深圳马拉松的首席合作伙伴，深圳建行精准运用自身金融科技成果，为参赛者提供便捷的数字化报名服务。

编制文体活动引线。为让文体活动更具组织性和计划性，深圳建行优化文体协会组织建设，搭建了篮球协会等16个文体协会，有节奏、有计划地组织开展文体活动，节假日经常组织公司员工一起登山、慢跑、打球。截至6月末，共与客户开展文体活动245场，参与人次达15951人。

拓展全行文体营销覆盖面。深圳建行拟定全行客户文体活动计划，探索推进文体营销转型。各二级分支行在分行党委的号召下积极推进落实。如与入驻科技企业超300家的深圳市南太云创谷联合主办的2023年"携手光明 共建未来"建行杯光明区科创企业羽毛球友谊赛。活动共有银行、政府、园区、企业四方代表24支队伍参加，参与方都对建行交口称赞，称活动充分借力文化体育社交场景建立和加深了客户关系。

在当前传统营销效能衰减、市场竞争愈加激烈、服务迭代升级的形势下，文体营销所带来的银行与客户的"化学反应"，是新时期深圳建行通过文化体育社交场景建立和加深客户关系，通过文体活动沟通企业内外关系，秉承价值创造理念而营造的企业营销和拓客方式。深圳建行开展文体活动不仅为深圳建设体育之城蓄力，还将持续助力深圳建行建立良好企业形象，在高质量发展之路上稳步前行。

充分借力文化体育社交场景建立和加深客户关系，让文体活动凝聚更强的业务驱动力，是新趋势下一条值得深耕的业务发展路径。

（资料来源：http://sz.people.com.cn/n2/2023/0718/c202846-40498525.html，有删改）

营销方法

1. 促销组合工具

促销组合工具及其常用要素见表 10-2。

表10-2 促销组合工具及其常用要素

常见促销组合	常用要素
广告	电视广告、印刷广告、广播广告、场地广告、搜索广告、招牌、外包装、包装插页、宣传手册、招贴和传单、企业名录、短视频、标志图形
营业推广	比赛、游戏、抽奖、奖券、免费样品、演示、展示、折价券、低息贷款、招待会、以旧换新、搭配商品、奖励、赠品、交易会
公共关系	媒体报道、演讲、出版物、研讨会、公益活动、慈善捐款、游说、年度报告、企业刊物、标志宣传、关系、捐赠
人员推销	销售展示、销售会议、奖励、样品、拜访顾客、展览会

2. 广告决策工具

广告决策工具见表 10-3。

表10-3 广告决策工具

消费者对产品使用体验	消费者对使用产品的不同期望			
	理性期望	感受期望	社会期望	自我期望
对产品使用结果的体验				
对产品使用过程的体验				
伴随使用的附带体验				

本章小结

1. 促销

促销是企业通过人员或非人员的方式，向目标顾客传递商品或劳务的有关信息，影响和帮助消费者认识商品或劳务带给他们的利益或价值，或者是使顾客对企业及其产品产生信任与好感，从而引起消费者的兴趣，激发其购买欲望，促使其采取购买行为的相关活动的总称。促销的基本方式可分为人员促销和非人员促销，其中非人员促销包括广告、营业推广和公共关系。

2. 人员推销

人员推销是指企业通过派出销售人员与一个或一个以上可能成为购买者的人交谈，通过口头陈述或书面介绍以推销产品，促进和扩大产品销售。人员推销是销售人员帮助和说服购买者购买某种商品或服务的过程。

3. 广告

广义的广告就是泛指一切营利性的和非营利性的广告。狭义的广告是指营利性的经济广告，即商业广告，它是在付款方式下，由特定的广告主（企业）通过大众传播媒体进行的商品或服务信息的非人员展示和传播活动。

4. 营业推广

营业推广也称为销售促进，是指企业在短期内为了提升销量或销售收入而采取的各种促销措施。营业推广的目标对象主要有3类，即最终消费者、中间商以及企业销售人员。

5. 公共关系

公共关系就是组织以公众利益为出发点，通过有效的信息传播及沟通，在内、外部公众中树立良好的形象和信誉，以赢得其理解、信任、支持和合作，为组织的发展创造一个良好的环境，实现组织的既定目标。

重要概念

促销组合　人员推销　广告　营业推广　公共关系

[案例分析]

国货品牌"滋源"的成功奥秘

2023年9月屈臣氏年度榜单颁奖晚宴上，滋源再次登榜HWB屈臣氏健康美丽大赏，这已经是滋源连续第八年获得HWB"最佳品牌大奖"了。除了HWB大奖以外，滋源还获得了多项含金量和权威性兼具的奖项。例如，2022年入选广州百强质量品牌消费知名品牌TOP20，荣获2021年度中国化妆品品牌－洗护发类大奖，2018年荣获中日化妆品国际交流协会国际金奖，2017年荣获尼尔森卓越功能创新大奖……成立至今的十年里，滋源获得了无数战果及荣誉。2023年，滋源还荣获世界权威机构欧睿认证——全球前三的天然植萃无硅油头皮护理品牌，及中国第一的无硅油头皮护理品牌。

在洗发水同质化程度高的情况下，细分的洗发水功能更能引起消费者的购买欲望。同时，在经济飞速发展的时代下，高压力的生活也让脱发等问题越来越年轻化、普遍化，消费者的认知在跟随时代悄然发生变化。与教育消费者的认知相比，迎合消费者的认知更能以最少的成本获得立竿见影的效果。于是，2015年年中开始，滋源以"无硅油"为定位，凭借强大的媒体攻势快速打入市场，并紧抓未来发展趋势，向高中档次、功能性方向发展，带动了整个无硅油品类的快速发展，一举成为洗发水市场的一匹黑马。

1. 促销组合：全方位传播品牌形象

洗发水有其独到的营销特点。洗发水的同质化程度高，又是生活必需品，消费者在购买时极易受商品的各种营销推广活动的影响，滋源采取了多管齐下的促销策略，不断地引爆消费者购买欲望。

从最初的传统电视大屏时代，再到新媒体社交营销时代，滋源始终凭借着敏锐的嗅觉，能够抓住不同时段的流量风口，不断调整打法、精准匹配当前市场。

2. 内容营销：多维度打造宣传矩阵

2014-2015 年，作为一个刚成立的品牌，滋源营销的核心是要打开品牌的知名度和认知度。因此品牌选择与各大平台合作，包括湖南卫视《金鹰独播剧场》《钻石独播剧场》冠名、《花千骨》《武媚娘传奇》等多部热门大剧的冠名，更大范围地让"滋源无硅油头皮护理"的理念广而告之，并深入人心。

近几年，滋源则旨在输出更专业和有影响力的内容，在品牌文化表达上做尝试。滋源与大量社媒博主合作，打造了头部、中腰部、尾部的 KOL 投放矩阵；在抖音、小红书、快手、知乎、微信、微博等多个平台，发布多样化"种草"内容，以此抢占年轻市场，提升品牌声量；与各类明星艺人和知名大 V 深度合作，采用"头部主播＋明星直播"的联合打法，撬动粉丝经济的同时实现品牌曝光。

3. 创意营销：覆盖全域

2023 年 10 月，滋源携手全新品牌代言人罗云熙，联合中国国家地理深入自然保护区，共启一场"守护蓬勃之境"的探索之旅，并推出"探索蓬勃之境"生态大片。在声势浩大的传播之下，滋源品牌借此强势破圈，成为行业与市场关注的焦点。数据显示，自 2023 年 10 月 23 日 11 时起，十周年活动官宣 24 小时后滋源线上 GMV 便突破了 1000 万，其中滋源控油小绿瓶销量达到了 400 多万，全网品牌总曝光更是达到了 4.9 亿以上。

滋源的传播覆盖微博、抖音、小红书、微信公众号等主流社交媒体渠道，创下了丰厚的战绩，仅在抖音自播的销量，在 24 小时内便突破了 100 万。滋源的传播不仅在线上，而且也延伸到了线下，实现了线上线下的全域覆盖。在一线 CBD 户外大屏、一线城市地铁大屏以及十大城市影院中，滋源均布局了广告投放，同时也覆盖了 CS 渠道、KA 门店、屈臣氏等线下渠道。

滋源还通过主办 2023 头皮护理高峰论坛，与国家和地区的政府部门领导、行业权威专家、企事业单位负责人、媒体等国内外化妆品行业精英，就洗护行业发展趋势、技术研发、市场推广等领域的最新前沿科技进展和行业动态开展学术交流与研讨，为产品强力背书。

4. 蓬勃向上：用实力成为国人自信品牌

诚意满满的滋源，以创意的营销内容与创新的洗护产品得到了消费者的广泛认可，在获得销量的同时，也让品牌"科学养头皮，自有蓬勃力"的态度理念更加深入人心，大大提高了品牌价值。还彰显了国货头部洗护品牌所承担的社会责任。其倡导的"无论是地球生态还是头皮生态，都需要我们好好守护"这一态度，将低碳环保理念融入品牌发展当中，提高企业的声誉和吸引力。

滋源已经在洗护赛道上奔跑了近十年。十年，滋源蓬勃而上，用实力成为国人自信品牌，不断地刷新战绩，为市场创造更高的产品价值与情绪价值。新的十年，滋源将爆发出怎样的蓬勃之力？

（资料来源：https://baijiahao.baidu.com/s?id=1768901806011497828&wfr=spider&for=pc，有删改）

思考与分析

1. 在洗发护发市场，国货品牌滋源蓬勃发展连年创下佳绩，其促销手段有哪些可以借鉴的？

2．近十年来有无数洗护爆品诞生，但能够经得起"大浪淘沙"的滋源洗发水成功，给你带来哪些启示？

营销实训

商品推销演练

【训练目的】掌握商品推销技巧

【训练方案】

1．2个同学组成一组，互换角色扮演推销员和顾客，进行商品推销的模拟演示和训练。

2．自定义所要推销的商品。建议推销同学们熟悉的、经常使用的产品，也可虚拟一种新产品进行推销。

3．结合推销商品和推销情境，自己设计推销技巧和方案。

4．请同学观看后相互进行公开分析讨论，并进一步归纳、提炼推销技巧。

复习与思考

1．什么是促销？促销组合包括哪几个方面？各有什么特点？

2．为什么说促销的核心是沟通？谈谈你的看法。

3．试比较推动策略与拉引策略的联系与区别。

4．你认为"推销产品本身"与"推销产品所带来的利益"有何不同？

5．广告有哪些种类？广告媒体的选择需考虑哪些因素？

6．营业推广的步骤与策略是什么？

7．良好的公共关系对于企业具有什么样的促销作用？

第十一章

营销的组织、执行与控制

学习指导

学习目标

1. 了解市场营销部组织机构的演变
2. 理解市场营销部组织机构的具体类型及其优缺点
3. 掌握营销执行与控制

任务驱动

欧派家居的营销组织变革

欧派家居自成立近三十年以来，努力将自己打造成一个受人尊敬、受人爱戴的中国著名的、有一定国际影响力的创意家居集团品牌。早期的定位是整体橱柜，中期定位是定制橱柜和衣柜，再后来是大家居、整家定制、整装大家居。欧派家居顺应时代、需求和渠道的变化，一次又一次地进行营销组织创新变革。

1. 职能型组织

创业初期的前十几年，欧派家居是单一橱柜业务，组织是简单职能型组织架构。但随着卫浴业务、衣柜业务、木门业务、大家居业务的拓展，加上各业务体量的增长，欧派家居开始第一次比较大的组织结构调整，开始向事业部制组织转换。

2. 品类事业部

2018年，欧派家居集团总裁之下，设立三大管理部门，分别为营销运营管理部门、职能管理部门、生产制造管理部门，一定程度上可以理解为前、中、后台管理模式。营销运营管理部门下面，分设有橱柜营销部、厨电营销部、电商事业部、工程事业部、欧派大家居营销部和欧铂丽营销部等。此时欧派家居的组织架构，可以算是职能型与事业部型并行的阶段。

2019年，欧派家居正式进入事业部营销组织阶段。公司有七大事业部，分别为欧派橱柜事业部、欧派集成家居（衣柜）事业部、欧铂尼木门事业部、欧派卫浴事业部、欧派工程事业部、欧铂丽事业部、整装大家居事业部。品类事业部的设立逻辑，跟欧派家居的业务选择有关，新进入一个细分业务领域，就可以设立一个事业部，而相关或相近的品类事业部，在一定阶段可以合并，实现资源的重组优化。

3. 品类事业部合并

2022年，欧派家居进行过一次较大的组织调整，将卫浴整合进欧派橱柜，将软装、木门等整家系列品类整合进欧派衣柜，将星之家更名铂尼思，形成欧派整家营销事业部＋厨卫营销事业部＋整装大家居事业部＋其他事业部（工程、欧铂丽、海外/外贸、直营等）的核心运营架构。这次调整的重点，是对相关品类进行整合，减少了业务单元，旨在精简组织，提高运营效率。

4. 品类事业部转为区域事业部

2023年，欧派对公司组织架构进行重大变革。将原厨卫、整家、整装大家居营销事业部，调整为按区域划分的三大营销事业部，分别是欧派营销第一事业部、欧派营销第二事业部、欧派营销第三事业部，三大区域营销事业部分别管理所辖区域内欧派品牌、铂尼思品牌全渠道经销商，更好地做到"同城同规划同步调"。另外，在集团层面，也有其他版块的营销部门，如电商中心、欧铂尼营销事业部、欧铂丽营销事业部、集团总裁营销办公室、欧派营销支持中心、欧派大家居赋能中心、全案设计服务中心等。欧派此次组织架构重大变革是相当于放弃了沿用20多年按品类划分的管理体系。这样的扁平化布局，为的就是更好促进品类融合、品牌运营及协同提效。

本次机构改革为大家居跨品类融合提供了基础，推进终端向精细化区域运营转变，资源配置更趋合理。而且各营销事业部因地制宜施策，快速反应，提高经营决策效率，旨在更好深耕及做大每一个城市的业绩总量，从而扩大总体市场份额。

在全新组织架构形成后，对于内部以及经销商的资源整合都会是一场考验。正如欧派董事长所言，"不管现在多辉煌或仍在跋涉，如果不开始全面探寻艰难的大家居之路你都不会拥有明天。

大家居巅峰雄伟峻拔、蕴藏巨大，但攀缘之路也异常艰险！"

只有做难的事，才更容易成功，于个人如此，于企业更如此。

请结合案例谈谈欧派家居为什么要调整组织结构？企业组织结构的调整要考虑哪些因素？

（资料来源：https://baijiahao.baidu.com/s?id=1765562968598892023&wfr=spider&for=pc，有删改）

市场营销活动是涉及众多因素的复杂的系统工程，为了实现企业或组织的目标与任务，就需要对市场营销的全过程实施有效的管理。营销的组织、执行与控制构成了营销管理的主体部分，即通过组织、执行与控制职能发挥作用，使企业中的各个部门、各种资源相互协调，有机配合，从而建立和保持与目标市场之间的互利关系，更好地适应不断变化的市场环境。

第一节 市场营销组织

市场营销组织是企业组织体系中重要的组成部分。无论是制订还是实施市场营销战略，都离不开有效的营销组织。营销组织从体制与制度的层面保障了企业营销活动的顺利进行。习近平总书记特别重视组织创新。他曾在亚太经合组织工商领导人对话会上的主旨演讲中指出："希望大家做创新增长的探索者，大胆推动组织创新、技术创新、市场创新。"在与企业家座谈时，他进一步明确指出，企业家要做创新发展的探索者、组织者、引领者，勇于推动生产组织创新。

一、市场营销组织的概念

市场营销组织是指企业内部涉及市场营销活动的各个职能及其结构。市场营销组织的构成、设置及运行机制应当符合市场环境的要求，具有动态性、适应性和系统性等特征。在理解营销组织概念时，应该注意以下2点。

（1）市场营销活动是发生在不同的组织岗位上的，营销活动贯穿整个企业研发部、生产部、人事部等，因此，市场营销组织的范围难以界定。

（2）经营管理活动的划分在不同企业是不同的。例如，信贷对银行来说是市场营销活动，但对其他企业来说则可能是会计活动。

二、市场营销部组织机构的演变

企业营销组织机构是随着市场营销观念、企业规模、管理经验等要素的不断发展变化而演变形成的，大致经历了以下5个阶段。

1. 简单的销售部门

20世纪30年代以前，西方企业以生产观念作为经营思想，其内部市场营销组织属于简单的销售部门，由一位销售副总经理负责，主要工作是管理销售人员和销售生产出来的产品，并兼管若干市场研究和少量广告宣传业务（如图11-1所示）。

2. 兼具营销职能的销售部门

20世纪30年代以后，很多企业进一步扩大规模，市场竞争日趋激烈，销售工作变得更为复杂，企业大多以推销观念作为主导思想，需要开展市场研究、广告促销以及客户服务等营销职能，这时就需要设立专门的营销主管来负责这些工作。因此，营销组织结构调整为如图11-2所示的结构。

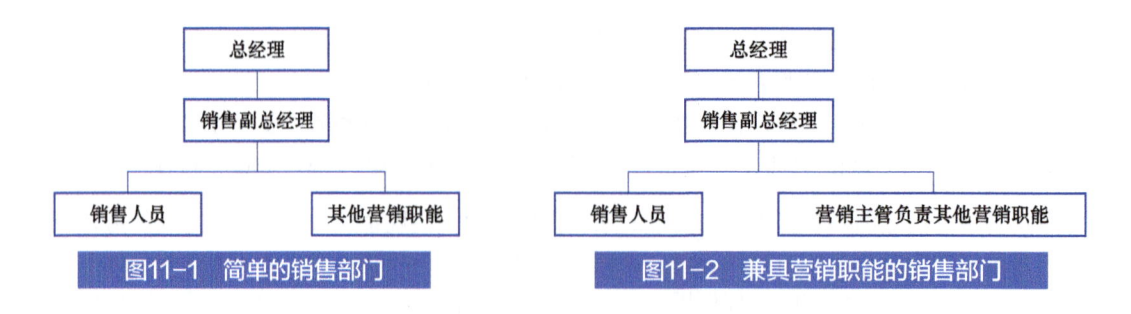

图11-1　简单的销售部门

图11-2　兼具营销职能的销售部门

3. 独立的市场营销部门

随着企业经营规模和业务范围的进一步扩大，原来作为辅助性工作的市场研究，其新产品开发、广告促销和顾客服务等市场营销职能越来越受到重视，于是，市场营销部门随着一系列工作的独立而脱离出来，成为一个独立的职能部门，由营销副总经理负责，与销售副总经理一样由总经理直接领导（见图11-3）。

4. 现代市场营销部门

销售部门和营销部门尽管是两个相对独立的职能部门，但应该目标一致、协同配合，可是在实际工作中，这种平行且相互独立的关系使它们之间经常产生矛盾。销售部门追求眼前利益，而营销部门则更侧重于长远目标，致力于从满足顾客需求的角度出发制订营销战略和规划。因此，为了解决这一矛盾，现代企业逐步优化营销组织，强化营销部门，设置营销副总经理，负责包括营销部门和销售部门的所有业务，形成销售与其他营销职能统一的现代营销部门（见图11-4）。

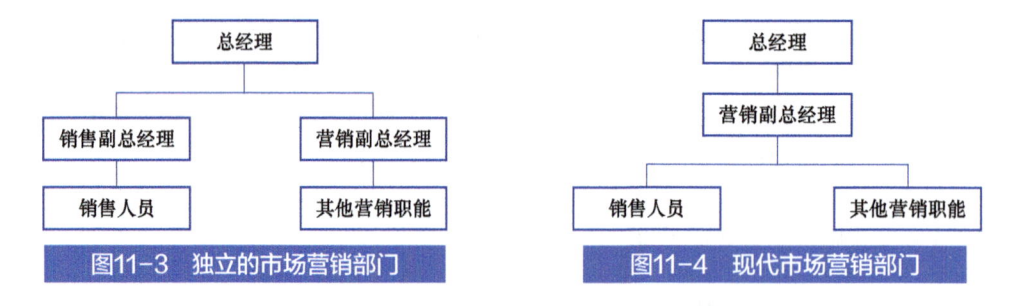

图11-3　独立的市场营销部门

图11-4　现代市场营销部门

5. 以业务流程为基础的营销部门

很多企业按照业务流程设置组织，把组织结构集中于关键过程而非营销部门管理。根据具体任务，通过组建临时性跨职能小组来协调营销与销售职能的关系。在跨职能小组内，由过程负责人或专职负责人领导，营销人员包括销售人员作为过程小组成员参与活动，营销部门提供业务支持与帮助（见图11-5）。

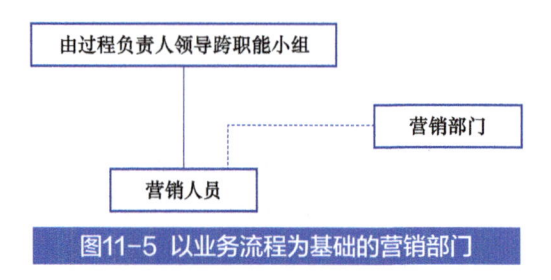

图11-5　以业务流程为基础的营销部门

三、市场营销部组织的具体类型

市场营销组织是企业为了实现经营目标，发挥市场营销职能，由有关部门协作配合而形成的有机整体。营销组织类型多样，企业要根据自身的营销目标、市场环境以及业务特点因素选择适合的营销组织。所有的营销组织都必须与营销活动的 4 个领域，即职能、产品、地区和顾客市场相适应。

1. 职能型市场营销组织

职能型市场营销组织是最传统、最常见的组织形式。按照职能分工，在营销副总经理管理下，设置不同的职能部门为相应的营销决策提供支持（见图 11-6）。

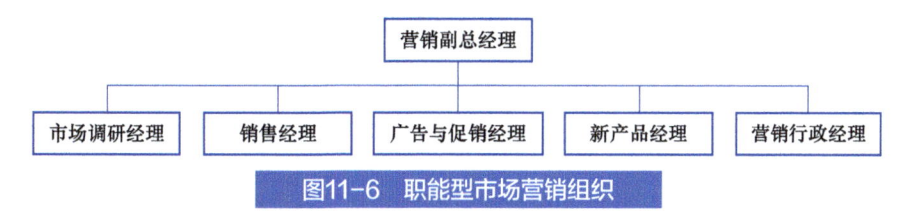

```
                    营销副总经理
    ┌──────────┬──────────┬──────────┬──────────┐
市场调研经理  销售经理  广告与促销经理  新产品经理  营销行政经理
```

图11-6 职能型市场营销组织

这种组织形式的优点是结构简单、管理层次少、分工明确、组织协调方便。但随着公司业务发展、产品品种增加和市场范围逐步扩大，该组织形式会导致各职能部门之间协调困难，效率低下，部分产品或地区容易被忽略。因此，职能型市场营销组织形式比较适合产品单一，市场较为集中的企业。

2. 地区型市场营销组织

如果一家企业业务范围扩大到全国或更大的市场时，企业一般会根据地理区域设置其营销组织，即根据要进入的不同地区设立机构或部门，以负责企业在不同区域范围内相应的营销工作。这种组织形式的优点是可以根据不同地区的市场环境，有针对性地开展营销活动，并对市场信息快速反应，更好地满足市场需求。缺点是由于管理幅度大，各地区机构相对独立，使得集中管理受限，控制难度加大，另外也容易造成机构重复设置，地区之间易产生利益冲突（见图 11-7）。

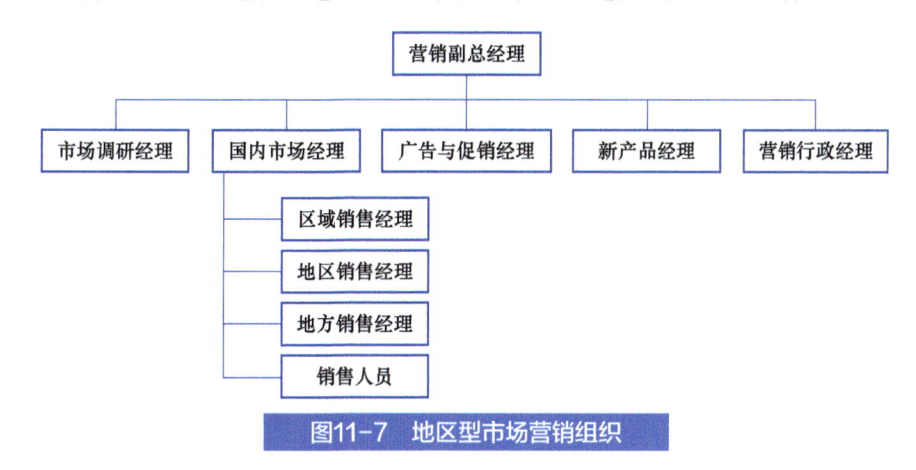

```
                    营销副总经理
    ┌──────────┬──────────┬──────────┬──────────┐
市场调研经理  国内市场经理  广告与促销经理  新产品经理  营销行政经理
                │
            区域销售经理
                │
            地区销售经理
                │
            地方销售经理
                │
             销售人员
```

图11-7 地区型市场营销组织

3. 产品（品牌）型市场营销组织

生产多种类产品，或拥有多种品牌且产品之间差异比较大的企业可以按产品、品牌设立营销组织,由一名产品经理统一负责,下设几个产品大类经理,每个产品大类经理可能又负责管理几个品牌(见图11-8)。

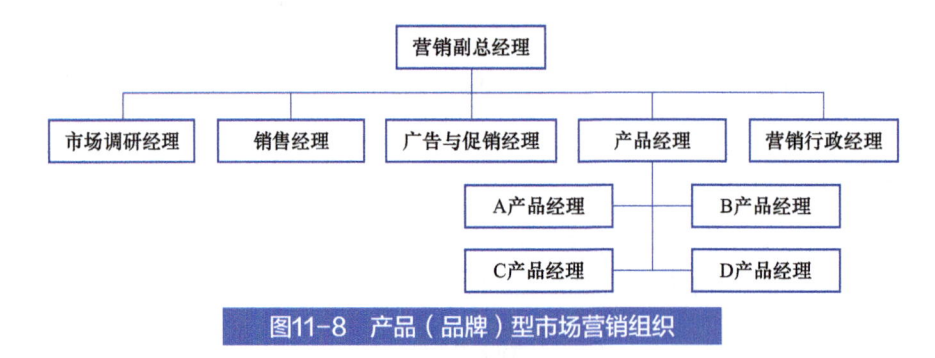

```
                        营销副总经理
    ┌──────────┬──────────┬──────────┬──────────┐
市场调研经理  销售经理  广告与促销经理  产品经理  营销行政经理
                              ├──── A产品经理 ──── B产品经理
                              └──── C产品经理 ──── D产品经理
```

图11-8　产品(品牌)型市场营销组织

这种组织形式的优点是便于企业统一协调管理特定产品或品牌,能对各类产品的市场问题及时做出反应,为产品经理提供了一个全面提升营销管理水平的平台。缺点是产品经理容易陷入日常事务而忽略了产品的营销工作;同时,产品经理会由于授权不足而对各营销职能部门形成依赖;另外,这种模式也会导致产品经理缺乏整体观念,各个产品、品牌间产生利益冲突。

4. 市场(顾客)管理型市场营销组织

市场(顾客)管理型市场营销组织是以消费者需求为导向来设置企业营销组织的。当企业面对具有不同需求偏好与购买行为的消费者以及不同的分销渠道时,即可组建市场(顾客)管理型组织,由专人负责管理不同市场(顾客)的营销业务(见图11-9)。

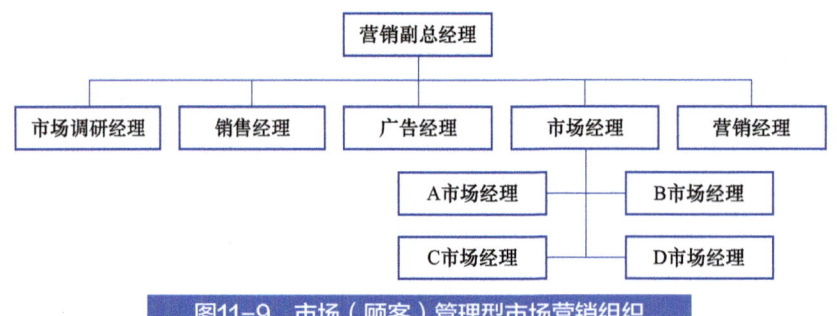

```
                        营销副总经理
    ┌──────────┬──────────┬──────────┬──────────┐
市场调研经理  销售经理   广告经理   市场经理   营销经理
                              ├──── A市场经理 ──── B市场经理
                              └──── C市场经理 ──── D市场经理
```

图11-9　市场(顾客)管理型市场营销组织

这种形式的优点是可以更好地满足不同消费群体的需求,利于企业扩大销售和开拓市场;缺点是容易造成权责不清、多头领导等问题,它适用于产品线单一、市场需求差异大、分销渠道多的企业。

5. 产品-顾客管理型市场营销组织

随着企业多元化经营和规模的不断扩大,企业经常面临两难选择:采用产品型市场营销组织还是市场(顾客)管理型营销组织?产品—顾客管理型营销组织就是将产品型营销组织和市场(顾客)管理型营销组织结合而成的组织形式,也称矩阵型组织。它是在垂直领导系统的基础上,又建立了一种横向的领导系统,将职能管理和专项管理相结合,交织形成的营销组织,由产品经理负责产品的营销企划、实施与控制,市场经理负责顾客需求的把握(见图11-10)。

这种组织形式的优点是同时具有产品型和市场型组织形式的优点,有利于内部各部门间的协作,极大提高工作效率;缺点是管理费用高,多头管理,界限不清,稳定性差。

第十一章 营销的组织、执行与控制

		市场经理			
		市场1	市场2	市场3	市场4
产品经理	产品1				
	产品2				
	产品3				

图11-10 产品—顾客管理型市场营销组织

6. 事业部管理型市场营销组织

当企业发展到一定规模后，常将各大产品部门升级为独立的事业部，下面再设置自己的职能部门和服务部门。企业通常会将营销职能下放到各个事业部，各事业部获得较大的自主权，有利于调动事业部的主动性和积极性，使之更好地满足市场需求。

营销5.0实战11-1

> **京东求变：刘强东主导新一轮组织架构调整**
>
> 在2023年京东零售开启5年来最大组织变革后，京东物流也启动新一轮的组织架构调整。京东物流此次调整与京东零售的思路相似，"持续打造以 Big Boss 为核心的积木化组织。"刘强东亲自主导这一次零售、物流业务的组织架构调整，把经营决策权交给离客户最近、最了解市场需求的团队，提高管理效率、激发组织活力。
>
> 在这一次调整中，京东零售五大事业群负责人统一变更为事业部负责人，原事业群统管下的各事业部，将按照细分品类拆分为具体的经营单元，给予品类负责人更多的决策自主权，也包括人事任免等权利。同时，第一次打通自营和POP（在京东自营之外，其他商家以第三方形式入驻开店即属于POP模式）业务，实现流量"平权"。具体调整如图11-11所示。

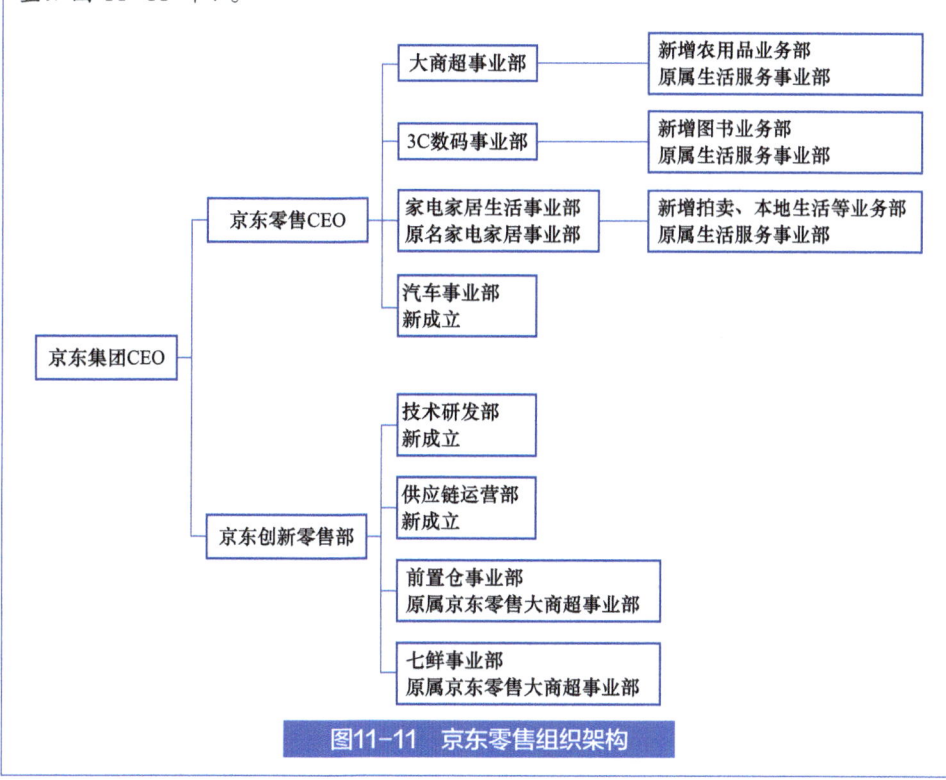

图11-11 京东零售组织架构

京东集团新成立创新零售部，整合七鲜、京喜拼拼等业务，成为独立的业务单元。创新零售部旗下包括四个业务部：原隶属于大商超事业部的七鲜业务部和前置仓业务部，以及新成立的技术研发部和供应链运营部。

京东零售新成立汽车事业部，整合了此前的汽车业务团队，及京东零售旗下技术研发与数据中心的汽车产品研发团队。原生活服务事业部的拍卖、生活旅行、家政便民、本地生活等业务，被并入家电家居事业部，并更名为家电家居生活事业部。原生活服务事业部的农用品业务被并入大商超事业部，图书业务被并入3C数码事业部。

这次京东零售组织架构调整背后的逻辑是，"将事业部从品类划分改为以场景划分"。比如，大商超事业部主打超市场景，创新零售部主打线下和即时零售场景，家电家居事业部则围绕家庭场景开展业务。

京东物流的调整和京东零售的思路类似。京东物流在总部层面推行事业部制，成立供应链、快递、快运、国际业务等四大独立事业部，销售、产品、运营等职能部门并入以上事业部，与业务之间不再需要跨部门沟通。京东物流在区域层面，取消原有的七大区域划分，将省份作为具体的经营单元，直接向总部相关事业部负责人汇报，将拥有更大的经营决策、管理、人事任免等权利。京东物流组织架构改革最直观的感受就是取消了"大区"这一汇报层级，基层员工向CEO的汇报路径变为站点—片区—省区—总部，缩短了反馈链条，提高效率从而提升客户体验。

这场组织变革重归事业部意味着将组织架构扁平化，实现"放权"，提升了业务部门对客户和市场的反应速度，提高了效能。

然而，面对不断内卷的电商和物流市场，互联网龙头企业体量之大、转型之艰，京东集团的组织架构调整还将继续。

（资料来源：https://business.sohu.com/a/694068891_650418，有删改）

相关链接11-1

迈向共生时代——构建平台型组织生态系统

平台型组织即企业将自己变成提供资源支持的平台，并通过开放的共享机制，赋予员工相当的人事权、决策权和分配权，使其能够通过灵活的项目形式组织各类资源，形成产品、服务、解决方案，满足用户的各类个性化需求。平台型组织通过与用户的直接关联和对接，感知用户需求并提升用户体验，同时通过与用户的持续对话和交互来探索未来的发展方向。

随着数字经济时代的到来，平台型组织逐渐崭露头角，成为当前主流组织形态和管理模式之一。与传统组织形态相比，平台型组织通过与用户的直接关联和对接，能够更深入地感知用户需求，提升用户体验。其中，小前端作为平台型组织的重要组成部分，起到了关键作用。他们将用户数据抓取、探测出来，再借助后端平台对数据信息的关联整合与汇集提炼，迅速描摹用户画像，生成产品服务。

平台型组织不断与用户进行交互对话，创造新秩序，产生新信息。这些新秩序和新信息为平台的进一步发展提供了基础。通过与用户和环境的交互对话，平台未来的发展方向会自然地呈现出来。对于具有灵敏感知和快速应变能力的平台型组织而言，他们的战略决策越来越表现为建立在当下感知和行为活动基础上的自下而上的自然涌现过程，而不是自上而下的刻意规划和设计的结果。

> 除了与用户的直接关联，平台化＋生态化也是构建平台型组织的重要原则之一。平台型组织的设计理念必须是点到点的网状结构，只要点与点之间的连接足够紧密，点就会连成线，再进一步演化为网络结构。同时，平台型组织也不事先规定平台角色，让角色在分工和协作的过程中自然演化出来。这种自然演化使得平台呈现出多种发展的可能性，与生态系统的特征相契合。
>
> 因此，生态化成为平台型组织建设的关键原则之一。生态系统的建立依赖于良好的平台协作机制。生态系统的形成也是平台型组织模式发展与成熟的自然结果。随着共生时代的到来，组织越来越不可能自成一体、孤立存在。未来的组织形态一定是基于资本、数据、知识为连接力，以共享、共治、共益为竞争力，以战略生态、平台赋能和价值共创为驱动力的生态系统。企业需要构建拥有共同使命和愿景的企业和顾客共生共存、共创共赢的价值共生体和平台生态系统，才能在竞争中取得优势。
>
> （资料来源：https://baijiahao.baidu.com/s?id=1779276798150374490&wfr=spider&for=pc，有删改）

第二节　营 销 执 行

一、营销执行的概念

营销执行是将市场营销计划转变为行动方案的过程，并确保企业实现所制订的营销目标。分析市场营销环境、制订营销战略和营销计划指的是营销活动中"做什么""在哪里"和"为什么"的问题，而市场营销执行说的是"谁去做""何时做"和"如何做"的问题。好的营销战略和计划是营销成功的开始，营销执行则是营销成功的保证，所以，提升企业的营销执行力就显得尤为重要。

二、营销执行所需技能

为了有效地执行营销计划，企业需要掌握以下技能。

1. 诊断技能

当营销执行未能实现营销计划所确定的目标时，就需要对问题产生的原因做出诊断，判断是由于计划不当还是执行不力？并找出具体原因。

2. 配置技能

配置技能是指市场营销经理在职能、政策和方案3个层次上分配时间、资金和人员的能力。

3. 调控技能

调控技能包括建立和管理一个对市场营销活动效果进行追踪、反馈的控制系统，并具有对突发事件迅速采取补救措施的能力。控制的方法主要有4种：年度计划控制、利润控制、效率控制和战略控制。

4. 组织技能

组织技能主要是建立组织机构和协调机制，确定营销人员之间的关系结构，以利于实现企业的各项目标，以及处理好组织内集权与分权、正式组织与非正式组织的关系，建立合理的制度，协调各部门关系，使组织高效率运转。

5. 互动技能

互动技能是指管理者推动和影响他人完成工作的能力，不仅是推动组织内人员的工作，还应该善于影响组织外的其他企业和个人，以达到企业目标。

6. 实施评价技能

营销计划执行完成后，企业需要对执行结果进行评价。但营销执行的有效性无法简单地用市场业绩来判断，这时就需要基本工作研究来实现。例如，通过回答以下问题来实现，营销计划是否完整？营销功能是否健全？是否对分销、定价和广告等工作都进行了有效的管理？是否合理地分配了时间、费用、人员？

三、营销执行的过程

1. 制订行动方案

为了有效地实施营销战略和计划，必须制订详细的行动方案。该方案要明确营销战略实施的关键性决策和任务，并将执行这些决策和任务的责任落实到个人或小组。此外，还应包含具体的时间计划表，制订行动的确切时间。

2. 建立组织结构

企业的正式组织结构在市场营销战略的执行过程中起着决定性的作用。组织将战略实施的任务分配给相应的人员和部门，并明确了职权界限和信息沟通渠道，协调企业内部的各项决策和行动。企业战略不同，相应的组织结构也不同。组织结构具有两大职能：一是明确分工职能，将全部工作分解成几个部分，分配给相关的部门和人员；二是协调职能，通过正式的组织沟通，协调各部门及人员的行动。

3. 设计企业的评估和薪酬制度

评估和薪酬制度直接关系到企业战略实施的成败，如果企业的评估和薪酬制度以短期经营利润为标准，则管理人员的行为势必趋于短期化，而不会为了长期目标而努力。

4. 开发人力资源

市场营销战略最终是由企业工作人员来执行的，所以人力资源的开发至关重要，涉及人员的选拔、考核、安置、培训、激励等问题。在选拔考核管理人员时，要做到人尽其才，通过建立完善的薪酬和奖惩制度激励员工，合理确定行政管理人员、业务管理人员和一线员工之间的比例。

同时要注意，企业战略不同，对管理者的要求也不同："拓展型"战略要求具有创新、有魄力和冒险精神的管理者，"维持型"战略要求管理人员具备组织和管理方面的才能，"紧缩型"战略则要求管理者善于精打细算。

5. 建设企业文化

企业文化是指企业内部全体人员共同持有和遵循的价值标准、基本信念和行为准则，是企业在所处的环境中逐渐形成的共同价值标准和基本信念。企业文化包括企业环境、价值观、模范人物、仪式、文化网等5个要素。企业文化对企业的经营思想、管理风格以及对员工的工作态度、工作作风都起到了至关重要的作用，是能够把全体员工团结在一起的"黏合剂"。企业文化一旦形成，就不会轻易改变，具有相对的稳定性和连续性。

第三节 营销控制

一、营销控制的概念

营销控制是指企业依据营销计划，检查营销计划的执行情况，并根据偏差调整执行活动或营销计划，以确保企业目标得以顺利实现。

二、营销控制的类型

营销控制的类型见表11-1。

表11-1 营销控制类型

控制类型	控制负责人	控制目的	控制方法
年度计划控制	中高层管理人员	检查年度计划目标是否实现	销售分析、市场占有率分析、营销费用率分析、财务分析以及顾客态度分析
盈利能力控制	营销主管人员	检查和控制企业盈利点和亏损点	分析产品、地区、消费者群体、细分市场、分销渠道的盈利状况
效率控制	职能管理部门和营销主管人员	评价销售人员以及各营销职能的工作效率	销售人员效率、广告效率、营业推广效率及分销效率评价
战略控制	高层管理人员	保证企业整体战略目标的实现	营销审计、营销绩效考核、道德与社会责任考核

1. 年度计划控制

年度计划控制是企业在一个财务年度结束后，根据年度计划，监控营销效果，并提出改进措施，主要包括4个步骤：制定标准、监督检查、因果分析、纠正措施。年度计划控制的方法主要有以下几种。

（1）销售分析。主要用于衡量和评估管理人员所制订的计划销售目标与实际销售之间的关系，包括销售差异分析和微观销售分析。

1）销售差异分析，即对销售计划执行过程中造成销售差异的各种因素的影响程度进行分析。例如，某企业根据年度计划要求，第一季度销售10000件产品，每件1元，则销售额为10000元。而第一季度实际只销售了8000件，每件0.8元，则实际销售额为6400元。因此，销售差异为3600元，或预期销售额的36%。销售差异显然来自两个方面：

价格下降带来的差异为

（1−0.8）×8000=1600（元），1600/3600=44%；

销量下降带来的差异为

1×（10000−8000）=2000（元），2000/3600=56%；

由此可见，销量下降带来的差异更大，所以应该认真分析销量下降的原因。

2）微观销售分析，即考察特定产品、销售区域没能达到预期销售目标的问题。认真分析未达标的原因，是企业内部因素还是外部市场因素，并加以纠正。

（2）市场占有率分析。通过市场占有率分析，能够判断企业的市场竞争地位，衡量企业的市场竞争能力。一般采用以下4种市场占有率来进行计算。

1）总体市场占有率，即通常所说的市场占有率，是本企业销售收入占全行业销售收入的百分比。

2）可达市场占有率，指企业销售收入占其可达市场销售收入的百分比。可达市场是企业产品最适合的市场或是企业通过营销努力企及的市场。企业的可达市场占有率总是比它的总体市场占有率大，因此，即使企业拥有100%的可达市场占有率，但它的总体市场占有率却可能很低。

3）相对于3个最大竞争者的市场占有率，指企业销售收入与3个最大竞争者销售收入之比。通常实力较为雄厚的企业相对市场占有率高于33%。

4）相对于市场领导者的市场占有率，指企业销售收入相对于市场领导者销售收入的比重。相对市场占有率超过100%，说明企业是市场领导者；相对市场占有率等于100%，则企业和目前的市场领导者同为市场领导者；相对市场占有率上升，则表明企业在靠近市场领导者。

（3）营销费用率分析。营销费用率分析即企业为达到销售目标时的费用支出分析，用营销费用占销售收入的占比来衡量检查支出是否合理。通常，允许存在一个正常的偏差值，当超出正常波动范围时就需要引起关注。

（4）财务分析。管理人员需要对企业进行全面的财务分析，以判别影响企业利润水平的各项因素。

（5）顾客态度分析。企业通过定性分析来追踪顾客满意度，主要手段包括建立投诉和建议制度、典型客户调查、随机调查等内容。

2. 盈利能力控制

企业通过盈利能力控制可以对不同产品、地区、消费者群体、细分市场、分销渠道的盈利状况进行分析，从而判断每一因素对企业获利的贡献大小及其获利能力的高低，进而对企业营销方案的实施过程进行控制。具体方法是企业利用财务部门提供的报表和数据，重新编制各类营销损益表，并对各表进行分析。例如，编制企业分销渠道损益表，来检查每条分销渠道的盈利状况，如果某渠道亏损较大，则有针对性地采取相应措施扭转亏损，或可考虑舍弃该渠道。

3. 效率控制

企业通过效率控制来分析评价销售人员以及各营销职能的工作效率，主要包括以下4种控制方法。

（1）销售人员效率。通常使用以下指标来进行销售人员效率控制：每位销售人员每天销售访问次数、每次销售访问时间、每次销售访问平均收益、每次销售访问平均成本、每百次销售访问获得订单百分比、每阶段新增顾客数、每阶段流失顾客数、销售成本占销售总额的百分比。

（2）广告效率。企业应明确每种媒体触及目标人群的广告成本，广告引起的注意、联想、喜爱程度以及广告前后顾客对产品和品牌态度的转变等。

（3）营业推广效率。通常采用以下指标来衡量营业推广效率：由于推广而销售的百分比，每单位销售额陈列成本、赠券回收百分比、示范引起的咨询次数等。

（4）分销效率。主要针对企业存货水平、仓库位置及运输方式进行分析，以达到最佳配置，从而提高分销效率。

> **相关链接11-2**
>
> 数字化营销，助力企业提升营销效率
>
> 随着企业数字化建设和数字化技术的不断发展，数字化营销已经成为企业推广产品和服务的重要手段。数字化营销不仅可以提高企业的知名度和品牌价值，还可以增加销售额和客户满意度，是企业发展的必备工具。
>
> 数字化营销的亮点在于其高效性和精准性。通过数字化营销，企业可以通过各种数字渠道向目标客户传递信息，包括搜索引擎、社交媒体、电子邮件、微信、短视频等。这些数字渠道可以帮助企业更好地了解客户需求和行为，从而制定更加精准的营销策略，提高营销效果。
>
> 数字化营销还可以提高企业的品牌价值和知名度。通过数字化渠道，企业可以向更多的潜在客户传递品牌信息，提高品牌知名度和美誉度。同时，数字化营销还可以帮助企业建立品牌形象、分享品牌故事，增强品牌的传播力和吸引力。
>
> 数字化营销还可以增加企业的销售额和客户满意度。通过数字化渠道，企业可以更好地了解客户需求和行为，从而制定更加精准的营销策略，提高销售额。同时，数字化营销还可以提高客户满意度，通过数字化渠道与客户进行即时互动和沟通，及时解决客户问题和反馈，提高客户满意度和忠诚度。
>
> 数字化营销还可以通过营销自动化技术，实现营销过程的自动化和智能化。企业可以通过自动化工具，自动化地完成营销过程中的各个环节，包括客户获取、客户跟进、销售转化等。这样就可以降低营销成本，提高企业的盈利能力，提高营销效率。
>
> （资料来源：https://baijiahao.baidu.com/s?id=1779880067722770131&wfr=spider&for=pc，有删改）

4. 战略控制

战略控制是对企业总体目标的控制，企业需经常对其整体营销活动做出检查和评估，使企业营销战略和计划与动态变化的市场营销环境相适应。党的二十大报告提出以中国式现代化全面推进中华民族伟大复兴，中国式现代化的本质要求中强调要实现高质量发展，促进人与自然和谐共生。中国式现代化离不开营销科学的创新，从而确保企业协调稳定发展。战略控制的主要工具有市场营销审计、营销效益考核及道德与社会责任考核。

市场营销审计是对企业或业务单位的市场营销环境、目标、战略和整体营销效果所做的全面的、系统的、独立的和定期的检查，以确定存在的问题和机会，提出行动计划，提高企业的营销业绩。

[营销方法]

分销渠道盈利分析表

企业通过渠道盈利分析，可作为企业分销渠道决策的重要依据，见表11-2。

表11-2 企业渠道盈利分析表

项目	渠道名称			
	百货商店	专业商店	便利商店	总额
销售收入				
销售成本				
销售毛利				
营业费用：				
推销				
广告				
物流				
其他费用				
净利润				
销售收益率				

[本章小结]

1. 市场营销组织

市场营销组织是指企业内部涉及市场营销活动的各个职能及其结构。市场营销组织的构成、设置及运行机制应当符合市场环境的要求，具有动态性、适应性和系统性等特征。

2. 营销执行

营销执行是将市场营销计划转变为行动方案的过程，并确保实现企业所制订的营销目标。分析市场营销环境、制订营销战略和营销计划指的是营销活动中"做什么""在哪里"和"为什么"的问题，而市场营销执行说的是"谁去做""何时做"和"如何做"的问题。

3. 营销控制

营销控制是指企业依据营销计划，检查营销计划执行情况，并根据偏差调整执行活动或营销计划，以确保企业目标得以顺利实现的活动，主要包括年度计划控制、盈利能力控制、效率控制和战略控制。

──── 重要概念 ────

职能型市场营销组织　地区型市场营销组织　产品（品牌）型市场营销组织
市场（顾客）管理型市场营销组织　产品－顾客管理型市场营销组织　营销控制
年度计划控制　盈利能力控制　效率控制　战略控制

第十一章 营销的组织、执行与控制

案例分析

快手组织架构大规模调整

成立于2015年的"快手",曾是中国第一大短视频平台,2018年被抖音超越,此后它开启了一段漫长的追赶期——模仿竞争对手的产品形态、对标它的用户群体,也学习它的商业化体系。这些没有帮助快手超越对手,反而让它在某一段时间变得越来越像抖音的子集。

2021年,快手创始人宿华卸任CEO,联合创始人程一笑接棒,快手从双核心进入单核心时代。2023年第二季度,快手实现了自上市以来的首次盈利,超14亿元;日活跃用户也达到3.86亿的历史新高。2023年第三季度,快手总营收231亿元,同比增长12.9%,经营利润超3.75亿元,连续两个季度实现盈利。一年多时间,程一笑证明了自己不仅是个优秀的产品经理,还是个合格的CEO。同业竞争趋缓、环境朝着自己有利的方向变化,亏损多年终于盈利的快手可能正处于上市以来压力最小的时候。

2023年12月7日,快手宣布新一轮组织架构调整。该调整涉及主站、电商与商业化三个事业部下属的15条业务线,共25位中层管理人员。这也是快手自2021年上市以来最大的一次组织架构和管理层调整。调整发生在公司最有安全感的时刻。

具体的调整内容方面:

快手主站:快手的商业化事业部下的本地消费业务部将被调整到主站线下,并更名为招聘房产业务部,这部分将负责快聘和房产相关业务。同时,主站产品部被取消,取而代之的是新成立的孵化产品部,这部分将负责快影、一甜相机、回森等独立App产品。原搜索业务部更名为搜索产品部,原电商搜索职责调整至电商事业部下商城运营与活动营销部。负责快手小程序的商业生态产品中心被划入新成立的平台消费产品部。

此外,运营部下也发生了一系列调整。新成立的作者与内容生态业务部将负责支持快手平台内的作者生态和内容生态健康成长,以及挖掘和放大快手特色优势内容。原运营部下的潮流生活业务部、创作者生态中心、泛知识业务中心、二次元内容中心、医疗健康组等均并入新的业务部。运营部下的娱乐业务部更名为文娱业务部,负责娱乐体育内容的运营,深度挖掘内容价值,促进快手内容生态长期收益。快手主站本次调整涉及的组织架构,如图11-12所示。

商业化事业部:取消金教业务中心,新建金融业务中心、教育业务中心。外循环与基础产品业务部,新增了原主站线服务号业务管理职责。

电商事业部:原本隶属商业化事业部的负责中小商家商业化、达人生态业务的部门被移入电商事业部。

人事方面:在人事方面,快手也进行了相应的调整。陈弋弋被任命为文娱业务部负责人,李欢担任招聘房产业务部负责人,而王长辉则担任主站分析部负责人兼平台PMO负责人。这些调整旨在进一步优化快手的运营效率和市场竞争力,通过更有效的组织架构来应对市场的快速变化。

快手此次组织架构调整中,快手取消了主站产品部,将旗下4个子部门(直播产品部、消费产品部、生产产品部、社交产品中心)按照用户使用模块重组为直播、平台消费、生产与社交三大平级部门,直接向主站一号负责人于越汇报;将主站运营部的8条业务线压缩到了4条(文娱业务部、热点资讯中心、作者与内容生态业务部、社区运营中心);此前各自独立的潮流生活业务部、创作者生态中心、泛知识业务中心、二次元内容中心、医疗健康组被整合进了新成立的作者与内容生态业务部；热点内容运营与资讯内容运营被整合进了新成立的热点资讯中心。调整后的组织结构更扁平、跨部门之间的协作更顺畅。

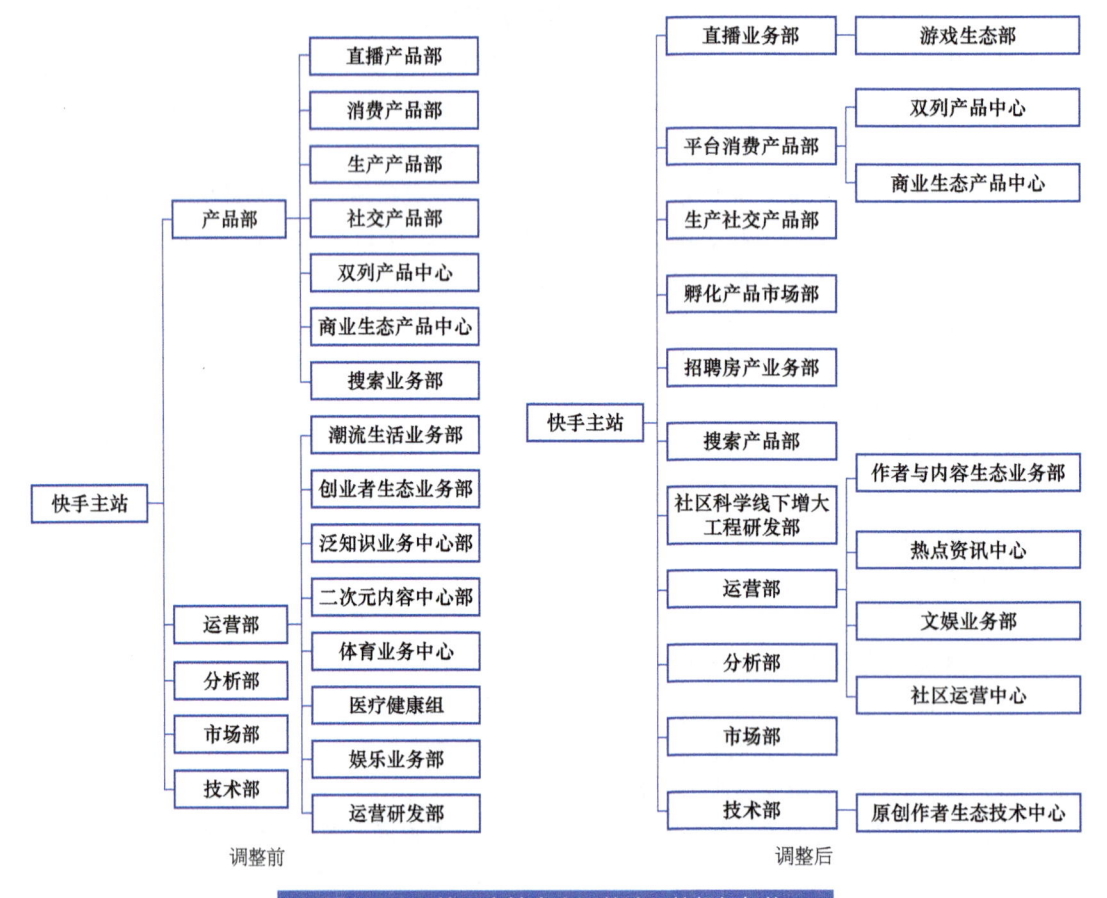

图11-12 快手主站本次调整涉及的组织架构

调整前：快手主站下设产品部（直播产品部、消费产品部、生产产品部、社交产品部、双列产品中心、商业生态产品中心、搜索业务部）、运营部（潮流生活业务部、创业者生态业务部、泛知识业务中心部、二次元内容中心部、体育业务中心、医疗健康组、娱乐业务部、运营研发部）、分析部、市场部、技术部。

调整后：快手主站下设直播业务部（游戏生态部）、平台消费产品部（双列产品中心、商业生态产品中心）、生产社交产品部、孵化产品市场部、招聘房产业务部、搜索产品部、社区科学线下增大工程研发部、运营部（作者与内容生态业务部、热点资讯中心、文娱业务部、社区运营中心）、分析部、市场部、技术部（原创作者生态技术中心）。

快手公司积极响应市场变化、优化内部管理、提升业务竞争力的重要举措，通过这次调整，快手不仅优化了业务线的布局，还强化了对关键业务领域的聚焦，为未来的发展奠定了坚实的基础。

（资料来源：https://new.qq.com/rain/a/20231209A0249I00，有删改）

思考与分析

1. 快手为什么要进行组织变革？企业的组织变革主要受什么影响？
2. 快手的组织结构是如何进行转变的？

营销实训

企业营销组织分析

【训练目的】了解企业营销组织的设置。

【训练方案】以3～5人为小组，选择自己所在的企业或一熟悉企业进行调查，画出该企业的营销组织结构图,并分析该组织类型的优缺点、与企业是否相适应以及未来改进的方向。

复习与思考

1. 市场营销部组织机构的演变经历了哪几个阶段?
2. 企业营销组织结构的类型有哪些?各有什么优缺点?
3. 简述市场营销控制的类型。
4. 简述市场营销执行的含义和过程。

参 考 文 献

[1] 科特勒，陈就学，塞蒂亚万. 营销革命 5.0：以人为本的技术 [M]. 曹虎，吴光权，等译. 北京：机械工业出版社，2022.

[2] 科特勒，凯勒，切尔内夫. 营销管理：第 16 版 [M]. 陆雄，蒋青云，赵伟韬，等译. 北京：中信出版社，2022.

[3] 弗里德曼. 世界是平的：21 世纪简史 [M]. 何帆，肖莹莹，郝正非，译. 3 版. 长沙：湖南科学技术出版社，2008.

[4] 塞勒. 移动浪潮：移动智能如何改变世界 [M]. 邹韬，译. 北京：中信出版社，2013.

[5] 波特. 竞争战略 [M]. 陈丽芳，译. 北京：中信出版社，2014.

[6] 迪克西特，奈尔伯夫. 策略思维：商界、政界及日常生活中的策略竞争 [M]. 王尔山，译. 北京：中国人民大学出版社，2013.

[7] 钱旭潮，王龙. 市场营销管理：需求的创造与传递 [M]. 4 版. 北京：机械工业出版社，2016.

[8] 连漪. 市场营销学：理论与实务 [M]. 3 版. 北京：北京理工大学出版社，2016.

[9] 颜帮全，张尚民. 市场营销学 [M]. 天津：天津大学出版社，2018.

[10] 陆军. 营销管理 [M]. 上海：华东理工大学出版社，2017.

[11] 吴亚红，屈襄昕. 市场营销实务 [M]. 南京：南京大学出版社，2007.

[12] 科特勒，凯勒. 营销管理：第 15 版 [M]. 何佳讯，于洪彦，牛永革，等译. 上海：格致出版社：上海人民出版社，2016.

[13] 谭昆智. 营销管理 [M]. 2 版. 广州：中山大学出版社，2018.

[14] 阿姆斯特朗，科特勒，王永贵. 市场营销学：第 12 版（全球版）[M]. 王永贵，郑孝莹，等译. 中国版. 北京：中国人民大学出版社，2017.

[15] 屈冠银. 市场营销理论与实训教程 [M]. 3 版. 北京：机械工业出版社，2014.

[16] 陈子清. 市场营销理论与实务 [M]. 上海：上海财经大学出版社，2018.

[17] 张雁白，苗泽华. 市场营销学概论 [M]. 3 版. 北京：经济科学出版社，2015.

[18] 臧良运. 消费心理学 [M]. 2 版. 北京：北京大学出版社，2017.

[19] 李海波. 市场营销理论与实务 [M]. 上海：同济大学出版社，2018.

[20] 钟旭东. 市场营销学：现代的观点 [M]. 2 版. 上海：格致出版社：上海人民出版社，2019.

[21] 甘碧群，曾伏娥. 国际市场营销学 [M]. 3 版. 北京：高等教育出版社，2014.

[22] 胡玲. 营销管理与营销策划 [M]. 北京：对外经济贸易大学出版社，2017.

[23] 王生辉，张京红. 消费者行为分析与实务 [M]. 北京：中国人民大学出版社，2016.

[24] 卫军英. 品牌营销管理 [M]. 2 版. 北京：经济管理出版社，2017.

[25] 李胜，冯瑞. 现代市场营销学 [M]. 北京：机械工业出版社，2008.

[26] 马歇尔，约翰斯通. 营销管理 [M]. 董伊人，葛琳，译. 北京：机械工业出版社，2017.

[27] 郑玉香，范秀成. 市场营销管理：理论与实践新发展 [M]. 北京：中国经济出版社，2014.

[28] 苗月新. 市场营销学 [M]. 4版. 北京：清华大学出版社，2018.

[29] 万晓. 市场营销学 [M]. 北京：机械工业出版社，2016.

[30] 李先国，杨晶. 市场营销学 [M]. 2版. 北京：中国财政经济出版社，2015.

[31] 李先国，杨亮. 销售管理 [M]. 北京：中国人民大学出版社，2017.

[32] 孟韬. 市场营销：互联网时代的营销创新 [M]. 北京：中国人民大学出版社，2018.

[33] 何静文，戴卫东. 市场营销学 [M]. 北京：北京大学出版社，2014.

[34] 李胜，王玉华. 现代市场营销学：理论与实战模拟 [M]. 北京：中国铁道出版社，2013.